Mehr aus 31 Jahren hinter Gittern

Norbert Henke

Mehr aus 31 Jahre hinter Gittern

Ein ehemaliger Anstaltsleiter erzählt

Impressum

Bibliografische Informationen der Deutschen Nationalbibliothek
Die Deutsche Nationalbibliothek verzeichnet diese Publikation in der Deutschen Nationalbibliografie; detaillierte bibliografische Daten sind im Internet über http://dnb.d-nb.de abrufbar.

ISBN: 978-3-95894-267-7 (Print)

Inhalt

Einleitung 9

Kapitel 1: Ausbrüche und artistische Glanzleistungen 12

Kapitel 2: Als Rechtsreferendar im E-Flügel der JVA Diez 19

Kapitel 3: Wie man im Gefängnis landet. Die erste Station in der JVA Frankenthal und frühe Erfahrungen in der Personalführung 26

Kapitel 4: Der schwierige Umgang der Mitarbeiter mit Schuldgefühlen 34

Kapitel 5: Das neue Gerät im Verwaltungsflur und die Frage der Zeiterfassung 39

Kapitel 6: Von den Aufgaben des Anstaltsleiters bis hin zu einer Hämorrhoidensalbe 44

Kapitel 7: Der Lebenslange, der an der Gefängnispforte abgewiesen wurde . . 52

Kapitel 8: Wenn die Zelle zum Lebensmittelpunkt wird 55

Kapitel 9: Botschaften der Architektur und die Sauberkeit 62

Kapitel 10: Vom höflichen Anklopfen und von Vorhängen in der Zelle 69

Kapitel 11: „Wir sind nicht im Zoo" – oder die Menschenwürde von Kriminellen 77

Kapitel 12: Der unschuldige Einbrecher und ein Hobbytäter 82

Kapitel 13: Bomben vor und in der Anstalt und der Job auf dem Hahn. 86

Kapitel 14: Der fragliche einheitliche Sicherheitsmaßstab im geschlossenen Vollzug der Anstalt 91

Kapitel 15: Verzweifelte Versuche, Arbeitsplätze für Gefangene zu schaffen . . 98

Kapitel 16: Vertrauensposten als Erprobungsfelder im geschlossenen Vollzug 103

Kapitel 17: Gehörnte Wesen und andere Tiere 108

Kapitel 18: Menschlichkeit hinter Gittern; Erinnerungen an Ehrenamtliche und den ehemaligen Gefängnisdirektor Dr. Dieter Bandell 111

Kapitel 19: Die lebenslange Freiheitsstrafe 118

Kapitel 20: Die Praline mit der Piemont-Kirsche und die Abschaffung der Pakete 127

Kapitel 21: Der alte Lebenslange und der Brief der Staatsanwaltschaft 131

Kapitel 22: Was das Mainzer Gutenbergdenkmal mit dem Diezer Zuchthaus im früheren Grafenschloss zu tun hat und die Haftbedingungen im 19. Jahrhundert 137

Kapitel 23: Wenn Mitarbeiter des Justizministeriums in die Gefängnisse kommen 141

Kapitel 24: Der Mann aus Vietnam und andere isoliert lebende Gefangene . 148

Kapitel 25: Warum Welttrainer Thomas Tuchel und der Weltmeister von 1954 Fritz Walter im Gefängnis waren und ein verschossener Elfmeter. . . . 153

Kapitel 26: Die Bedeutung der Telefone 159

Kapitel 27: Feedbacks der Interessenvertretung der Gefangenen und anderer Inhaftierter. 164

Kapitel 28: Die Betrüger und Grenzen der Resozialisierung 171

Kapitel 29: Von der Wirtschaftsverwaltung, der täglichen Kostprobe, der gerechten Verteilung des Gulaschs und der Rumfordschen Suppe. 178

Kapitel 30: Der Bundesbahnattentäter Monsieur X und Unschuldsbeteuerungen 185

Kapitel 31: Uniformen, Krawattennadeln, Vollzugslockerungen mit Pressevertretern und ein gefesselter Anstaltsleiter 189

Kapitel 32: Wenn der Amtsschimmel wiehert 196

Kapitel 33: Hygiene, Sauberkeit und optische Probleme. 200

Kapitel 34: Die alten Gefängnisse in Mainz und Kaiserslautern, die Suche nach einem anderen Platz und Reste einer Biogasanlage 205

Kapitel 35: Misslungene Ausführungen und Beamte, die Verantwortung übernehmen 210

Kapitel 36: Der schwierige Lebenslange und das gefährliche Restrisiko bei Vollzugslockerungen. 216

Kapitel 37: Schauspieler und das Vertrauen in Mitarbeiter 225

Kapitel 38: Pfarrer Friedrich Kneip und der Tod der sieben Luxemburger. . 230

Kapitel 39: Tröstende Kerzen. 235

Kapitel 40: Sie schossen auf alles, was sich bewegte 240

Kapitel 41: Das Frühjahr und die Virenplage 243

Kapitel 42: Gefangene mit individueller Uhrzeit und kreative Erfinder. . . . 251

Kapitel 43: Die schwierige Entlassungsphase und Ängste vor der Freiheit . . 256

Kapitel 44: Der Weg zum Parkplatz, Papiertüten und T-Shirts im Winter . . 264

Kapitel 45: Delikte und Behandlungsbedarf, Unterschiede zwischen den männlichen und weiblichen Strafgefangenen 267

Kapitel 46: Die Berufsgruppen in den Justizvollzugsanstalten 269

Kapitel 47: Schlussgedanken 279

Kapitel 48: Knastsprache 288

Anmerkungen 295

Einleitung

Als ehemaliger Sozialpädagoge mit Erfahrungen in der Heimerziehung landete ich nach den beiden juristischen Staatsexamen auf Dauer hinter Gefängnismauern. Begonnen habe ich 1989 in der Anstaltsleitung der JVA Frankenthal. Weitere Stationen hinter Anstaltsmauern wurden das Koblenzer Gefängnis und für fast 8 Jahre die JVA Diez. Anschließend war ich insgesamt 21 Jahre als Anstaltsleiter in der JVA Koblenz (1999 bis 2001), der JVA Diez (2001 bis 2009) und der JVA Rohrbach (2009 bis 2020) tätig.

Mit diesem zweiten Buch über meine Erlebnisse und Erfahrungen in diesen Einrichtungen möchte ich den Leser erneut möglichst unterhaltsam in die fremde Welt der Gefängnisse führen. Bei weitem konnte ich nicht alles, was mir aus den vielen Jahren im Strafvollzug in Erinnerung geblieben ist, in meinem ersten Buch „31 Jahre hinter Gittern – ein ehemaliger Anstaltsleiter erzählt" aufschreiben. In den hier nun vorliegenden 48 Kapiteln habe ich nicht nur die Restposten meiner Erinnerungen zum Besten gegeben, sondern weitere Erlebnisse hinter hohen Mauern geschildert. Anekdotische Texte gepaart mit Sachinformationen und einiges zur Gefängnishistorie fügen sich zu einem Lesebuch zusammen, das einen Blick in dieses versteckte Justizbiotop ermöglichen soll, in ein Arbeitsfeld, das von der täglichen Gratwanderung zwischen dem zentralen Resozialisierungsziel und den Sicherheitsaufgaben gekennzeichnet ist. Eben „Mehr aus 31 Jahre hinter Gittern".

Ich habe die Erfahrung gemacht, dass es sehr schwierig ist, der Öffentlichkeit ein realistisches Bild vom Justizvollzug zu vermitteln. Mit meinen Texten möchte ich erneut einen Anlauf unternehmen, den Nebel ein wenig zu lichten. Allzu sehr wird die Wahrnehmung der Öffentlichkeit von

Medien unterschiedlicher Qualität geprägt. Zumeist wird das Spektakuläre in den Vordergrund gestellt. Negativereignisse wie zum Beispiel der Rückfall eines Gefangenen bei Vollzugslockerungen prägen einseitig die Wahrnehmung vieler Bürger. Der Auffassung, dass Gefängnisse vor allem abschrecken müssen, wird von der Boulevardpresse Vorschub geleistet. Es gehe in den Justizvollzugsanstalten zu lasch zu; Kuschelvollzug statt Abschreckung wird bisweilen vollmundig verkündet.

Dass es den Gefängnissen gelingt, gescheiterte Menschen wieder in die Gesellschaft einzugliedern, wird dagegen überwiegend ausgeblendet. Die verbreitete Skepsis gegenüber dem Resozialisierungsziel besteht zu Unrecht, wie wissenschaftliche Untersuchungen nachgewiesen haben.[1] Nur etwa ein Drittel der ehemaligen erwachsenen männlichen Strafgefangenen landet innerhalb der auf das Entlassungsjahr folgenden 12 Jahre erneut in einer Justizvollzugsanstalt. Dass zwei Drittel der Inhaftierten entweder straffrei bleiben oder allenfalls mit kleineren Delikten, die mit einer Geld- oder Bewährungsstrafe geahndet wurden, rückfällig werden, ist bereits ein beachtlicher Erfolg.

Gäbe es in den Anstalten ausschließlich einen Hardlinerstrafvollzug bis zum letzten Hafttag, bliebe ein perspektivloser sinnentleerter Verwahrvollzug übrig. Ein Strafvollzug ohne Behandlungsangebote und intensive Entlassungsvorbereitung, ohne Erprobung in vollzugsöffnenden Maßnahmen wie Urlaub, Ausgang, Freigang und offener Vollzug, ohne realisierbare Chance einer bedingten Entlassung mit einer Begleitung durch einen Bewährungshelfer wäre die traurige Alternative. Der Schutz potentieller Opfer ist nicht gewährleistet, wenn man die Risiken auf die Zeit nach der Entlassung verschiebt, sondern wird geradezu vergrößert, wenn man die Wiedereingliederungs- und Erprobungsphase ausfallen lässt.

Der Schwerpunkt der Texte und Beispiele bezieht sich auf den geschlossenen Vollzug mit dem Strafvollzug an männlichen Erwachsenen, die etwa 94 % der Strafgefangenen stellen und mit denen ich überwiegend zu tun hatte. Vieles bezieht sich auf meine Erfahrungen in der JVA Diez, wo ich einschließlich eines Teils der Referendarzeit mehr als die Hälfte meines Berufslebens verbracht habe.

Aufgrund des Persönlichkeitsschutzes der Gefangenen, die in meinen Texten erwähnt werden, habe ich einiges verfremdet und darauf verzichtet, Namen zu nennen.

Zu den in den Justizvollzugsanstalten vertretenen Berufsgruppen findet man Ausführungen in Kapitel 46. In Kapitel 48 sind die gängigsten „Gefängnis"-Ausdrücke aufgeführt – gewissermaßen ein kleines „Knast-Glossar".

Kapitel 1: Ausbrüche und artistische Glanzleistungen

„Mit artistischer Glanzleistung in die Freiheit abgeseilt", lautete 1984 die Schlagzeile einer Tageszeitung, die den Ausbruch von zwei Gefangenen aus der JVA Diez beeindruckt würdigte. Einer der sehr seltenen Ausbrüche aus dem geschlossenen Vollzug dieses Gefängnisses, das für lebenslange und langjährige Freiheitsstrafen sowie die Maßregel der Sicherungsverwahrung zuständig ist. „Geschlossener" Vollzug bedeutet dort im Gegensatz zum offenen – dem Freigängerhaus – Mauern, Stacheldraht, aufwendige Sicherheitstechnik und überwiegend verschlossene Zellen. Ausschließlich wenn es einem Inhaftierten gelingt, aus diesem Bereich zu flüchten, spricht man von einem Ausbruch.

Dienstältere Mitarbeiter berichteten mir von dieser wohl spektakulärsten Flucht. Einerseits mit einer klammheimlichen Bewunderung, andererseits einem gewissen Schamgefühl, weil ihnen ein Häftling von der Fahne gegangen war. Anfang 1989 begegnete ich im Diezer Gefängnis in meiner letzten Ausbildungsstation als Rechtsreferendar vor dem 2. Staatsexamen dieser gerne bemühten Knast-Story. Vorschnell dachte ich: *„Da gibt es Schlimmeres."*

Den einzigen Ausbruch während meiner 31-jährigen Dienstzeit hinter Gittern habe ich 1993 im Diezer Gefängnis erlebt.[2] Als Mitglied der Anstaltsleitung bewertete ich diesen Vorfall deutlich anders als in meiner Zeit als Gefängnis-ABC-Schütze. Keineswegs geht man nach einem kurzen Zucken zur Tagesordnung über. Die Erwartungen der Gesellschaft und damit überwiegend auch der Politik sind andere. Eine Flucht wird keineswegs als Ausrutscher bewertet. Vielmehr soll im Justizvollzug nichts, aber auch gar nichts passieren. Keine flüchtigen Gefangenen, keine

Geiselnahmen, keine Drogen und vor allem keine Drogentoten hinter den Mauern, keine Meutereien, keine Straftaten von beurlaubten Gefangenen in Vollzugslockerungen, keine Gewalttaten im Gefängnis, keine Suizide. Wie bei allen Nachrichten stoßen die „Aufreger" auf ein größeres Interesse. Viele Medien greifen einen Vorfall im Gefängnis auf und berichten eingehend darüber. Es entsteht schnell der Eindruck, dass der Strafvollzug insgesamt nicht funktionieren würde. Gerne leistet die Boulevardpresse dem Vorschub, wie die Schlagzeile eines reich bebilderten Blattes *„Was ist los in den deutschen Gefängnissen?"* einmal nach einem einzigen Vorfall formuliert hat. Gerät eine JVA nicht in die Schlagzeilen, können ein Anstaltsleiter und auch der Justizminister dies offenbar auf der Habenseite verbuchen, schloss ich. Setzen sich die *schwarzen Zahlen* daher aus den Dingen zusammen, die nicht geschehen? Geht es daher hinter den Gefängnismauern in erster Linie darum, nicht unangenehm aufzufallen? Realität ist, dass der Stuhl eines Justizministers noch nie gewackelt hat, weil die Resozialisierungsbemühungen in seinem Bundesland zu dürftig waren. Ist Resozialisierung als gesetzliches Ziel des Strafvollzuges daher weniger das Aushängeschild, mit dem man punkten kann? Leider trifft dies überwiegend zu. Doch darf ein Anstaltsleiter sich hiervon nicht beirren lassen, wenn er seinen Job ernst- und mutig Verantwortung übernimmt. Dies tut er ausschließlich dann, wenn er sich um die Wiedereingliederung der Strafgefangenen bemüht und in seiner Einrichtung genügend Behandlungsangebote gemacht werden. Vor allem muss ein Gefangener, bei dem keine Fluchtgefahr besteht und weiteren Straftaten zu befürchten sind, rechtzeitig in Vollzugslockerungen und dem offenen Vollzug erprobt und auf die Freiheit vorbereitet werden. Ansonsten vergrößert man das Risiko des Rückfalls und verlagert es auf die Zeit nach der Entlassung. Opferschutz ist von einer erfolgreichen Wiedereingliederung abhängig.

Doch nun zum Ausbruch von 1984. Zwei Gefangene hatten sich von einem Beamten während der abendlichen Freizeit in einer Zelle im vierten Stock eines Hafthausflügels einschließen lassen. Umschluss, wie es im Knastdeutsch heißt. Die drei Häftlinge wählten an diesem Tag eine besondere Art der Freizeitgestaltung. Sie sägten einen Gitterstab mit einer kleinen Drahtsäge durch, die sie mit Hilfe von außen eingeschmuggelt hatten. Dann befestigten sie eine Trittschlaufe am Gitter, stützten sich mit einem Fuß darin ab und ergriffen die Regenrinne, um sich dann auf das Dach des Hafthauses zu schwingen. Damals war dies noch möglich. Später rundete man die Dachtraufe mit erheblichem Kostenaufwand ab, sodass man sich weder an ihr hochziehen noch einen Wurfanker an ihr einhaken konnte.

Die Gefangenen liefen zum Ende des Zellendaches, das nur wenige Meter von der Anstaltsaußenmauer entfernt war und sie deutlich überragte. Dort befestigten sie ein dünnes selbstgefertigtes Seil, das eher an eine Schnur erinnerte. An das Ende hatten sie einen etwas schwereren Gegenstand gebunden. Einer der Flüchtigen warf das Seil über die Anstaltsmauer. Nun kam ein nie bekannt gewordener Fluchthelfer als entscheidender Protagonist ins Spiel. Der Unbekannte hatte bereits ein stärkeres Bergsteigerseil am Stützpfosten des Vordaches eines Dienstwohnungsgebäudes befestigt. Das Haus lag nur wenige Meter von der Gefängnismauer entfernt. Der Unbekannte band das dünne Seil der Ausbrecher an das stabile Bergsteigerseil. Die Flüchtigen zogen es dann zu sich hoch und befestigten es auf dem Gefängnisdach, so dass es gut gespannt war. Nun zu der von der Presse als artistische Glanzleistung bezeichneten Aktion. Der erste Gefangene hangelte sich hoch in der Luft an dem

Seil über die Mauer in die Freiheit. Eine Strecke von etwa 40 Metern war zu bewältigen. Hierbei zogen die beiden auf dem Dach verbliebenen Gefangenen an dem Seil, um es zu spannen. Ansonsten hätte es sich infolge des Gewichtes des in schwindelerregender Höhe am Seil hängenden Mitgefangenen zu sehr gesenkt. Der zweite, etwas schwerere Flüchtige verhedderte sich ein wenig im Sicherheitsdraht auf der Mauerkrone, konnte sich aber schließlich befreien und gelangte in die Freiheit. Der dritte bekam es plötzlich mit der Angst zu tun und verblieb auf dem Gefängnisdach.

Die beiden erfolgreichen Ausbrecher stiegen in das Auto des Fluchthelfers und suchten das Weite. Die Männer hatten sich eine für ihr Entkommen besonders geeignete Stelle des Gefängnisgeländes ausgesucht. Dort war damals noch keine Kamera installiert. Von den Wachttürmen aus konnte man den Fluchtbereich nicht einsehen.

Der Ausbruch blieb dennoch nicht unbemerkt. Auf den Gefangenen, der kurzzeitig im Sicherheitsdraht der Anstaltsmauer festhing, wurde ein Bediensteter aufmerksam, der in einem der benachbarten Dienstwohnungshäuschen wohnte. Er informierte unverzüglich die Kollegen im Hafthaus, die einen Spurt Richtung Fluchtort einlegten. Doch als sie dort angelangt waren, grüßte hämisch von fern nur noch das Motorengeräusch des Fluchtfahrzeugs, das sich zügig entfernte.

Einem der Flüchtigen, der wegen mehrerer Banküberfälle eine lange Freiheitsstrafe verbüßen musste, war nicht zum ersten Mal ein Ausbruch gelungen. Bereits 1981 war er aus der Diezer Anstalt geflohen. Damals hatte sich der Häftling in einen Container einschließen lassen, der mit Arbeitsmaterialien gefüllt war. Samt Behälter wurde er aus dem Gefängniswerkhof abtransportiert. Erst viele Jahre später wurde er in Frankreich festgenommen und nach Deutschland ausgeliefert. Er musste in der JVA Diez, deren Leiter ich damals war, zunächst seine lange Freiheitsstrafe weiter verbüßen. Nachdem er sich im offenen Vollzug bewähren konnte, wurde er vorzeitig – diesmal von der Justiz – entlassen. Ein schmächtig wirkender Mann mit bedächtiger Sprechweise. Mit seinem höflichen zurückhaltenden Wesen hob er sich angenehm von manch anderem Häftling ab. Er wirkte wesentlich jünger, als er ausschaute. Ein wenig wie ein älterer Student, der sein Examen ewig hinausgezögert hatte. Bei meinen gelegentlichen Kontakten mit ihm waren der weitere Verlauf der Haftzeit und die Entlassungsvorbereitung die zentralen Gesprächsthemen. Die zwei gelungenen Ausbrüche wurden wohlweislich beiderseits mit keinem Wort erwähnt. Ein Ausbruch ist übrigens für sich genommen nicht strafbar. Geahndet werden dagegen Straftaten, die bei der Flucht begangen werden. Auch rücken die Chancen, Vollzugslockerungen zu erhalten oder frühzeitig auf Bewährung entlassen zu werden, nach einem Ausbruch in weite Ferne.

Wenn ein Inhaftierter flüchtig ist, sollte er, solange er sich in Freiheit befindet, tunlichst nicht die Gerichte beschäftigen. Ansonsten macht er unnötig auf sich aufmerksam. Ein Gericht musste über einen ungewöhnlichen Fall entscheiden, den ein entlaufener Freigänger in seinem Versteck an es herangetragen hatte. Dem Häftling missfiel es unter anderem, dass man in der Presse Fotos von ihm veröffentlichte. Er wollte, dass die Medien dies künftig gefälligst unterlassen. Dass ein Bürger ihn auf der Straße hätte wiedererkennen können, war wohl die größte Sorge des Mannes. Da dieses Argument mutmaßlich wenig Begeisterung bei den Richtern ausgelöst hätte, schob der flüchtige Gefangene für seinen Antrag im einstweiligen Verfügungsverfahren vor, es gehe ihm um den Persönlichkeitsschutz. Für seinen Eilantrag ließ er sogar einen Rechtsanwalt aktiv werden, der sich offenbar für nichts zu schade war oder einen sonnigen Humor besaß. Vielleicht wollte er Material für seine spätere Biografie sammeln. Das Versteck seines Klienten verriet er tunlichst nicht. Mandantengeheimnis. Man möchte ja keinen Ärger mit der Rechtsanwaltskammer haben. Als ladungsfähige Anschrift des untergetauchten Gefangenen gab der Verfahrensbevollmächtigte die Adresse der Justizvollzugsanstalt an. Mit dem juristischen Begriff der „ladungsfähigen Anschrift" ist die Adresse gemeint, unter der eine Person offiziell und auch tatsächlich erreichbar ist. Doch war Letzteres kaum anzunehmen. Der flüchtige Inhaftierte hätte den Gerichtsbeschluss kaum im Freigängerhaus abgeholt. Eher hätte sich der Rechtsanwalt als Laufbursche missbrauchen lassen müssen und seinem Mandanten dafür eine etwas höhere Gebühr in Rechnung gestellt. Doch nachdem der Häftling bereits das Gericht der ersten Instanz nicht überzeugen konnte, machte auch das Oberlandesgericht Frankfurt dem Flüchtigen einen Strich durch die Rechnung. In einer kurzen Presseerklärung zu seinem Beschluss vom 07.03.2024, Az. 16 W 5/24, wurden die Argumente für die Zurückweisung des Eilantrages aufgeführt:[3]

„Die ladungsfähige Anschrift sei zwingende Voraussetzung für eine ordnungsgemäße Klageerhebung, bestätigte der für Presserecht zuständige 16. Zivilsenat die angefochtene Entscheidung. Sie dokumentiere u. a. die Ernsthaftigkeit des Begehrens sowie die Bereitschaft, sich etwaiger mit dem Betreiben des Prozesses verbundener nachteiliger Folgen zu stellen. Ein Prozess könne nicht ‚aus dem Verborgenen' heraus geführt werden. Die in der Antragsschrift genannte Adresse der JVA sei nicht seine ladungsfähige Anschrift, da der im offenen Vollzug befindliche Antragsteller trotz offener Reststrafe Ende letzten Jahres nicht wieder in die JVA zurückgekehrt sei. Mit seiner

Flucht habe er nach außen bekundet, seinen Aufenthalt in der JVA dauerhaft aufzugeben.“

Einmal mehr wurde mir deutlich, wie wichtig zwei juristische Examen sind, um rechtlich schwierige Sachverhalte korrekt beurteilen zu können.

Kapitel 2: Als Rechtsreferendar im E-Flügel der JVA Diez

Außer spannenden Erzählungen über Ausbrüche erfuhr ich als Rechtsreferendar in der JVA Diez vor allem, um was es im Strafvollzug wirklich gehen sollte, wenn man das gesetzliche Ziel ernst nimmt: die Wiedereingliederung und Resozialisierung der Strafgefangenen. Mein Interesse für dieses Arbeitsfeld wurde in der von den Preußen 1912 erbauten Einrichtung geweckt. Ich konnte mir gut vorstellen, im Justizvollzug tätig zu sein. Die Gelegenheit, während der Ausbildungszeit als blutiger Anfänger überall einmal hineinzuschnuppern, nutzte ich reichlich. So nahm ich an einer Gruppenwanderung mit Gefangenen durch die an die Lahn grenzenden Waldgebiete teil. Ein heißer Sommertag. Die Blätterdächer der Laubbäume warfen kühlende Schatten auf uns. Ausgesuchte Inhaftierte, zumeist mit langen Freiheitsstrafen bis lebenslang. Die Wanderungen gehörten zu den ersten vorsichtigen Lockerungsschritten. Sie sollten auf den offenen Vollzug vorbereiten.

Alle Teilnehmer befanden sich noch im sogenannten E-Flügel, eine von 4 Abteilungen des geschlossenen Vollzuges. Er war das Ziel der meisten Gefangenen des geschlossenen Bereiches, denn dort gab es mehr Freiheiten als in den anderen drei Hafthaustrakten. Der in den 70er Jahren errichtete E-Flügel ist der mittlere von drei Stufen der JVA Diez, in denen es unterschiedliche Freiheitsgrade für die Gefangenen gibt. Eine Vollzugsform mit etwa 70 Haftplätzen, die zwischen dem offenen Vollzug des Freigängerhauses und dem „klassischen" Vollzug liegt, der in den drei älteren Hafthaustrakten betrieben wird und durch überwiegend verschlossene Zellentüren gekennzeichnet ist. In diesen betagten Flügeln ist mit etwa

300 bis 350 Gefangenen die Mehrzahl der Inhaftierten untergebracht.

Während meiner Ausbildungszeit fühlte ich mich als lernwilliger Referendar insbesondere im E-Flügel mit den liberaleren Bedingungen wohl. Anders als in alten Zellentrakten gab es im E-Flügel nur so viel „Knast" wie nötig. Dort waren am ehesten die Voraussetzungen für einen behandlungsorientierten und damit mehr an den menschlichen Grundbedürfnissen orientierten Strafvollzug gegeben. Einem Strafvollzug, bei dem vor allem auch das Sicherheitsniveau mit allen Einschränkungen an den unterschiedlichen Persönlichkeiten der Gefangenen ausgerichtet ist und an dem Bedürfnis nach mehr Kommunikation und menschlicher Nähe, nach mehr Freiheit in der Unfreiheit. Weniger Isolation.

Der E-Flügel verfügt anders als die alten Flügel der JVA Diez über abgetrennte Stockwerke. Sie eignen sich für einen wohngruppenähnlichen Strafvollzug. Die Haftraumtüren stehen tagsüber offen. Kleine Nischen, in denen ein wenig mehr Eigenständigkeit und Selbstversorgung möglich sind. Mit Teeküchen, Gemeinschaftsräumen und Wirtschaftsräumen mit Waschmaschinen und Bügelbrettern. Nicht zuletzt der Möglichkeit, unkompliziert Zugang zu den Bediensteten zu haben, den Mitarbeitern des allgemeinen Vollzugsdienstes, dem Vollzugsabteilungsleiter, dem Psychologen und dem Sozialarbeiter.[4] Viele der Gefangenen, die in der Vollzugsabteilung E untergebracht waren, befanden sich auf dem Weg zum Freigängerhaus. Andere, die aus unterschiedlichen Gründen diese Chance in absehbarer Zeit nicht besaßen, waren jedenfalls für diese Vollzugsabteilung mit den größeren Freiheitsgraden geeignet. Bei ihnen lagen nur geringe Sicherheitsrisiken vor. Es wurde davon ausgegangen, dass sie mit der größeren

Freizügigkeit dieser Abteilung umgehen konnten und sie nicht missbrauchten.

Ein Highlight für mich und natürlich noch viel mehr die Gefangenen dieser Vollzugsabteilung waren die Gruppenwanderungen. Ein Durchatmen, Kontakt zur Natur, kurze Begegnungen mit in Freiheit lebenden Menschen. Eine Zäsur, die die Zeiten der Entfremdung von der Wirklichkeit unterbrach.

Die Teilnehmer der Wandergruppe hatten jeweils eine unterschiedliche Vorgeschichte. Einige Tage zuvor hatte ich mich in die Akten der Gefangenen vertieft. Vier Männer waren wegen Mordes verurteilt worden, andere wegen Raubes, einige wenige wegen Betruges. Wie immer viel Text zu den Tätern. Wenig zu den Opfern.

Es war nicht immer einfach, die Gefangenen, zu denen ich auf dem Weg durch die beschauliche Landschaft Kontakt hatte, von ihren Straftaten zu trennen. Doch wurde mir bald bewusst, dass eine Persönlichkeit viele verschiedene Facetten hat und nicht nur aus dem Anteil besteht, der ihn zum Täter gemacht hat.

Neun Gefangene waren es, die von einem Psychologen und einem Mitarbeiter des allgemeinen Vollzugsdienstes bei der Wanderung begleitet wurden. Hinzu kam neben mir noch ein weiterer Mitreferendar. Die Gefangenen machten einen gepflegten Eindruck und legten Wert auf ein gutes äußeres Erscheinungsbild. Ein Inhaftierter war regelrecht wie aus dem Ei gepellt und trug ein nach damaligen Maßstäben topmodisches farbenfrohes Hemd. Große rechteckige Flächen, Gelb, Rot und vor allem Blaugrün stachen hervor. Wäre er weggelaufen, hätte man ihn noch aus einer Entfernung von mehreren hundert Metern sehen können.

Einer der Wanderer, deren Akte ich gelesen hatte, wirkte sehr in sich gekehrt. Ein wortkarger Mann, schlaksig, mit vollem grauen Haar, der bereits mehr als 20 Jahre wegen Mordes in der Diezer Anstalt verbracht hatte. Anders ein mehrfach wegen Betruges vorbestrafter Inhaftierter, der bereits das 70. Lebensjahr überschritten hatte. Er sprach sehr viel und nutzte aus, dass ihm jemand geduldig zuhörte. Der Inhaftierte fremdelte dennoch mit den Mitgefangenen und murmelte mit einem kritischen Blick auf den Grauhaarigen *„Jetzt geh' ich mit der Mörderbande spazieren."* Während der Haftzeit hatte er eine Brieffreundschaft mit einer verwitweten Ärztin geschlossen. Sie beabsichtige, ihn zu heiraten, erzählte mir der Gefangene stolz. Ein sehr großer, korpulenter Mann, der es bisher vermieden hatte, sein lückenhaftes Gebiss sanieren zu lassen. Der Gefangene hatte als Wehrmachtssoldat am Zweiten Weltkrieg teilnehmen müssen. Stolz berichtete er mir, der Hauptmann habe ihn immer dafür gelobt, wie gut er Dinge organisieren könne. Mit „Organisieren" meinte er wohl, dass er Bewohnern der besetzten Gebiete Lebensmittel und Vieh gestohlen hatte. Ein Unrechtsbewusstsein besaß er offenbar nicht. Nach dem Krieg verdiente er seinen Lebensunterhalt überwiegend mit Betrügereien. Immer wieder landete er im Gefängnis, bis er zusätzlich zu einer längeren Freiheitsstrafe die Sicherungsverwahrung erhielt.

Die Wandergruppe war insgesamt recht gut gelaunt. Es gelang nicht immer, die Gefangenen eng zusammenzuhalten. Doch hatte ich das Gefühl, dass keiner sich selbstständig machen wollte. Ein etwas älterer Gefangener war körperlich wenig belastbar. Schweißgebadet und bei Steigungen schwer atmend ging er stets am Ende der Gruppe, sodass die Abstände zwischen den Gefangenen immer größer wurden. Wir vier Begleitpersonen verteilten uns. Leicht wäre es einem Inhaftierten möglich gewesen, einen günstigen Moment zu nutzen, um auf den kurvigen Waldwegen das

Weite zu suchen. Für den einen oder anderen Häftling war es das erste Mal nach langer Zeit, dass er wieder Begegnungen mit der freien Welt hatte. Ich sehe noch den Gefangenen vor mir, der in einer Dorfbäckerei, in der wir kurz anhielten, zwei Stück Käsekuchen kaufte. Noch in dem kleinen Verkaufsraum mit dem einfachen 50er-Jahre-Ambiente schob er das erste Stück gierig in den Mund und verspeiste es. Ich überlegte, ob sein Verhalten seiner Herkunft geschuldet war oder den vielen Jahren hinter Gittern. Eine lange Zeit, während der die Häftlinge zumeist allein in der Zelle essen. Nach Benimmregeln fragt kein Mensch. Einen kurzen Halt machten wir in einer Kirche. Wieder fiel mir der hungrige Gefangene auf. Er war der Einzige, der mit einer gewissen Ernsthaftigkeit eine Kerze anzündete und auf den Opferstock steckte. Vielleicht wurden Erinnerungen an seine Kindheit wach. Vielleicht war er dankbar für diesen schönen Tag. Vielleicht verband er das Kerzenlicht mit der Hoffnung, in naher Zukunft entlassen zu werden. Der Gefangene, etwa Mitte fünfzig, dunkelbraune glatte Haare und von recht kräftiger, nahezu athletischer Statur, hatte von Geburt an eine leichte Gehbehinderung und hinkte ein wenig. Da er aus der Gegend von Mainz stammte, war mir sein Dialekt sehr vertraut. Auch ich bin damit aufgewachsen und habe ihn nie ganz verloren. Wollte ihn wohl auch nicht verlieren. Im Gefängnis war der Inhaftierte, der die Kerze zum Leuchten gebracht hatte, nicht zum ersten Mal. Er hatte einen Mann niedergeschlagen und beraubt. Das Opfer war ihm in einer Kneipe aufgefallen, weil es eine wertvolle Uhr getragen hatte.

Die Wanderungen organisierte der in die Vollzugsabteilung E tätige Psychologe, der in Diez beheimatet war und sich in der Umgebung sehr gut auskannte. Ein freundlicher, stets positiv gestimmter Mensch, der aus Baden-Württemberg stammte. Er betreute viele Gefangene als Klienten in einzel- und gruppentherapeutischen Maßnahmen. Auch besonders schwierige Fälle schreckten ihn nicht ab. Der Therapeut war bekannt dafür, dass er auch Klartext sprechen konnte und die Gefangenen nicht in einem softigen Therapiebrei ziellos umherwaten ließ.

Der Psychologe wählte die für die Wanderungen geeigneten Gefangenen mit Zustimmung der Anstaltsleitung aus. Überwiegend hatten sie seine Therapieangebote genutzt. Er kannte daher alle sehr gut und wusste, wem er einen Vertrauensvorschuss geben konnte. So fühlten sich die Wanderer ihm gegenüber verpflichtet. Eine psychologische Barriere, die die Gefangenen daran hinderte, das ihnen geschenkte Vertrauen zu missbrauchen. Wahrscheinlich war es deshalb kein Zufall, dass nur in einem einzigen Fall ein Häftling die Wanderungen ausnutzte, um zu fliehen. Ebenso wenig wie es kein Zufall war, dass ausschließlich an diesem Tag der Psychologe nicht als Betreuer und Begleiter mitgehen konnte. Nach wenigen Wochen wurde der Gefangene wieder gefasst. Leider hatte die Flucht Auswirkungen auf die bereits seit so vielen Jahren erfolgreichen Gruppenwanderungen, an die sich bei Bewährung erste Ausgänge anschlossen. Das Justizministerium verfügte einen Stopp. Das war's. Kein Risiko mehr. Das Ende der ersten vollzugsöffnenden Maßnahmen zur Erprobung der Häftlinge bedeutete zugleich auch das Ende der meisten Ausgänge aus dem geschlossenen Vollzug. Es blieb bei Ausnahmen kurz vor der Entlassung.

Das Vollzugskonzept des E-Flügels konnte viele Jahre erfolgreich umgesetzt werden. Später erfuhr es außer dem Ende der Wanderungen leider einige gravierende Einschnitte. Zu dem Konzept gehörten grundsätzlich noch weitere vollzugsöffnende Maßnahmen. Bereits während der 1990er Jahre des letzten Jahrhunderts wurden sie nach und nach abgeschafft.

Bedauerlicherweise. So verließen täglich zwei Gefangenengruppen dieses Zellentraktes die JVA, um als Freigänger in Limburger Unternehmen zu arbeiten. Bei Gefangenen, die sich bewährten, schloss sich der offene Vollzug an. Freigänger aus dem geschlossenen Vollzug? Heute undenkbar. Viele zu groß wäre die Angst davor, dass die Inhaftierten ihre Freiheiten ausnutzen, um Drogen einzuschmuggeln. Nicht ganz unberechtigt ist diese Sorge seit den 1990er-Jahren, als illegale Suchtmittel vermehrt Einzug in die Gefängnisse hielten. Das Justizministerium verlangte damals als Voraussetzung für das Weiterleben der Freigängergruppen hundertprozentig sichere Kontrollen. Die gibt es natürlich nicht. Als verzweifelter Versuch, den Anforderungen Rechnung zu tragen, wurde für eine fünfstellige Summe ein Teil eines vor der Pforte liegenden Dienstwohnungsgebäudes zu einer Schleuse umgestaltet. Ein „dreckiger" Raum, in dem sich die Gefangenen nach der Rückkehr von der Arbeit bis auf die Unterhose entkleideten, und ein „sauberer" Raum, in dem sich die Inhaftierten nach einer Kontrolle wieder die Gefängniskleidung anzogen, um unmittelbar in den geschlossenen Vollzug zurückzukehren. Die Schleuse hatte nur eine Überlebensdauer von wenigen Wochen. Dem damaligen Gefängnisdirektor Dr. Dieter Bandell war bald bewusst, dass das Ganze eine Farce war. Das Einschleusen von illegalen Drogen oder anderer problematischer Dinge wäre trotz Kontrollen nicht zu verhindern gewesen. So hätte die alleinige Verantwortung wie so oft ausschließlich auf den Mitarbeitern der JVA gelastet. Von ihnen wäre Unmögliches verlangt worden. Dieter Bandell bedauerte es sehr, den Freigang im geschlossenen Vollzug beerdigen zu müssen, nachdem er bereits die Wandergruppe aufgeben musste. Das Geld für den Umbau hatte man daher zwar in den Sand gesetzt. Doch dem Gefängnisleiter blieb letztlich keine andere Wahl. Potemkin'sche Dörfer wollte er nicht bauen.

Kapitel 3: Wie man im Gefängnis landet. Die erste Station in der JVA Frankenthal und frühe Erfahrungen in der Personalführung

Nachdem ich in der JVA Diez das Rechtsreferendariat beendet hatte, wusste ich, dass dieses Arbeitsfeld etwas für mich sein könnte. Alles andere als eine langweilige Tätigkeit. Es reizte mich die Zusammenarbeit mit vielen verschiedenen Berufsgruppen, den Mitarbeitern des allgemeinen Vollzugsdienstes, die vor ihrem Eintritt in die Justiz in ganz verschiedenen Arbeitsfeldern tätig waren, den Sozialarbeitern, Psychologen, Anstaltsseelsorgern, den Vollzugs- und Verwaltungsabteilungsleitern als Vorgesetzte der mittleren Führungsebene und den Kolleginnen und Kollegen in der Anstaltsleitung. Den Umgang mit den Gefangenen betrachtete ich als große und zugleich interessante Herausforderung. Spannend fand ich die tägliche Gratwanderung zwischen den Anforderungen der Sicherheit und dem Vollzugsziel der Resozialisierung. Ganz anders als in den Heimen, in denen ich während des Sozialpädagogikstudiums und anschließend einige Zeit gearbeitet hatte, konnte es ja nicht sein. *„Das kennst du ja ein bisschen"*, sagte ich mir. Also schrieb ich eine Bewerbung, die ich an das Mainzer Justizministerium schickte.

Nach ein paar Wochen rief mich ein Mitarbeiter der Abteilung Strafvollzug an und fragte, ob ich noch Interesse hätte. Bald kam es zu einem Bewerbungsgespräch. Genau genommen handelte es sich weniger um ein Gespräch, da ich mich überwiegend in der Rolle des Zuhörenden befand. So hatte ich wenig Gelegenheit, eine ungeschickte Äußerung von mir zu geben. Eine eher rhetorische Frage richtete man allerdings an mich: *„Sie bringen doch keine grünen Vorstellungen in den Strafvollzug?"* Dem Tonfall entnahm ich, dass man hiervon nicht ausging. Schließlich saß ich mit Krawatte, die mich während meines Berufslebens selten zierte, und dunklen Lederschuhen vor dem Gremium und hatte auf die bequemeren Sportschuhe verzichtet. Ich kam mir ein wenig verkleidet vor. Allerdings war mir nicht klar, was „grüne Vorstellungen" im Zusammenhang mit der Justiz bedeuteten. So entschloss ich mich, meinen stoischen Gesichtsausdruck beizubehalten und es dem Auswahlgremium zu überlassen, meine unbewegte Mimik zu bewerten. Man hatte seitens des Ministeriums, das damals von dem sehr engagierten FDP-Minister Peter Caesar geführt wurde, die Befürchtung, ein politisch ambitioniertes Mitglied der Anstaltsleitung wandle die Gefängnisse in Hotels mit stets offenen Türen um. Kurzum, ich wurde eingestellt. Die Rolle des überwiegend höflich zuhörenden Bewerbers war anscheinend gut angekommen. Das Schweigen auf die brisante Frage wurde offenbar als Zustimmung gewertet.

Zunächst sollte es nach Frankenthal gehen. Da keine passende Beamtenstelle für mich frei war, besetzte ich zunächst eine Oberlehrerstelle. So hieß diese Stelle wirklich. Damit keine Missverständnisse entstehen. Ich sollte als Mitglied der Anstaltsleitung erste berufliche Erfahrungen im Strafvollzug sammeln, daher keinen Unterricht halten. In wenigen Monaten sei eine Stelle für einen Regierungsrat frei, hieß es vom Justizministerium.

Obwohl die Würfel daher bereits zu meinen Gunsten gefallen waren, war für die Einstellung noch pro forma die Zustimmung des Frankenthaler Personalrates erforderlich, da die Oberlehrerstelle eine Angestellten- und keine Beamtenstelle war.[5] So musste ich mich auch in der JVA Frankenthal einem Fake-Bewerbungsgespräch stellen, das ich zugegebenermaßen nicht sonderlich ernst nahm. Allenfalls wenn ich betrunken erschienen wäre oder einen völlig verwirrten

Eindruck gemacht hätte, wäre meine Einstellung noch mit einem Veto aus der Pfalz zu verhindern gewesen. An dem Gespräch nahmen unter anderem der damalige Leiter der JVA, dessen Stellvertreter sowie Vertreter des Personalrates teil. Es entwickelte sich ein überwiegend freundliches Gespräch ohne die ansonsten übliche Anspannung. Eine kleine Ausnahme gab es jedoch. Der Anstaltsleiter stellte mir eine allgemeine Frage zum Strafvollzug. Er wollte wissen, was ich für besonders wichtig hielte und welche Aufgaben ich im Vordergrund sähe. Ich antwortete mit einigen wohl halbwegs verwertbaren Sätzen. Um meinen Ausführungen einen kleinen intellektuellen Höhepunkt zu geben, sonderte ich die Äußerung ab: *„Der Strafvollzug spielt sich nicht im demokratiefreien Raum ab."* Dieser Satz war nicht meine Erfindung, sondern stammte von einem Referenten des Justizministeriums, der ihn bei einem Besuch der JVA Diez während meiner Referendarzeit ausgesprochen hatte. Da er mir gefiel, glaubte ich damit bei dem Vorstellungsgespräch punkten zu können. Weit gefehlt. Meine Äußerung führte vielmehr dazu, dass sich ein Mitglied der Gesprächsrunde sehr irritiert zeigte. Ein wenig forsch fragte es nach, ob ich es denn kritisch sähe, dass der Strafvollzug sich innerhalb des demokratischen Staates bewege. Möglicherweise – so fragte ich mich spontan – ging der Fragesteller davon aus, aufgrund meines sozialpädagogischen Hintergrundes besäße ich umstürzlerische Fantasien. So wollte er offenbar in den Tiefen meiner Persönlichkeit graben, um etwaige gefährliche Hohlräume ausfindig zu machen. Ich war schon fast im Begriff, flapsig zu antworten, dass ich zu Hause keine Anleitung zum Bau von Bomben besäße, da kam mir glücklicherweise der Anstaltsleiter zuvor, der meine Äußerung richtig interpretiert hatte. Er sagte: *„Herr Henke meint damit, dass die politische Landschaft und auch die Erwar-*

tungen der Wähler einen gewissen Einfluss auf die Tätigkeit im Strafvollzug haben können." Ich atmete auf. Damit war die Sache erledigt und ich durfte am 19. Oktober 1989 den Dienst in der pfälzischen Einrichtung antreten.

In der JVA Frankenthal begegnete ich erstmals einer jungen Kollegin, die viele Jahre später die Leiterin dieser Einrichtung werden sollte. Sie hatte sich den Strafvollzug als letzte Station der Referendarausbildung ausgesucht. Da es damals in dem Pfälzer Gefängnis noch ein Raumproblem gab und zu wenig Büros vorhanden waren, musste ich mir ein Zimmer mit einem weiteren Mitglied der Anstaltsleitung teilen. Dies lag mir überhaupt nicht, da ich leicht ablenkbar war. Die Situation erfuhr jedoch noch eine Steigerung, die meine Belastungsfähigkeit überschritt, denn in unser Gemeinschaftsbüro kam die motivierte Referendarin. Im Rahmen der Ausbildung musste sie einige schriftliche Aufträge erledigen und nutzte hierfür eine betagte Schreibmaschine. Dieses Gerät hatte die Angewohnheit, beim Anschlagen sehr laute Töne zu erzeugen. Ein Klappern, das mir die letzten Konzentrationsreste raubte. Nach wenigen Minuten bat ich die Referendarin entnervt, die an einem mickrigen Katzentisch an der Wand saß, sich für diese lautstarke Tätigkeit doch ein anderes Zimmer zu suchen. Ich glaube, wenn sie bei der Arbeit laut gesungen hätte, hätte mich dies auch nicht weniger gestört.

In der JVA Frankenthal wurde ich erstmals mit den hohen Anforderungen konfrontiert, denen man als Mitglied der Anstaltsleitung begegnet, wenn man Mitarbeiter führen soll. Darauf wird man während des Jurastudiums und der Referendarzeit nicht vorbereitet. Learning by doing war daher gefragt.

Bereits nach wenigen Wochen Tätigkeit in dem Pfälzer Gefängnis begegnete ich einem Mitarbeiter aus dem allgemeinen Vollzugsdienst, der in einer Gefangenenvollzugsabteilung tätig war. Mehr als 70 % des Personalkörpers gehören dazu. Die regelmäßig uniformierten Bediensteten sind überwiegend in den Zellentrakten im unmittelbaren Kontakt mit den Gefangenen tätig. Aufgrund der drei achtstündigen Dienstschichten täglich benötigt man für diese Aufgabe die meisten Mitarbeiter. Aus dieser Personalgruppe werden neben weiteren Aufgabenfeldern auch die Pforte, der Besuchsbereich, der Sanitätsdienst, die Sicherheitsabteilung, die Arbeitsbetriebe, der Fahrdienst und Verwaltungsbereiche bestückt.[6]

Der Frankenthaler Kollege klagte mir sein Leid und berichtete, er sei trotz der vielen Berufsjahre noch nie befördert worden. Jahr für Jahr zögen gleichaltrige oder sogar deutlich jüngere Bedienstete an ihm vorbei. Der Mitarbeiter erschien mir zutiefst verletzt und unzufrieden. Er hoffte offenbar, als neues Mitglied der Anstaltsleitung könne ich meinen Einfluss geltend machen und seine Beförderung erwirken. Ich erkundigte mich daraufhin bei seinem Vorgesetzten. Dieser erläuterte mir, der Mitarbeiter sei im Hintertreffen, weil er im Vergleich zu seinen Kollegen schlechtere Leistungen erbringe. Vor allem offenbare er manchmal wenig Geschick im Umgang mit den Inhaftierten.

Mir wurde bewusst, dass man als Vorgesetzter auch mit Mitarbeitern umgehen muss, die unzufrieden mit ihrer Tätigkeit sind und sich vielleicht sogar mit ihrer Berufswahl vertan haben. Dies betrifft zwar nur wenige Bedienstete, ist aber eine Aufgabe, die Führungskräfte vor besondere Herausforderungen stellt. Patentlösungen gibt es nicht. Es ist schwierig, Mitarbeitern, die innerlich gekündigt haben, aus ihrem Loch herauszuholen und erneut Motivation aufzubauen. Der Beamtenstatus mit allen Vorteilen wie dem sicheren Arbeitsplatz als Beamter auf Lebenszeit hindert unzufriedene Bedienstete zudem daran, sich ein anderes Arbeitsfeld zu suchen. Die Anzahl der Mitarbeiter des allgemeinen Vollzugsdienstes, die während meines Berufslebens das Beamtenverhältnis in der Justiz beendet haben, um in ein anderes Arbeitsfeld zu wechseln, war überschaubar. Selten war dies eine Rückkehr in den alten Beruf. Am ehesten erfolgte ein Wechsel in ein anderes Beamtenverhältnis zum Beispiel zu einer Stadt- oder Kreisverwaltung oder zum Bundesgrenzschutz. Manche Mitarbeiter des allgemeinen Vollzugsdienstes erhofften sich hierdurch auch bessere Beförderungschancen. Einige wollten den Belastungen des Arbeitsfeldes Strafvollzug, dem in den letzten Jahren immer schwierigeren Gefangenenklientel oder dem Schichtdienst entfliehen. Anderen ging es darum, ihr bisheriges Arbeitsfeld zu verlassen, weil sie sich aus verschiedenen Gründen damit nicht mehr identifizieren können. Einigen dieser Mitarbeiter erschien der Strafvollzug zu lasch. Sie waren eher Hardliner, die mit dem Vollzugsziel der Resozialisierung fremdelten. Bleiben unzufriedene Mitarbeiter mangels anderer Alternativen in der Anstalt, hat man es mit Menschen zu tun, die sich mehr oder weniger bis zum Ruhestand durchquälen, unmotiviert und unzufrieden sind oder nicht selten fragwürdige Fehlzeiten aufweisen. Zudem tragen diese Mitarbeiter ihren Frust nach Hause zur Familie mit der Folge privater Konflikte. Ein Teufelskreis, der nur schwer zu durchbrechen und letztlich für alle Beteiligten unbefriedigend ist. Glücklicherweise betrifft dies nur wenige Mitarbeiter. Sie sind jedoch eine dauerhafte Belastung für ihre Kollegen. Mit der Flucht in die Krankheit glaubt der eine oder andere, sich bei Vorgesetzten revanchieren zu können, die sie aus ihrer Sicht ungerecht behandeln. Im Ergebnis trifft ein solches Verhalten fast ausschließlich die Kollegen des allgemeinen Vollzugsdienstes. Denn diese müssen die personellen Vakanzen mittragen und Mehrbelastungen aushalten.

Da ich nur kurze Zeit in der JVA Frankenthal tätig war, habe ich nicht mehr erfahren, was aus dem Mitarbeiter, der mich angesprochen hatte, geworden ist. Das Gespräch blieb mir während meines gesamten Berufslebens in Erinnerung und war für mich eine Mahnung, stets zu versuchen, frühzeitig Fehlentwicklungen vorzubeugen. Manchmal hilft es, einen Bediensteten auf einen anderen Dienstposten zu setzen, bei dem er eher seine Fähigkeiten einbringen kann.

Meine erste Gefängnisstation als Mitglied der Anstaltsleitung in Frankenthal fand nach nur 7 Monaten ein abruptes Ende, nachdem der für die Anstalt zuständige Referent des Ministeriums im Rahmen der regelmäßigen Revisionen zu Besuch war. Der Mitarbeiter, der aus im Ruhrpott stammte und über eine recht laute Stimme verfügte, die in seiner Heimat wohl nicht ungewöhnlich ist, fragte mich bei einem Rundgang durch die Büros, wie es mir gehe und ob ich zurechtkomme. Letzteres bejahte ich. Dann beging ich allerdings den Fehler, spontan darauf hinzuweisen, dass ich nach meiner Einarbeitungszeit Freiräume für die Übernahme weiterer Aufgaben in der Anstalt hätte. Dies entsprach zwar der Wahrheit, veranlasste jedoch den Mitarbeiter der Aufsichtsbehörde, intensiv über eine weitere Kennlernstation in Rheinland-Pfalz nachzudenken. So dauerte es nach meiner Erinnerung gerade mal einen Tag, bis ich die Nachricht erhielt, ich dürfe für zumindest ein halbes Jahr in der JVA Koblenz arbeiten. Der damalige Anstaltsleiter der JVA Frankenthal, der meine Äußerung bei dem Rundgang des Referenten mitbekommen hatte, war wegen meiner Offenheit ein wenig angesäuert. Nachdem er die die Entscheidung über meine geplante Weiterreise erfahren hatte, sagte er zu mir: *„Herr Henke, die Versetzung ist die Retourkutsche für Ihre Äußerung."* Womit er natürlich recht hatte.

Der Frankenthaler Anstaltsleiter zeichnete sich durch seinen menschlichen Umgang mit den Gefangenen aus. Dies beeindruckte mich. Wenn er ein Schreiben eines Gefangenen mit der Bitte um ein Gespräch erhielt, suchte er ihn noch an dem Tag, an dem ihm das Schreiben zugegangen war, oder spätestens einen Tag danach auf. Die Gefangenen hätten ein Recht darauf, ernst genommen zu werden, dass man ihnen zuhört und sich mit ihren Anliegen beschäftigt, erklärte er mir. Ich nahm mir vor, dies zu beherzigen.

Trotz der angenehmen Arbeitsatmosphäre in dieser Einrichtung begrüßte ich es, noch ein weiteres Gefängnis kennen zu lernen. Da ich auch von meinem Wohnort Mainz regelmäßig nach Frankenthal gependelt war, machte es mir nichts aus, eine etwas weitere Strecke bis nach Koblenz zurückzulegen. Zugegebenermaßen besaß ich während meines gesamten Berufslebens die Mobilität eines Kirchturms. Ich bin im Laufe meines Lebens zweimal umgezogen und entfernte mich hierbei maximal einen Kilometer von meinem Elternhaus. Immerhin.

Kapitel 4: Der schwierige Umgang der Mitarbeiter mit Schuldgefühlen

In meinem beruflichen Lebenslauf gehe ich ein Stück zurück. Lange bevor ich in der Justiz landete, erfuhr ich, welche Verantwortung ein Mitarbeiter trägt, wenn er mit Gefangenen arbeitet.

Von 1976 bis 1979 schloss ich in der katholischen Fachhochschule Mainz – heute Hochschule – ein Sozialpädagogikstudium ab. Nachdem ich Erfahrungen in der Heimerziehung gesammelt hatte, wollte ich im Alter von 24 Jahren noch ein Zusatzstudium absolvieren. Eigentlich hatte ich mit Psychologie geliebäugelt, meinem absoluten Lieblingsfach während des Pädagogik-Studiums. Der Professor, der sich mit meiner Diplomarbeit abgeben musste, versuchte mich dazu zu ermuntern. Zunächst arbeitete ich im Landesjugendheim Ingelheim als Erzieher und Sozialpädagoge, einer Einrichtung für männliche Jugendliche. Dann folgte ich allerdings nicht der Empfehlung des Dozenten. Ich traf eine eher pragmatische Entscheidung, mit der ich mir mehr Chancen auf dem Arbeitsmarkt ausrechnete. Die „Juristerei" sollte es werden. Einer der klassischen Studiengänge, mit denen ich beruflich auf zwei Beinen stehen könnte. So dachte ich jedenfalls. Glücklicherweise fand ich nach den beiden Staatsexamen mit dem Strafvollzug ein passendes Arbeitsfeld, bei dem ich das trockene Jura-Studium und den Sozialpädagogik-Abschluss verbinden konnte.

Die Juristerei betrachtete ich als zusätzliches und notwendiges Handwerkzeug, um die vielfältigen rechtlichen Angelegenheiten bewältigen zu können. Dies war auch bitternötig. Im Arbeitsalltag drängten sich immer häufiger juristische Fragen in den Vordergrund. Sie betrafen neben den Gefangenen im Lauf der Jahre immer mehr auch den Personalbereich.

Doch zurück zu den beruflichen Anfängen in der Katholischen Hochschule. In der überschaubaren Bildungseinrichtung mit etwa 60 Studenten pro Semester fühlte ich mich sehr gut aufgehoben. Nach und nach lernte ich alle Kommilitonen persönlich kennen. Es herrschte eine sehr familiäre Atmosphäre, viele Gleichgesinnte, die später in den verschiedenen Nischen der Sozialarbeit einen für sie passenden Platz fanden. Zu Beginn des Studiums war ich erst 19 Jahre alt. Ein Kommilitone war im Vergleich zu mir mit etwa 26 Jahren deutlich älter. Er gehörte zu den Studenten, mit denen ich am häufigsten Kontakt hatte. Irgendwann erklärte er mir seinen späten Einstieg in die Sozialarbeit: *„Ich war als Beamter im gehobenen Dienst in Nordrhein-Westfalen im Strafvollzug tätig und bin irgendwann ausgestiegen, weil ich nicht mehr alles mitmachen wollte, was meine Vorgesetzten von mir verlangten"*, begann er. *„Als Leiter einer Vollzugsabteilung für Gefangene musste ich gelegentlich Leute mit Disziplinarmaßnahmen bestrafen, wenn sie sich irgendein Fehlverhalten geleistet hatten. Das gehörte dazu. Damit konnte ich leben, auch wenn ich es ungern tat. Ein Problem hatte ich allerdings damit, Gefangene wegen Kinkerlitzchen zu sanktionieren. Einmal fiel ein Topf mit einer Pflanze von der Fensterbank einer Zelle auf den Gefängnishof. Vielleicht war es an diesem Tag windig. Möglicherweise war der Bewohner des Haftraumes auch versehentlich daran gestoßen. Pflanzen waren damals noch in diesem Gefängnis erlaubt. Niemandem war etwas geschehen. Niemand wurde verletzt oder war gefährdet. Dennoch verlangte mein Vorgesetzter, gegen den Gefangenen eine empfindliche Disziplinarmaßnahme zu verhängen. Meinen Einwand, es habe sich höchstwahrscheinlich nicht um Absicht gehandelt, ließ er nicht gelten. So bestrafte ich den Gefangenen. Ich fühlte mich schäbig und merkte, dass der Strafvollzug unter diesen Vor-*

aussetzungen nicht mehr mein Ding war. Ich hängte meinen sicheren Beamtenjob an den Nagel, um Sozialarbeit zu studieren. Dieser Beruf liegt mir eher. Ich bin jemand, der helfen möchte. Das kam in dem Gefängnis, in dem ich arbeitete, zu kurz." Ich habe den Kommilitonen nach der Ausbildung aus den Augen verloren und musste erst beim Schreiben dieses Buches an seine Worte denken. Vielleicht hätte er sich besser gefühlt und wäre im Strafvollzug geblieben, wenn er sich mit größerem Nachdruck gegen die Entscheidung seines Vorgesetzten gewehrt hätte. Sicherlich wäre er mit seiner menschlichen Einstellung im Laufe der Jahre den Gefangenen ein guter väterlicher Vollzugsabteilungsleiter geworden. Da ich selbst so lange Zeit in Vorgesetztenfunktion tätig war, weiß ich, dass manchmal jemand dem Chef gehörig auf die Füße treten muss, ansonsten kocht er im eigenen Saft und nimmt selbstzufrieden seine Schwächen und die Mängel in seinem Laden nicht mehr wahr. Während meines Berufslebens hätte ich es mir gewünscht, wenn sich mehr Mitarbeiter getraut hätten, mich wachzurütteln, wenn ich Gefahr lief, betriebsblind zu werden. Obwohl ein Beamter einen gesicherten beruflichen Status hat und seinen Job behält, sofern er nicht goldene Löffel klaut, erlebt man als Behördenleiter oft eine allzu große Zurückhaltung. *„Gehe nie zu deinem Fürst, wenn du nicht gerufen wirst"*, sagte ein älterer Vollzugsabteilungsleiter einmal zu mir. Dieser überholte Glaubenssatz geistert immer noch im öffentlichen Dienst herum. Ein ehemaliger Kollege, an den ich mich nur sehr gut erinnere, war insoweit anders gestrickt. Es gehörte zu den Mitarbeitern, die mich couragiert berieten und denen ich vertraute. Ein kluger Kopf mit einem gesunden Menschenverstand. Möglicherweise hing die ausgeprägte Bereitschaft, seine Vorgesetzten zu unterstützen, auch mit einem Erlebnis zusammen, das ihn lange Zeit beschäftigte.

Ein Gefangener sollte in eine andere Anstalt verlegt werden, nachdem das Urteil rechtskräftig geworden war. Er meldete sich bei dem Bediensteten und erklärte mit leicht zittriger Stimme, er könne nicht in das andere Gefängnis verlegt werden. Er habe Angst. Dort sei ein Gefangener, mit dem er in Freiheit wegen einer Drogensache einen massiven Konflikt gehabt habe. Dieser Mann habe großen Einfluss bei anderen Inhaftierten und sei in der Lage, über gewaltbereite Schläger zu verfügen. Die würden für ihn die Drecksarbeit machen. Der Mitarbeiter erwartete von dem Gefangenen, dass er seine Behauptungen näher konkretisierte und vor allem Namen nannte. Doch wie die meisten Inhaftierten in ähnlichen Notlagen war er hierzu nicht bereit. Er sagte: *„Ich möchte keine Ratte sein. Falls das herauskommt, weil der andere eins und eins zusammenzählt, habe ich im Knast gelost."* Der Bedienstete hatte den Eindruck, dass der Gefangene tatsächlich erhebliche Angst hatte und seine Befürchtungen möglicherweise begründet waren. Er berichtete dem damaligen Anstaltsleiter von seinem Eindruck. Der Gefängnischef meinte jedoch, man solle keinesfalls nachgeben. Dies spreche sich ansonsten schnell herum, sodass jeder mit einer solchen Ausrede Erfolg hätte. Keine Präzedenzfälle. Das Argument des Anstaltsleiters war sicherlich nicht abwegig, denn es kommt nicht selten vor, dass Häftlinge Gründe vorschieben, um nicht in eine andere Einrichtung gehen zu müssen. Der Inhaftierte wurde einige Tage später dennoch verlegt. Zwei Tage nach seiner Ankunft erhängte er sich. Der Mitarbeiter, dem der Gefangene seine Ängste mitgeteilt hatte, machte sich Vorwürfe. Als er mir viele Jahre später von diesem Ereignis berichtete, sagte er: *„Vielleicht hätte ich mit mehr Nachdruck auf meinen Chef einwirken müssen. Vielleicht hätte ihm eindringlich raten sollen, selbst zu dem Gefangenen zu gehen und ihn anzuhören."*

In Arbeitsfeldern, in denen es um Menschen geht, sollte möglichst vielen Mitarbeiter ein Supervisionsangebot gemacht werden. Hätte der Kollege mit den Schuldgefühlen damals die Möglichkeit gehabt, sich von einer neutralen Person beraten zu lassen, hätte er möglicherweise Unterstützung erfahren.

Die Supervisionsthemen sind sehr vielfältig. Sie betreffen den Umgang mit schwierigen Inhaftierten, bei denen Mitarbeiter manchmal an Grenzen stoßen und auch das Gefühl der Hilflosigkeit haben können. Zu bewältigen sind krisenhafte Erlebnisse wie Suizide oder Suizidversuche. Supervision soll helfen, mit verbalen und – wenngleich seltenen – körperlichen Aggressionen von Gefangenen umzugehen. Ein solches Angebot soll die Balance zwischen Nähe und einer professionellen Distanz im Umgang mit Inhaftierten entwickeln helfen. Nicht zuletzt ist der Umgang mit Kollegen und Vorgesetzten ein Thema.

Supervisionsangebote sind Mangelware. Zumeist haben nur die Psychologen und Sozialdienstmitarbeiter diese Möglichkeit. In nahezu allen Einrichtungen wurde die Methode der kollegialen Beratung eingeführt, bei der sich gleichgestellte Mitarbeiter gegenseitig Hilfestellung geben.[7] Daneben stehen die Gefängnispsychologen und Anstaltsseelsorger als Gesprächspartner zur Verfügung.

Kapitel 5: Das neue Gerät im Verwaltungsflur und die Frage der Zeiterfassung

Wenn man beruflich irgendwo beginnt, sollte man sich zügig mit seinem Arbeitsplatz vertraut machen. Dies hilft, Peinlichkeiten zu vermeiden. Als Warnung diente mir eine Geschichte, die sich bereits viele Jahre vor meinem Start in der JVA Diez zugetragen hat. In den 1980er-Jahren wurde die technische Ausstattung der Verwaltung nach und nach verbessert. Im oberen Flur des Verwaltungsgebäudes wurde zur Freude der Bediensteten ein hochwertiges Kopiergerät aufgestellt. Bald wurde daneben noch eine weitere eindrucksvolle technische Errungenschaft platziert. Eines Tages betrat ein Mitarbeiter den Verwaltungsflur, um Kopien anzufertigen. Interessiert blickte er auf das neue Gerät, das neben dem Kopierer stand. Nach einigem Zögern sprach er einen Kollegen der Verwaltung an, um in Erfahrung zu bringen, was denn die Aufgabe des weiteren Gerätes sei und wie man es betätige. Der angesprochene Bedienstete antwortete dem Fragesteller höflich: *„Noch ein Kopierer. Einfach zu bedienen. Du musst die Blätter nur in den Schlitz stecken und auf das rote Knöpfchen drücken."* Sodann entfernte der Ratgeber sich zügig. Der Gebrauchsanweisung des Kollegen folgend, verfuhr der so instruierte Mitarbeiter. Nachdem er das Knöpfchen gedrückt hatte, wunderte er sich über die lauten Geräusche, die von dem vermeintlichen Kopierer ausgingen. Sekundenbruchteile zu spät bemerkte er, dass das Gerät keine Kopien auswarf, sondern die Schriftstücke in viele kleine längliche Streifen umwandelte. Eben ein Aktenvernichter, auch Reißwolf genannt. Es mischten sich Gefühle des Entsetzens und der Verärgerung bei dem Mitarbeiter, als er das Ergebnis seiner Tätigkeit erblicken musste. Die Beziehung zu dem Verwaltungsmitarbeiter verschlechterte sich daraufhin ein wenig.

Nachdem sich das Ereignis zur Erheiterung der Bediensteten zügig herumgesprochen hatte, wurde der Reißwolf einige Jahre lang Wolf IV genannt. Im Diezer Gefängnis gab es nämlich zeitweise mehrere Mitarbeiter mit dem Nachnamen Wolf. Um sie zu unterscheiden, hängte man eine Zahl an den Namen. Da das Gerät Töne von sich gab, wurde ihm eine gewisse Lebendigkeit zugeschrieben, was die Namensgebung rechtfertigte. Später, als es nur noch einen Mitarbeiter namens Wolf gab, bürgerte sich die Bezeichnung „Streifenkopierer" ein.

Bisweilen nutzen Vorgesetzte auch die Möglichkeiten der nonverbalen Kommunikation im Bereich der Mitarbeiterführung. Hierbei werden mitunter auch unkonventionelle Methoden eingesetzt, wie das folgende Schulbeispiel zum Ausdruck bringen soll.

Noch in den ersten Jahren des 21. Jahrhunderts gab es in der JVA Diez die altertümliche Methode der Zeiterfassung. Damals besaßen Mitarbeiter, die wie die Bediensteten der Verwaltung gleitende Arbeitszeit hatten, eine Karte im Maßstab DIN A 6, mit der die Dienstzeiten registriert wurden. Die Karte musste zu Dienstbeginn und beim Verlassen der Anstalt mit leichtem Druck in den Schlitz des Zeiterfassungsgeräts gesteckt werden. Das Gerät befand sich in der Gefängnispforte. Vernahm der Nutzer zu Dienstbeginn beim Einstecken der Karte ein Geräusch, das sich etwa wie ein kurzes „Pling" anhörte, wusste er, ab jetzt zählt bereits seine bloße Anwesenheit als Arbeitszeit. Schritt der Beamte ermüdet nach getaner Arbeit nachmittags zur Pforte, um erneut das Zeiterfassungsgerät zu nutzen, signalisierte das „Pling", dass die Uhrzeit des Dienstendes auf die Karte gedruckt wurde. Der Mitarbeiter nahm den Karton wieder aus dem Gerät heraus und durfte ihn zum Beweis seines Fleißes mit sich führen.

Ein Großteil der Bediensteten, die in den Genuss der Gleitzeitregelung kamen, verließ zum damals frühestmöglichen Arbeitszeitende um 16 Uhr die Anstalt. So konnte der Nachmittag noch für private Aktivitäten genutzt werden.

Ein Mitarbeiter, dessen Arbeitsmotivation ein wenig unter Durchschnitt lag, hielt sich bereits um 15.50 Uhr vor dem Zeiterfassungsgerät auf. Die Karte hatte er mit äußerster Vorsicht in den Schlitz des Zeiterfassungsgerätes gesteckt. Der Plan des Beamten war, pünktlich um 16 Uhr etwas fester auf die Karte zu drücken, um dadurch das Gerät zu aktivieren. Indem seine Karte bereits im Gerät steckte, hatte er zugleich die Gewähr, dass er als Erster die Pforte verlassen konnte. Pole-Position. Solange er die Karte nicht mit größerem Druck in das Gerät gesteckt hatte, würde auch die Wartezeit als Arbeitszeit gelten. Wohlwollend darf man davon ausgehen, dass der Beamte allein mit seiner bloßen Präsenz innerhalb des ummauerten Bereiches zur Sicherheit der Einrichtung beitragen wollte. So handelte es nicht um ein bloßes Warten, sondern Dienstzeit im engeren Sinne. Doch plötzlich wurde der wartende Bedienstete durch ein unerwartetes „Pling“ aufgeschreckt. Hatte sich das Zeiterfassungsgerät selbständig gemacht und seine Arbeitszeit eigenmächtig bereits vor 16 Uhr registriert und damit beendet? Als unmittelbar neben ihm plötzlich ein Mitglied der Anstaltsleitung stand, das ihn zugleich grinsend wie ermahnend anschaute, wurde ihm bewusst, dass dieser der Urheber der böswilligen Tat war. Offenbar hatte der Vorgesetzte der Zeitkarte von oben einen kleinen Stoß versetzt.

Die Frage, was als Dienst und was als private Tätigkeit zu betrachten ist, war übrigens 2013 Gegenstand einer verwaltungsgerichtlichen Entscheidung. Thema war der Toilettenbesuch während des Dienstes.

Einem Polizeibeamten war eine Tür im WC-Bereich aus der Hand gerutscht, sodass er sich einen Finger verletzte. Er machte daraufhin einen Dienstunfall geltend. Die Behörde zeigte sich bockig und lehnte die Anerkennung als Dienstunfall ab. Man argumentierte, was üblicherweise auf der Toilette erledigt werde, sei dem privaten und nicht dem dienstlichen Bereich zuzuordnen. Dieser Auffassung schloss sich das Verwaltungsgericht in erster Instanz an. Ich fand diese Gerichtsentscheidung etwas fragwürdig. Es war zu befürchten, dass manche Mitarbeiter künftig stets ein Schriftstück als Beweis für dienstliche Aktivitäten mit in die Toilette nehmen, um eventuelle Rechtsansprüche zu erhalten. Wäre jemand im Falle eines längeren Verweilens in einer Toilettenkabine mit der Mappe unter dem Arm dort eingeschlafen und zum Beispiel mit dem Kopf auf den Fliesen aufgeschlagen, müsste man zweifelsohne von einem Dienstunfall ausgehen.

Wie erwartet, kam es später zu obergerichtlichen Entscheidungen, bei denen eine andere Auffassung vertreten wurde. So entschied das Bundesverwaltungsgericht den Fall einer Polizistin, die sich im Toilettenbereich an einem geöffneten Fenster den Kopf verletzt hatte. Die Richter kamen zum Ergebnis, maßgeblich sei, dass die Toilette zum räumlichen Machtbereich des Dienstherrn gehöre. Risiken, die sich während der Dienstzeit ereigneten, seien daher dem Dienstherrn zuzurechnen. Dies gelte unabhängig davon, ob die konkrete Tätigkeit, der sich der Unfall ereignet habe, dienstlich geprägt sei. Eine Ausnahme gelte nur für die Fälle, in denen die konkrete Tätigkeit vom Dienstherrn ausdrücklich verboten sei oder dessen wohlverstandenem Interesse zuwiderlaufe. Juristendeutsch in Reinkultur.

Nun kann man bei einem Toilettenbesuch angesichts der dort vorgenommenen Tätigkeiten nicht davon ausgehen, dass ein Vorgesetzter das Aufsuchen dieser Räumlichkeiten verbietet. Auch wird ein Toilettenbesuch kaum dienstlichen Interessen zuwiderlaufen. Vielmehr ist ein Mitarbeiter, der ein dringendes Bedürfnis verspürt, dem jedoch nicht zeitnah abhelfen kann, kaum arbeitsfähig. Jedenfalls leidet die Konzentration erfahrungsgemäß sodann erheblich.

Der Fall machte mir einmal mehr bewusst, dass mein langwieriges Studium der Rechtswissenschaften mit der sich daran anschließenden Referendarzeit offenbar doch notwendig und sinnvoll war. Auf dieser Basis war ich in der Lage, im späteren Berufsleben juristisch komplexe und schwierige Sachverhalte wie den WC-Fall zu beurteilen und für die berufliche Praxis nutzbar zu machen.

Kapitel 6: Von den Aufgaben des Anstaltsleiters bis hin zu einer Hämorrhoidensalbe

Nach etwa 10 Jahren als Mitglied der Anstaltsleitung beziehungsweise Vertreter des Gefängnisdirektors durfte ich mich für die nächsten 21 Jahre auf den Stuhl des JVA-Chefs setzen. Wenn sich Laien ein Bild von der Tätigkeit eines Anstaltsleiters machen, denken sie zuallerletzt an Kontakte mit Gefangenen. Selbst aus meinem Bekanntenkreis begegnete mir gelegentlich die rhetorische Frage: *„Mit Gefangenen hast du doch unmittelbar nichts zu tun?“* Ich erwähnte dann zumeist die vielen Gespräche, die ich insbesondere in der Diezer Anstalt mit Gefangenen in meiner Sprechstunde geführt habe. Außerdem die Kurse des Sozialen Trainings für Gefangene, die ich mit einem Co-Trainer im Freigängerhaus angeboten habe. Anlass für Gespräche mit Inhaftierten waren überwiegend Schreiben. Gelegentlich wurde ich auch bei meinen Rundgängen durch die JVA von Häftlingen angesprochen. Die Briefe von Gefangenen, die sich unmittelbar an mich wandten, wurden mir ohne weitere Zwischenstation unmittelbar von der Geschäftsstelle zugeleitet. Die Inhaftierten durften sie verschlossen abgeben und hatten so nicht das Gefühl, dass ihre Schreiben in irgendeinem Vorfilter hängen blieben.

In einem dieser Briefe ging es um Hämorrhoiden. Ein Gefangener, der in der JVA Diez eine lebenslange Freiheitsstrafe verbüßen musste, nannte nur ein Stichwort: „Hämorrhoidensalbe“. Näheres wolle er mir allerdings nur persönlich mitteilen, schrieb er geheimnisvoll. In meiner Sprechstunde berichtete er mir von einem Problem, das für einen Außenstehenden auf den ersten Blick banal erscheint. Er beklagte sich darüber, der Anstaltsarzt habe ihm nicht die

Salbe verordnet, die ihm am besten helfe. Möglicherweise fragt man sich, ob ein Anstaltsleiter sich um ein solches Anliegen persönlich kümmern muss. Um es vorwegzunehmen, er sollte dies im Zweifelsfall. Was für einen Außenstehenden als Kleinkram erscheint, besitzt für einen Gefangenen, der die meisten alltägliche Dinge nicht unmittelbar selbst in Angriff nehmen kann, eine völlig andere Größenordnung. Die Inhaftierten sind überwiegend auf die Hilfe von Mitarbeitern angewiesen.

Ich hätte dem Mann entgegnen können, dass ich nicht über medizinische Kenntnisse verfüge und mich grundsätzlich auf den Anstaltsarzt verlasse. Ich hätte dem Gefangenen auch sagen können, dass er sich die Salbe ja auf eigene Kosten verschaffen könne. Im Gespräch selbst habe ich dem Häftling jedoch nicht unmittelbar eine abschließende Rückmeldung gegeben, sondern, wie ich dies häufig tat, mitgeteilt, ich würde sein Anliegen prüfen.

Der Anstaltsarzt erklärte mir, die Salbe, die er verschrieben habe, sei durchaus geeignet. Das von dem Gefangenen gewünschte Präparat sei dagegen erheblich teurer. Da diesem nach der Vorschriftenlage lediglich die ärztliche Versorgung eines Patienten der gesetzlichen Kassen zustehe, dürfe er die gewünschte Salbe nicht verordnen. An die Vorschriften wollte ich mich eigentlich halten, auch um keine Präzedenzfälle zu schaffen. Dennoch war ich mit dem Ergebnis nicht zufrieden. Ich griff nochmals zum Telefonhörer und sprach mit dem zuständigen Vollzugsabteilungsleiter, einem leider früh verstorbenen, sehr gütigen Menschen, der ein Herz für die Gefangenen besaß. Viele Jahre lang organisierte er das jährliche Sportfest für die Gefangenen mit vorbildlichem Engagement. Durchaus keine Selbstverständlichkeit. Nicht alle Bedienstete klopften ihm dafür auf die Schulter. Er sagte zu mir: *„Ich kenne das Problem. Der Gefangene ist davon* *überzeugt, dass die Salbe ihm besser hilft. Dies nehme ich ihm ab, auch wenn es möglicherweise ein bisschen subjektiv ist. Deshalb habe ich dem Inhaftierten die Salbe aus eigenen Mitteln gekauft. Er kennt allerdings nicht diese Geldquelle. So kann man die Umständlichkeiten in der Verwaltung umgehen, ohne sich ärgern zu müssen.*" Man kann sicherlich nicht alle Probleme im Justizvollzug auf diese unkonventionelle Art lösen. Ich bedankte mich zwar für seine unkonventionelle menschliche Art, das Problem anzugehen, bat ihn jedoch, dies nicht zur Regel werden zu lassen.

Ein Behördenleiter kommt nicht umhin, das meiste an seine Mitarbeiter zu delegieren, da das Arbeitspensum ansonsten nicht zu bewältigen wäre. Doch man muss ein Gespür dafür entwickeln, wann man selbst unmittelbar gefragt ist. Manchmal sind es die vermeintlich weniger bedeutsamen Dinge, die zu einer persönlichen Angelegenheit eines Anstaltsleiters werden sollten. Wenn er sich um das ein oder andere kleine Problem kümmert, das ein großes für einen Inhaftierten ist, signalisiert er ihm, dass er ihn ernst nimmt. Diese Botschaft erreicht erfahrungsgemäß auch viele andere Gefangene. In einer Justizvollzugsanstalt spricht sich vieles in Windeseile herum. Gerade die Dinge, die Häftlinge positiv überraschen. Damit zeigt ein Gefängnisleiter zugleich, dass er in seinem Haus die letztentscheidende Instanz ist. Auch wenn es nur um eine vermeintlich popelige Salbe geht. Ein Anstaltsleiter, der eine väterliche Rolle einnimmt, schafft Vertrauen. Eine Grundlage für ein gutes Miteinander zwischen Bediensteten und Gefangenen. Man sendet diese Botschaft zugleich an alle Mitarbeiter. Eine Anstalt, die vom Gedanken eines gegenseitigen Respektes zwischen Mitarbeiter und Inhaftierten geprägt ist, wird eher eine gute und entspannte Atmosphäre besitzen. Sie erleichtert Gefangenen wie Bediensteten das Leben und trägt zugleich auch zur Sicherheit der Anstalt bei.

Oft kamen an einem Arbeitstag Aufgaben auf mich zu, mit denen ich nicht gerechnet hatte. Über mangelnde Abwechslung konnte ich nie klagen. Natürlich gab es auch feste Abläufe. Wie begann mein Arbeitstag im Gefängnis? Nehmen wir die JVA Rohrbach, wo ich zuletzt bis zu meinem Ruhestand tätig war. Morgens betrat ich recht früh, nämlich etwa gegen 7.15 Uhr, die Anstalt. Der großzügige Parkplatz war um diese Zeit noch nicht gefüllt. Lediglich die im Hafthaus eingesetzten Beamten, die um 6 Uhr zum Frühdienst gekommen waren, befanden sich bereits hinter den Mauern. Eine Kollegin aus einer anderen JVA sprach, als sie mich recht früh telefonisch erreichte, kess von seniler Bettflucht, bezog sich allerdings selbst mit ein. Deshalb sei ihr diese Anmerkung verziehen.

Ich versuchte stets den an der Pforte sitzenden Kollegen freundlich zu begrüßen. Frühmorgens gelang mir nicht immer ein Lächeln. Mit einem Knopfdruck öffnete der Kollege die Schlupftür, die sich neben dem großen Pfortentor befand. Ich betrat dann die Schleuse. Dies ist der Bereich zwischen dem Pfortentor und einem weiteren Tor, das an den Hofbereich der Anstalt grenzt. Zeitgleich wird aus Sicherheitsgründen lediglich eines der beiden Tore geöffnet. Beide Tore werden geöffnet, wenn ein sehr ausladender LKW mit Ware für die Anstaltsbetriebe in den Hof fahren muss. In der Schleuse befindet sich ein großer Schrank mit einem Fach für jeden Mitarbeiter. Mithilfe einer PIN öffnete ich mein Fach und holte den Schlüssel und das Personennotrufgerät – kurz PNG – heraus. Es handelt sich hierbei um ein Alarmierungs- und Notrufgerät, das zugleich wie ein Mobiltelefon der Kommunikation innerhalb der Anstalt dient. Mit meinem Schlüssel konnte ich jedoch in der Pfortenschleuse wenig anfangen. Ich war noch in der von zwei großen Toren eingerahmten Personen- und Fahrzeugschleuse eingesperrt und bedurfte des guten Willens des Pfortenbeamten, der mir dann wohlwollend die zum Hof führende zweite Tür per Knopfdruck öffnete. Ansonsten konnte ich den Schlüssel für die meisten Türen im Gefängnisgelände nutzen.

Ein täglicher dienstlicher Fixpunkt war die Frühbesprechung. Wohl einer der wichtigsten Termine, da hier manche Weiche gestellt wurde. Sie fand um 9 Uhr mit den weiteren Mitgliedern der Anstaltsleitung, dem Vollzugsdienstleiter, einem der Vorgesetzten des allgemeinen Vollzugsdienstes, der Leiterin der Personalverwaltung und dem Leiter der Abteilung Sicherheit statt.[8]

Häufig waren personelle Engpässe Besprechungsgegenstand. In den letzten Jahren wurde es zudem immer schwieriger, Nachwuchs für die Justizvollzugsanstalten zu rekrutieren. Dies betraf in erster Linie den allgemeinen Vollzugsdienst. In der JVA Rohrbach handelt es sich um mehr als 200 Mitarbeiter. Regelmäßig sind dort personelle Lücken vorhanden, die nur mit viel Mühe geschlossen werden. Wenn überhaupt. Zusätzlich entstehen Engpässe, wenn viele Mitarbeiter aus dem allgemeinen Vollzugsdienst erkrankt sind. Die Krankheitsquote stieg in den letzten Jahren bereits vor der Corona-Pandemie in den meisten rheinland-pfälzischen Anstalten kontinuierlich an.

Noch mehr wird die Personaldecke ausgedünnt, wenn ein Gefangener kurzfristig in einem öffentlichen Krankenhaus untergebracht werden muss. Pro Dienstschicht müssen zwei Mitarbeiter zur Bewachung eingesetzt werden. Für drei achtstündige Schichten somit sechs Bedienstete, die außerplanmäßig kurzfristig benötigt werden. Einige werden in der Anstalt abgezogen und im Krankenhaus eingesetzt. Die Personaldecke im Hafthaus ist dann auf Kante genäht. Der Stellvertreter des Vollzugsdienstleiters sitzt in solchen Fällen geraume Zeit an seinem Telefon und bemüht sich zumeist erfolgreich, Mitarbeiter zu erreichen, die kurzfristig einspringen. Bedienstete, die gerade dienstfrei haben, müssen stets damit rechnen, für zusätzliche Dienste herangezogen zu werden. Einmal allerdings teilte er mir seine Verärgerung mit, nachdem er erfolglos versucht hatte, einen bestimmten Mitarbeiter zu erreichen, der zumeist während seiner freien Tage kaum auffindbar war. Glücklicherweise eine Ausnahme. *„Herr Henke"*, sagte der stellvertretende Vollzugsdienstleiter zu mir, *„rufen Sie doch einmal den Kollegen selbst an. Sie werden eine interessante Erfahrung machen."* Neugierig geworden, folgte ich dem Rat des Mitarbeiters und griff zum Telefonhörer. Es meldete sich jedoch nicht der Inhaber des Anschlusses, sondern der damalige Papst Johannes Paul II. auf Deutsch mit seinem markanten polnischen Akzent und launigen Worten. Ohne den Gesprächspartner aus dem Vatikan zu erwähnen, meldete ich dem schwer erreichbaren Mitarbeiter zu einem späteren Zeitpunkt zurück, dass er zu den wenigen gehöre, die selten bis gar nicht für Sonderdienste erreichbar seien. Da ich selbst katholisch sei, hätte ich zwar nichts gegen den amtierenden Papst, dem ich kurz zugehört hätte. Weil das Kirchenoberhaupt aber kaum bereit sei, personelle Lücken im Gefängnis zu schließen, hätte ich einen telefonischen Kontakt mit einem Mitarbeiter bevorzugt. Mit großen Augen schaute mich der so schwer erreichbare Kollege an. Ein wenig half das. Jedenfalls vorübergehend. In solchen Momenten tröstete ich mich damit, dass ich mehr als 95 % meiner Mitarbeiter als engagiert und verlässlich erlebte. Ich durfte daher auf ein deutlich mehr als halbvolles Glas schauen.

Die personellen Lücken hatten zur Folge, dass Mangelverwaltung betrieben werden musste und bestimmte Dienstposten nicht besetzt werden konnten. So war darüber zu entscheiden, welche Tätigkeitsbereiche brachliegen sollten. Personelle Vakanzen trafen häufig die Vollzugsabteilungen, daher die Bereiche, wo die Gefangenen untergebracht sind. Eine Dienstschicht konnte dann nur mit zwei statt drei Beamten besetzt werden. Dies führte zu einer erheblichen Aufgabenverdichtung, die den Mitarbeitern nur vorübergehend zumutbar war. Als Anstaltsleiter weiß und akzeptiert man dann, dass die Aufgaben nicht mehr mit der nötigen Sorgfalt ausgeführt und manche Dinge gar nicht mehr erledigt werden können. Dies betrifft zum Beispiel Umfang und Gründlichkeit der Haftraumkontrollen, von der Kommunikation und Betreuung der Gefangenen ganz zu schweigen.

Oftmals fiel während meiner Dienstzeit die Entscheidung über die Verteilung des Personals zu Lasten des arbeitstherapeutischen Betriebes. Wenn es keine andere Alternative gab, musste er für kurze Zeit geschlossen werden. Dort werden Gefangene in den Arbeitsprozess eingegliedert und sollen an regelmäßige Beschäftigung gewöhnt werden. Häufig handelt es sich um Inhaftierte mit psychischen Problemen. Eigentlich sollte man diesen Betrieb nicht ohne Not schließen. Doch hat man bisweilen keine andere Wahl. Die sogenannten Unternehmerbetriebe, die als externe Firmen den Anstalten Arbeitsaufträge geben und bei denen regelmäßig die meisten Gefangenen beschäftigt sind, können nur im absoluten Ausnahmefall vorübergehend geschlossen werden. Ansonsten besteht die Gefahr, dass die Unternehmen dauerhaft abspringen und drückende Arbeitslosigkeit mit „Zellenvollzug" im Gefängnis herrscht.

Selten habe ich das Sportangebot reduziert. Die Mitarbeiter vertraten überwiegend die Auffassung, dass das Sportangebot aufrechterhalten werden sollte. Angesichts des knapp bemessenen Arbeitsangebots für Gefangene ist es gerade für jüngere Inhaftierte ungemein wichtig, sich beim Sport austoben zu können. Dies trägt zur Sicherheit bei und erleichtert letztlich auch die Tätigkeit der Bediensteten in den Vollzugsabteilungen.

Kapitel 7: Der Lebenslange, der an der Gefängnispforte abgewiesen wurde

Da ich neben der Referendarzeit insgesamt mehr als 15 Jahre im Diezer Gefängnis, der Einrichtung für Langstrafige, tätig war, kreuzten häufig Lebenslange meinen beruflichen Lebensweg. Dass sie nicht freiwillig zu uns kamen, liegt nahe. Doch gab es eine Ausnahme. Im Frühjahr 2003 stand ein Mann am Pfortentor und wollte auf Teufel komm raus hinter die hohen Mauern der JVA Diez.

Der 37 Jahre alte Sizilianer war 1986 wegen Mordes und versuchten Mordes zu einer lebenslangen Freiheitsstrafe verurteilt worden. Zunächst musste er 13 Jahre davon in deutschen Gefängnissen, zuletzt in der JVA Diez, verbringen. Ausländische Gefangene einer Reihe von Ländern können auf Antrag mit Zustimmung der Staatsanwaltschaft aufgrund eines Rechtshilfeabkommens in ein Gefängnis ihres Heimatlandes verlegt werden, um dort die Strafe weiter zu verbüßen. Der Lebenslange machte von dieser Möglichkeit Gebrauch und landete in einer Justizvollzugsanstalt in Rom. Offenbar gefiel es ihm dort nicht übermäßig gut. Er hatte gehofft, in Italien ein wenig früher als in Deutschland seinen ersten Espresso in Freiheit zu genießen. Dies zeichnete sich jedoch nicht ab. Während eines Hafturlaubs tauchte er unter und kehrte nach Deutschland zurück. Im späten Frühjahr 2003 erschien er an der Hauptpforte des Diezer Gefängnisses und begehrte Einlass. Der Pfortenbeamte war ein wenig überrascht und schaute zunächst einmal in seine Unterlagen. Ein solcher Fall war ihm bislang noch nicht untergekommen. Er warf auf einen Blick in die Vollzugsgeschäftsordnung (VGO), eine Verwaltungsvorschrift, die – so dachte der Beamte jedenfalls – ihm eine verlässliche Antwort gibt. Den Sizilianer ordnete er zu Recht als

Selbststeller ein, daher jemand, der sich freiwillig zur Verbüßung einer Freiheitsstrafe in einem Gefängnis stellt. *„Nr. 9 VGO könnte passen"*, dachte der Pfortenbedienstete laut. Hiernach ist eine vorläufige Aufnahme vorgesehen, wenn der Anstalt zwar kein schriftliches Aufnahmeersuchen der Staatsanwaltschaft vorliegt, der Selbststeller aber immerhin eine Ladung dieser Justizbehörde vorzeigen kann. Allerdings musste auch die Identität der Person geprüft werden, die so nachdrücklich Einlass verlangte. Da der Mann aus dem europäischen Süden schließlich einige Jahre im Diezer Gefängnis verbracht hatte, war dies nicht das wesentliche Problem. Einigen Beamten war er noch ein Begriff. Der Mitarbeiter an der Pforte holte nun die Hilfe des Leiters der Vollzugsgeschäftsstelle ein. Schließlich war dieser mit den maßgeblichen Vorschriften noch mehr vertraut, hoffte er. Der wartende Gefangene wurde immer ungeduldiger und verstand die Welt nicht mehr. Zwischenzeitlich wurde von dem Vollzugsgeschäftsstellenbeamten eine weitere Vorschrift ausgegraben. Nr. 9 Absatz 2 b) VGO sieht vor, dass ein Selbststeller auch ohne Ladung aufgenommen werden darf, „wenn durch sofortige mündliche Rücksprache bei der zuständigen Behörde festgestellt werden kann, dass die sich selbst stellende Person dem Vollzug zuzuführen ist". Zuständige Behörde ist die Staatsanwaltschaft. Auf die Schnelle fand man dort allerdings niemanden, jedenfalls keinen, der eine abschließende Auskunft geben konnte. Möglicherweise hatten sich auch alle Vertreter der Vollstreckungsbehörde angesichts dieser schwierigen Rechtsfrage unter ihren Schreibtischen versteckt. Daher fischte man auch in der JVA Diez weiter im Trüben. Auf Verdacht kann schließlich nicht irgendeine Person in der Diezer Herberge aufgenommen werden. Nun riss der Geduldsfaden des wartenden Lebenslangen. Er verließ das wenig gastfreundliche Gefängnis. Der abgewiesene Mann ging schnurstracks zu seinem ehemaligen Anwalt, der ihn in der Diezer Zeit vertreten hatte. Einige Zeit später erschien der erstaunlich anhängliche Ex-Diezer erneut mit seinem Verteidiger und einem alten Haftbefehl wegen unerlaubten Waffenbesitzes an der Pforte. Das Urteil wegen Mordes und Mordversuches hatte ja schließlich nicht zu dem gewünschten Erfolg geführt. Der alte Haftbefehl, der nie vollstreckt worden war, wurde wieder mit Leben gefüllt, sodass der Gefangene wunschgemäß ins Gefängnis durfte. So musste er nicht nach Italien zurückkehren, sondern wurde später in Diez, wo er noch für einige Zeit seine lebenslange Freiheitsstrafe verbüßte, auf Bewährung entlassen.

Nicht verschwiegen werden soll, dass dieser skurrile Fall ein gefundenes Fressen für die stets großzügig bebilderte Tageszeitung war, die gerne Geschehnisse in Gefängnissen zum Anlass nimmt, pauschal die Verhältnisse hinter Gittern und die Arbeit der Bediensteten zu kritisieren. Dies fing schon damit an, dass man die Beamten in der Schlagzeile despektierlich als „Wärter" bezeichnete. Ohne sich in der JVA Diez über die Hintergründe näher zu informieren, kam das Boulevardblatt zum Ergebnis: „Alltäglicher Behördenschwachsinn made in Germany." Ich möchte nicht wissen, was das Blatt geschrieben hätte, wäre eine Person widerrechtlich in einem Gefängnis untergebracht worden.

Kapitel 8: Wenn die Zelle zum Lebensmittelpunkt wird

Von dem bekannten deutschen Komiker Heinz Ehrhardt, der gerne Wortspiele benutzte, stammt der Zweizeiler: *„Das Leben kommt auf alle Fälle – aus einer Zelle. Doch manchmal endet's auch bei Strolchen – in einer solchen."* Die Aussage des beliebten Künstlers, der die Gefangenen so despektierlich bezeichnete, besitzt einen wahren Kern. Für einige ist die JVA die letzte Station des Lebens. Manche Inhaftierte erkranken während einer langen Freiheitsstrafe schwer und versterben, bevor sich die Frage einer bedingten Entlassung stellt. Ich erinnere mich an einen Inhaftierten, der eine lebenslange Freiheitsstrafe verbüßte und eines Tages tot auf dem Zellenboden lag. Der Gefangene, ein sehr schlanker Mann, mit einem wenig konturierten Gesicht und einem dunklen Haarkranz, hatte einen Herzinfarkt erlitten. Er war Anfang der 1980er Jahre im offenen Vollzug der JVA Diez erprobt worden. Bei einem Ausgang beging er eine schwere Straftat, die es nicht mehr zuließ, ihm eine weitere Chance zu geben. Hinter Gittern war er die Unauffälligkeit in Person. Wenn ein Mensch wie der alte Häftling nach Jahrzehnten der Haft im Gefängnis verstirbt, hat sein Scheitern einen traurigen Endpunkt gefunden. Vielleicht war der Tod letztlich auch eine Erlösung. Es scheiden nur wenige Gefangener freiwillig aus den Leben. Ich versuchte mir vorzustellen, wie es ist, mehr als das halbe Leben eingesperrt verbringen zu müssen. Möglicherweise nährt die Hoffnung, irgendwann doch in die Freiheit zu gelangen, den Lebenswillen der Männer.

Die Zelle, von der Heinz Erhard spricht und die korrekt als Haftraum bezeichnet wird, ist zwangsläufig der Lebensmittelpunkt eines Strafgefangenen. Dies gilt gerade für Inhaftierte, die viele Jahre in einer Justizvollzugsanstalt verbringen müssen, aber auch für Gefangene mit einer überschaubaren Straflänge. Belastende Lebenssituationen erscheinen vor und noch mehr hinter Gefängnismauern endlos, gleich wie lange sie dauern.

Die meisten Inhaftierten bemühen sich, ihren Haftraum individuell und möglichst wohnlich auszustatten. Der ein oder andere Gefangene entfaltet eine ausgeprägte Kreativität bei der Gestaltung der Zelle. Den Haftraum eines Häftlings, der sich als Hobby-Raumausstatter betätigte, sehe ich heute noch vor mir. Er besaß offenbar gute Beziehungen zu einem Kumpel, der im Hafthaus für Malerarbeiten eingesetzt war. Mit dessen Unterstützung war es dem künstlerisch ambitionierten Mann möglich, sein Gefängniswohnzimmer auf recht ungewöhnliche Weise nach eigenem Gusto zu verschönern. Wände und teilweise die Möbel wirkten, als wolle der Inhaftierte für die Getränkemarke Coca-Cola Werbung machen. Alles leuchtete in kräftigem Rot und markantem Schwarz. Wände, Spind, Regal. Man mag sich fragen, warum die Beamten nicht früher eingriffen. Offenbar hatte der Inhaftierte seine Zelle in Windeseile insbesondere in den Nachtstunden umdekoriert, sodass die Mitarbeiter vor vollendeten Tatsachen standen. Ich schließe allerdings auch nicht aus, dass man sich über die künstlerische Aktivität amüsierte und die Vollendung des Gesamtkunstwerkes nicht verhindern wollte.

Ein weiterer Künstler tobte sich auf einem anderen Musenfeld aus. Mit Vorliebe stellte er sich vor das geöffnete Haftraumfenster und schmetterte mit einem durchaus beachtlichen Tenor das ein oder andere Lied in den Gefängnishof. Der aus Italien stammende Mann bevorzugte gefühlvolle Songs im Stile eines Eros Ramazzotti, die er mit der ihm eigenen Inbrunst vortrug. Erfreulicherweise nutzte er die Nacht zum Schlafen und sang nicht zu jeder vollen Stunde eine Strophe des bekannten deutschen Nachtwächterliedes mit Zeilen wie „Hört ihr Herrn und lasst euch sagen, unsre Uhr hat zwölf geschlagen usw.". Sein selten von Misstönen begleiteter Gesang störte seine Mitgefangenen von wenigen Ausnahmen abgesehen nicht sonderlich. Einzelne Rufe wie *„Jetzt halt' endlich dein Maul!"* beeindruckten den Tenor wenig. Eben Kunstfreiheit.

Eigentlich dürfen die Häftlinge ihren Haftraum nur in einem eigens dafür vorgesehenen Bereich dekorieren. Viele Anstalten haben zu diesem Zweck eine große Pinnwand oder eine Leiste angebracht, an die die Gefangenen private Fotografien, Poster oder selbstgefertigte Zeichnungen anbringen können. Keinesfalls dürfen die Inhaftierten die Zellenwände, die regelmäßig in einem hellen Farbton gestrichen sind, mit freskenähnlichen Bildnissen dekorieren. Bisweilen dienen solche Zeichnungen dazu, sich in einer persönlichen Krise abzureagieren. Ein Gefangener litt unter äußerst strengen Sicherungsmaßnahmen, nachdem er versucht hatte, zu fliehen. Vorübergehend wurde er deshalb von den Mitinhaftierten abgesondert. Der Gefangene fertigte mit Buntstiften eine Vielzahl von kleinen pornografischen Zeichnungen an, die er gleichmäßig auf den Zellenwänden verteilte. Die Mitarbeiter vor Ort duldeten dies zunächst. Offenbar wollten sie dem Gefangenen angesichts der zahlreichen Einschränkungen, denen er unterworfen war, diesen kleinen Freiraum gönnen. Vielleicht suchten sie auch, im Wissen um die Gefährlichkeit des Inhaftierten, eine Eskalation der Situation zu vermeiden. Man verzichtete zunächst auf die Entfernung der Zeichnungen. Nach einiger Zeit hatte sich der Gefangene mit der Inhaftierung abgefunden und galt als weniger problematisch. Die Sicherungsmaßnahmen wurden erheblich reduziert und bald darauf die kleinen Fresken mit einem neuen Anstrich übermalt. Häftlinge, die nach jedem verbüßten Tag im Gefängnis einen Strich an die Zellenwand machen, findet man heutzutage nur noch in langweiligen Bilderwitzen.

Zumeist schmückten Gefangene, die noch Bindungen zur Familie hatten, den Haftraum mit privaten Fotografien. Wenn mein Blick bei Zellenrundgängen auf ein Foto fiel, erklärte mir mancher Inhaftierte unaufgefordert, um wen es sich bei den abgelichteten Personen handele. Oft schwang ein gewisser von Melancholie begleiteter Stolz mit. Einige Häftlinge hingen Poster von nackten Frauen auf. Verboten waren pornografische Abbildungen. Der ein oder andere ausländische Gefangene, insbesondere aus dem ost- oder südeuropäischen Raum, besaß auch ein religiöses Foto. Gelegentlich sah man Marienbildnisse. Ein aus Italien stammende Häftling besaß ein Bild des italienischen Nationalheiligen Pater Pio. Von dem heiligen Mönch, der im letzten Jahrhundert gelebt hat, wird berichtet, er habe die Fähigkeit besessen, an zwei Orten gleichzeitig aufzutauchen. Glücklicherweise gab es während meiner Dienstzeit keine Anzeichen dafür, dass ein Gefangener dieses Talent besessen hat.

Der Entfaltung der kreativen Fähigkeiten der Gefangenen sind allerdings aus Sicherheitsgründen Grenzen gesetzt. Die Zelle muss übersichtlich sein, damit sie von den Beamten noch innerhalb eines überschaubaren Zeitfensters kontrollierbar ist.

Eine Ausstattung mit eigenen Möbelstücken wird den Gefangenen nicht ermöglicht. Regelmäßig bestehen die Anstaltsmöbel aus einem besonders stabilen Kunststoff, um Versteckmöglichkeiten weitestgehend auszuschließen. Holzmöbel sind im Lauf der letzten Jahrzehnte immer seltener geworden. Gefangene der JVA Diez, die in der Druckerei oder Buchbinderei zur Arbeit eingesetzt waren, nahmen sich gelegentlich Kartonreste mit, aus denen sie sich kleine Tischregale mit Schubladenfächern bastelten. Da man in den Kartons, die man leicht aufschlitzen kann, gut Drogen verstecken kann, mussten die Kleinmöbel wieder entfernt werden.

Gefangene sollen den Haftraum und die von der Anstalt überlassenen Sachen in Ordnung halten und schonend behandeln. In den Landesjustizvollzugsgesetzen hat man dies sogar den Inhaftierten als Pflicht auferlegt. Hierzu gehört es auch, den Haftraum selbst zu reinigen. Dass dies mitunter zu Konflikten zwischen Gefangenen und Bediensteten führt, kann man sich vorstellen. Wenn es ein Inhaftierter mit Machoattitüde in Freiheit gewohnt war, dass sich ausschließlich die Partnerin um den Haushalt kümmert, fällt es ihm schwer, auf den vertrauten Zimmerservice zu verzichten. Auch Gefangene mit psychischen Problemen gelingt es oft nicht, ein vertretbares Sauberkeitsniveau in der Zelle aufrechtzuerhalten.

Die meisten Gefangenen reinigen regelmäßig ihren Haftraum, da sie selbst das Bedürfnis haben, in einem sauberen Umfeld zu leben. Die älteren Justizvollzugsanstalten wie das Diezer Gefängnis waren früher mit Holzböden ausgestattet, einem einfachen Parkettboden. Sofern er regelmäßig gepflegt wurde, verlieh er der Zelle ansatzweise eine heimelige Note. Viele Inhaftierte benutzten ein wachshaltiges Reinigungs- und Poliermittel, sodass der Boden regelrecht glänzte. Am Zelleneingang lagen oftmals Lappen als Fußabtreter, mit denen sich die Gefangenen die Schuhe abputzten, bevor sie den Raum betraten. Kaum vorstellbar, dass die Männer vor der Inhaftierung zu Hause ähnliche Aktivitäten zeigten. Die Beamten ließen die Lappen allerdings regelmäßig von den Gefangenen entfernen, da man leicht auf ihnen ausrutschen konnte. Die hölzernen Böden wurden gegen Epoxidharzböden ausgetauscht. Anders als Parkettboden mit vielen Ritzen besaßen die nahtlosen Böden keine Versteckmöglichkeiten mehr.

Es ist ratsam, bei baulichen Maßnahmen mit dem notwendigen Augenmaß vorzugehen. Insbesondere, wenn man Standards schafft, die für alle Inhaftierten gelten. Hierbei sollte man die Gefangenen nicht entmündigen. Bei einigen Versuchen, den Wasserverbrauch in den Anstalten zu senken, schoss man über das Ziel hinaus. Während meiner beruflichen Anfangsphase in der JVA Frankenthal monierte ein Vollzugsabteilungsleiter, dass man in den Duschräumen mit Hilfe einer technischen Vorrichtung die Wasserzufuhr nach einer festgelegten Zeit beendete. Der kritische Kollege mit seinem markanten Pfälzer Idiom sagte mit seiner kräftigen Stimme zu mir: *„Man spart. Koste es, was es wolle."* Auch in der JVA Rohrbach versuchte man den Wasserverbrauch zu reduzieren, indem man die Wasserhähne der Haftraumwaschbecken mit dem Einbau eines „Wasserstopps" versah. Die Wasserleitung gibt nur eine überschaubare Anzahl von Sekunden einen dünnen Wasserstrahl ab. Ein Gefangener beschrieb dies 2016 in einem Brief an seinen Vater: *„Das Wasser aus dem Waschbecken ist ein Pieselstrahl, der schnell von alleine abschaltet."* Immer wieder umgingen Inhaftierte die „Wasserbremse", indem sie einen winzigen Keil in die Öffnung des Hahnes klemmten. Einen anderen Weg, um den Wasserverbrauch zu reduzieren, beschritt bereits in den 1990er Jahren der Vorsitzende des Diezer Anstaltsbeirates, ein erfolgreicher ortsansässiger Handwerksmeister und Unternehmer mit einem ausgeprägten gesunden Menschenverstand.[9] Er hatte mitbekommen, dass die Gefangenen in den Sommermonaten häufig Getränke in das Waschbecken stellen, um sie bei aufgedrehtem Wasserhahn zu kühlen. Der pragmatische Mann schlug vor, man möge doch kleine Kühlschränke anschaffen. Unterstützt vom gesamten Anstaltsbeirat gelang es ihm, Abgeordnete einer Landtagsfraktion davon zu überzeugen, eine „Anschubfinanzierung“ aus Fraktionsmitteln zu leisten. So konnten die ersten Kühlschränke angeschafft werden. Da sich dies bewährte, wurden nach und nach aus Landesmitteln alle Hafträume mit Kühlschränken ausgestattet. So konnten die Gefangenen endlich verderbliche Lebensmittel, die sie von der Anstalt erhalten oder beim Kaufmann erstanden hatten, länger aufbewahren.

Da es nun eine Kühlmöglichkeit gab, konnte zudem die Abendverpflegung bereits zusammen mit dem Mittagessen ausgegeben werden. Somit wurden auch die Mitarbeiter des allgemeinen Vollzugsdienstes entlastet.

Kapitel 9: Botschaften der Architektur und die Sauberkeit

Die Ende 2002 in Betrieb genommene JVA Rohrbach kostete 63 Millionen Euro. Knapp 0,2 % der Bausumme, daher 116.000 Euro, wurden für „Kunst am Bau" ausgegeben. Eine Vorgabe der Politik als wichtiger Baustein, um künstlerisches Schaffen zu fördern. Vor allem Werke, die außerhalb der Museen wahrnehmbar sind. Die künstlerische Ausgestaltung soll einen besonderen Akzent setzen, der die Identität und Unverwechselbarkeit eines Gebäudes fördert.[10] Über diese Kunstwerke soll die Entwicklung des Kunstschaffens im Land widergespiegelt werden. Die Idee ist bereits in die Zeit der Weimarer Republik zu verorten und wurde kurz nach der Gründung des Bundeslandes Rheinland-Pfalz in Gestalt einer Regelung verewigt.

Die Ausgaben für die neue Anstalt wurden in der Boulevardpresse teilweise heftig kritisiert. Sinn und Zweck der Kunst am Bau hatte man wohl in diesen Printmedien besonderer Art nicht begriffen. Wenn darüber hinaus noch einer der Stimmung machenden Kommentare der wohl größten Zeitung dieser Art lautete *„Als ob das der Sinn der Haftstrafe wäre"*, kam tumbe Ignoranz hinzu. Das Blatt, das gerne die vermeintliche Auffassung von Volkes Stimme aufgreift, übersah unter anderem, dass in einem Gefängnis Hunderte von Mitarbeitern tätig sind, die auch Interesse an einer gefälligen Architektur und einer angenehmen Arbeitsatmosphäre haben. Wenig überraschend ist auch die martialische Botschaft dieser Zeitung, eine JVA solle ausnahmslos Härte und Strafe ausstrahlen. *„Ein mit Kunstwerken angereichertes Ambiente widerspricht doch dem Zweck einer Freiheitsstrafe"*, wurde getönt. Auf das Argument *„Wo kämen wir denn da hin?"* wurde immerhin verzichtet. Die äußeren Lebensbedingungen und damit auch die Architektur mit ihren künstlerischen Farbtupfern haben einen Einfluss auf die Psyche eines Menschen. Ein kerkerartiges mittelalterlich anmutendes Gebilde würde an die Inhaftierten die Botschaft transportieren: *„Du bist nichts wert."* Auch das „Gefängnisambiente" hat Berührung zum zentralen Ziel des Strafvollzuges, die Gefangenen zu resozialisieren.

Adressaten der Kunstwerke sind auch die jährlich tausenden Besucher von Gefangenen. Die Begegnungsorte im Gefängnis, die von Bezugspersonen und Angehörigen der Inhaftierten genutzt werden, sollten eine Atmosphäre besitzen, die der Kommunikation förderlich ist. Räume mit einer kalten und kargen Ausstrahlung eignen sich nicht hierzu. Der große Besucherraum der JVA Rohrbach, wo mehrere Gefangene gleichzeitig Besuch haben, verfügt über ein angenehmes Ambiente. Die Künstlerin Ursula Wevers hat diesen Ort der Begegnung mit beleuchteten Fotografien ausgestattet. Bilder von Wasser und Wolken mit einem meditativen Charakter. Sie wusste um die große Bedeutung der Atmosphäre des Besucherraums als Ort voller Emotionalität. Die Bezugspersonen der Gefangenen wie Partnerinnen, Kinder und Eltern werden an diesem Ort mit den Bedingungen der Haft konfrontiert und ihnen auch ausgesetzt. Die Künstlerin will mit den beleuchteten Bildern Ruhe vermitteln. Zugleich möchte sie dem ansonsten beim Besuch auf das Gegenüber fixierten Blick Fluchtpunkte ermöglichen. Die beleuchteten Bilder assoziieren zudem Fenster, die im Besuchsraum ansonsten fehlen.

Mit der JVA Rohrbach, wo ich meine letzten elfeinhalb Jahre als Anstaltsleiter verbracht habe, gelang es, einen unter architektonischen und ästhetischen Gesichtspunkten ansehnlichen Gefängnisbau zu errichten, der sich trotz der mehr als 5 Meter hohen Mauer gut in die rheinhessische

Landschaft einfügt. Neben den Dächern mit den für Rheinhessen typischen roten Ziegeln trug hierzu auch die farbliche Gestaltung der über die Mauer ragenden weit sichtbaren Gebäude bei.

Friedrich Ernst von Garnier, ein Industrie-Designer und „Farbphilosoph“, zeichnete sich für die Fassadengestaltung verantwortlich. Die mehrtönige Farbigkeit der rheinhessischen Umgebung spiegelt sich in den Gefängnisgebäuden mit den erdigen Farbtönen wider. Der 2023 verstorbene Künstler vertrat die Überzeugung, dass die Farbenspiele der Natur einen großen Einfluss auf das Wohlbefinden und damit auch die Gesundheit des Menschen haben. Diese von Hirnforschern bestätigte Erfahrung solle deshalb auch in der Architektur aufgegriffen werden. Dem in den ersten Jahren noch einsam in der Landschaft stehenden Gebäudekomplex näherten sich allerdings nach und nach von Westen her große gewerbliche Bauten, deren Architektur karg und monoton ist. Es ist ungewöhnlich, dass gerade ein Gefängnisbau im Verhältnis hierzu ein positiver Kontrast ist. Und dies trotz der die Anstalt umgebenden, mit S-Draht gekrönten weißen bis hellgrauen Mauer.

In Eingangsbereich des Verwaltungsgebäudes begegnet man etwas überdimensionierten expressionistischen Gemälden. Sie zeigen Silhouetten von Händen, die auf pulsierenden Farbflächen variieren. Der Künstler Michael Growe erklärte: *„Die Hand ist für mich ein Symbol der Macht, aber auch des Schutzes und der Versöhnung.“*

Im Atrium des Sozialraumes blickt man auf große Findlinge mit einer rauen abweisenden Steinschale. Ein rundes bis ovales Stück der Schale haben die Künstler Livia Kubach und Michael Kropp abgeschliffen, sodass die Felsbrocken ihre innere Struktur mit glänzend leuchtenden Farben zeigen. Den wahren Kern der Steine. Die Gestalter sagen zu ihren Werken, man könne mit ihnen kommunizieren. Sie symbolisieren für mich den von Geburt an unfertigen, ungeschliffenen Menschen. Finden sie auf seinem Lebensweg Begleiter, die sie unterstützen und auffangen, werden sie ihre guten Seiten entwickeln und zeigen können. Ein zwar mitunter hehres Ziel im Strafvollzug, doch eine schöne, Mut machende Botschaft.

Im Obergeschoss hängen rechts zwei kleine Glocken. Man hat sie der JVA Rohrbach Ende 2002 mit auf den Weg gegeben, als sie im rheinhessischen Wöllstein die veralteten Einrichtungen von Mainz und Kaiserslautern ersetzt hat. Die kleinere Glocke wurde in Kaiserslautern geläutet, um den Gefangenen unter anderem das Signal für die tägliche Hofstunde zu geben. Das etwas gewichtigere Exemplar stammt aus dem Mainzer Gefängnis. Die beiden Glocken sind die einzigen musealen Überbleibsel aus den alten Einrichtungen. Sie werden sehr selten von den Bediensteten benutzt. Wenn, dann eher zweckentfremdet. Auch Mitglieder der Anstaltsleitung sollen gelegentlich übermütig den Feierabend eingeläutet haben, bevor sie am Freitagnachmittag nach getaner Arbeit gut gelaunt das Verwaltungsgebäude Richtung Wochenende verließen.

In der JVA Diez stößt man beim Betreten der 1912 erbauten Einrichtung auf ein der damaligen Zeit entsprechendes Ambiente, das der Eingangshalle einer Villa aus dieser Zeit in nichts nachsteht. Man betritt im Erdgeschoss des Verwaltungsgebäudes einen luxuriös anmutenden Terrazzoboden, der mit Ornamenten verziert ist. Im offenen Treppenhaus wird man von schmiedeeisernen Geländern in das Obergeschoss geleitet. Geht man im Verwaltungsgebäude zwei Stockwerk höher in Richtung der Hafthaustrakte, gelangt man zur Anstaltskirche, dem architektonischen Highlight der alten Diezer Einrichtung. Ihr Aussehen und ihre Ausstattung tragen der überragenden Bedeutung der christlichen Religionen zur Zeit der Erbauung der Anstalt Rechnung. Den Baustil kann mal als eine Mischung zwischen Neoklassizismus (Decke) und Jugendstil (Glasfensterornamente) verorten. In der Anstaltskirche finden neben den Sonntagsgottesdiensten auch kulturelle und Freizeitveranstaltungen statt.

Wenig Freunde macht sich die Obrigkeit, wenn eine Justizvollzugsanstalt in der Nähe eines Wohngebietes erstellt werden soll. Die Stadt Frankenthal sah im Bebauungsplan für die Anfang der 1970er-Jahre erstellte Justizvollzugsanstalt zugunsten der umliegenden Wohnbebauung vor, dass möglichst keinerlei optische Quellen das ästhetische Empfinden der benachbarten Bürger stören. So verzichtete man viele Jahre darauf, Sicherheitsdrahtrollen auf der Gefängnisaußenmauer anzubringen. Kein Nachbar sollte schlecht schlafen oder sogar Albträume aufgrund martialischer Mauerverzierungen erleiden. Da man davon ausging, aufgrund der guten technischen Ausstattung mit Kameras und sonstiger Vorkehrungen gegen Flucht sei S-Draht entbehrlich, verzichtete man hierauf lange Zeit. Man holte dies jedoch nach einigen Jahren nach. Der S-Draht wurde angesichts zartbesaiteter Gemüter so angebracht, dass er von außen kaum sichtbar war. So konnten die Nachbarn ruhiger schlafen und man verhinderte zugleich schlechte Träume der Anstaltsleitung. Ich kann aus eigener Erfahrung bestätigen, dass man durchaus solche nächtlichen Fantasien haben kann. Als in der Diezer Anstalt ein neues Wirtschaftsgebäude errichtet wurde, versetzte ich mich in die Rolle eines ausbruchswilligen Gefangenen. Ich überlegte, wie ich die Baustelle am besten für eine Flucht nutzen könnte. Gerüste und provisorische Baustellen-Ersatzmauern brachten mich auf die ein oder andere Idee. Offenbar grübelte ich auch im Tiefschlaf weiter. Selten kann ich mich an Träume erinnern. Eine Ausnahme war ein Szenario, das mich aus dem Schlaf hochschrecken ließ. Ich erblickte das zusätzlich in die Mauer gebrachte provisorische Baustellentor. Es kippte plötzlich nach vorne mit lautem Getöse um. In die Staubwolke rannten unzählige Gefangene, die sich mit Freudengeschrei vom Gefängnis verabschiedeten.

Für die Atmosphäre einer Einrichtung ist auch deren Sauberkeit maßgeblich. Ein Anstaltsleiter muss peinlichst darauf achten. Mängel nimmt ein Behördenleiter rechtzeitig wahr, wenn er regelmäßig Rundgänge macht und vor allem den Mitarbeitern signalisiert, dass jeder für diese Aufgabe verantwortlich ist. Man sollte die Gefängnisgebäude wie das eigene Wohnhaus oder die Wohnung betrachten und sich dafür verantwortlich fühlen. Gibt es eine längere Phase der Nachlässigkeit, ist dies nur schwer zu korrigieren. Ähnlich wie bei einer hellen Mauer, auf der das erste Graffiti draufgeschmiert wurde, wenn man es nicht unmittelbar entfernt hat. Immer mehr dieser hässlichen Zeichen und Bilder werden sich im Lauf der Zeit dazugesellen, bis man sich irgendwann an die verunstaltete Fläche gewöhnt hat. Auch notwendige Sanierungs- und Reparaturarbeiten müssen rechtzeitig vorbereitet und umgesetzt werden. Wenn mir in einem häufig von den Gefangenen begangenen Flur schwarze Streifen von Schuhsohlen an den Wänden aufgefallen waren, habe ich diese Beobachtung umgehend weitergegeben. Ein neuer Farbanstrich kostet nicht viel. Im Personalkörper gibt es zumeist einen Mitarbeiter mit einer Malerausbildung oder einen Bediensteten, der die notwendigen praktischen Fähigkeiten besitzt. Mit drei handwerklich geschickten Gefangenen kann er das gute äußere Erscheinungsbild einer Anstalt aufrechterhalten. Gibt es irgendwo eine Beschädigung des Putzes, sollte umgehend eine Reparatur erfolgen, damit der Schaden nicht größer wird. An unansehnliche Orte gewöhnt man sich schnell. Hat eine Einrichtung erst mal ein vergammeltes Erscheinungsbild, nimmt man diesen Zustand nicht mehr bewusst wahr. Unbewusst gräbt sich ein armseliges Ambiente jedoch tief in die menschliche Seele ein.

Ein Strafgefangener, der vorübergehend in der JVA Rohrbach war, lobte die Sauberkeit dieser Einrichtung und beschrieb ein Gefängnis eines anderen Bundeslandes:

„Hier ist die Zeit stehengeblieben, da, wo ich jetzt bin. Aber Alter, ich habe einen Schock bekommen. Meine Zelle sieht aus; so etwas habe ich noch nicht erlebt. Ich habe die Zelle gekehrt; wirklich zwei Kehrbleche voll mit Haaren. Dann habe ich gestern, ich war um 19 Uhr auf der Zelle von 8 Uhr morgens, angefangen, Toilette und Waschbecken sauber zu machen; zweieinhalb Stunden, bis ich mich draufsetzen konnte. Heute Morgen nochmal 2 Stunden nur für die Toilette und Waschbecken. Dann die Zellentür voll mit Zahnpasta und Nikotin. Dann die Regale und der Schrank; der Boden, der war stellenweise mit irgendwas verklebt. Da konntest du den Untergrund nicht sehen. Nun habe ich drei Wände abgewaschen und das Fenster geputzt. Jetzt habe ich nur noch eine Wand, eine lange und die Scheibe von der Lampe. Die hat wohl einer mit Blättern zugeklebt, 4 DIN A 5 Blätter. Da ist nun nur noch der Kleber, total vergilbt drauf. Da habe ich auch schon angefangen. Wenn ich das hochrechne, denke ich, dass ich für die Schränke etwa 4 Stunden brauche.“

Das Schreiben ist von 2016. Es bleibt zu hoffen, dass sich seitdem einiges zugunsten der Gefangenen verändert hat.

Kapitel 10: Vom höflichen Anklopfen und von Vorhängen in der Zelle

Ich ging durch den Flur eines Hafthaustraktes. Die jährliche Revision des Justizministeriums war angesagt. Zwei Vertreter der Aufsichtsbehörde gingen wie stets in der Mitte, eingerahmt von der Anstaltsleitung und zwei uniformierten Beamten des allgemeinen Vollzugsdienstes. Der Ministerialbeamte, Spezialist für die Sicherheit in den rheinland-pfälzischen Justizvollzugseinrichtungen, wählte stichprobenartig einzelne Hafträume aus, die er zu besichtigen trachtete. Der vorneweg gehende Mitarbeiter, der zu den etwas forscheren seiner Zunft gehörte, rammte seinen großen Schlüssel in das Zellenschloss. Dies war mit einem lauten metallenen Geräusch verbunden, das den Bewohner der Zelle offenbar erschreckte und zugleich verärgerte. Der Beamte drehte zackig den Schlüssel im Schloss und zog die schwere Metalltür ein Stück weit auf. Bereits während des Aufschließens rief drinnen eine Stimme schroff: *„Bin gerade am Sch...“* Der Einzelhaftraum besaß keine separate baulich abgetrennte Sanitärzelle. Vielmehr stand die Toilettenschüssel in einer Ecke rechts von der Zellentür. Die Besichtigungsgruppe entfernte sich dezent.

Die Frage, ob Bedienstete gehalten sind anzuklopfen, bevor sie einen Haftraum betreten, war mehrfach Gegenstand gerichtlicher Entscheidungen. Ein Mensch mit einer guten Kinderstube würde zu dem Votum neigen, ein Anklopfen sei doch selbstverständlich. Ich jedenfalls wäre wenig begeistert, würde eine nicht zur Familie gehörende fremde Person unser Haus betreten und ohne Vorwarnung unmittelbar ins Wohnzimmer eindringen. Ich erinnere mich an eine Geschichte, die meine Eltern gelegentlich erzählten. In der frühen Nachkriegszeit war es – jedenfalls außerhalb der Städte – noch üblich, tagsüber die Haustür offen zu lassen. An einem Samstagmorgen war meine Großmutter ein wenig früher wach als meine Eltern, die gegen 7 Uhr noch schlafend im Bett lagen. Oma hatte bereits die Haustür aufgeschlossen. Plötzlich standen zwei ausgesprochen korrekt gekleidete Herren im Schlafzimmer meiner Eltern und warben vor dem ebenso schlaftrunkenen wie überraschten Paar für ihre religiösen Überzeugungen. Den beiden Mitgliedern einer bekannten Sekte schleuderte mein Vater einige an Deutlichkeit kaum zu überbietenden Worte entgegen, sodass sie den offenbar ungeeigneten Missionsort schleunigst wieder verließen. Hier wäre jedoch wohl auch ein freundliches Anklopfen kaum erfolgreicher gewesen.

Im Strafvollzug ist die Rechtslage allerdings weniger eindeutig als bei dem geschilderten Beispiel aus dem familiären Bereich. Ein Gefangener beanstandete mit einer Verfassungsbeschwerde, dass sein Haftraum regelmäßig ohne anzuklopfen betreten werde. Das Bundesverfassungsgericht hat hierzu in seinem Beschluss ausgeführt, das Persönlichkeitsrecht könne in seiner besonderen Ausprägung auf Achtung der Intimsphäre verletzt sein, wenn der Haftraum ohne „Vorwarnung" betreten werde. Die „Vorwarnung" könne in einem Anklopfen, aber auch in Form der „unvermeidlichen Schließgeräusche" bestehen.[11] Das Fazit war für mich, dass wie so häufig das Fingerspitzengefühl eines Bediensteten im Umgang mit den Gefangenen entscheidend ist. Empathische Mitarbeiter hauen den Schlüssel nicht mit einem donnernden Geräusch ins Schloss und reißen die Haftraumtür nicht ruckartig auf. Dem Gefangenen soll Gelegenheit gegeben werden, sich rechtzeitig bemerkbar zu machen. Anders ist dies bei den regelmäßigen Zellenöffnungen zu beurteilen wie zum Beispiel bei der Ausgabe der Verpflegung. Wenn der Inhaftierte weiß, dass in den nächsten Sekunden ein

Mitarbeiter die Haftraumtür öffnet, ist eine übermäßige Bedächtigkeit nicht notwendig. Eine weitere Ausnahme gilt, wenn aus Sicherheitsgründen eine besonders zügige Zellenöffnung geboten ist, etwa weil es konkrete Anhaltspunkte dafür gibt, dass ein Gefangener Drogen im Besitz hat. Würde man in einem solchen Fall allzu zögerlich die Zelle betreten, entfiele jeglicher Überraschungseffekt. Der Gefangene könnte dann eher noch rechtzeitig die Drogen verstecken oder mithilfe der Toilettenspülung entsorgen.

Fachdienstmitarbeiter wie Sozialarbeiter, die im Vergleich zu den Mitarbeitern des allgemeinen Vollzugsdienstes weniger häufig in Hafträume gehen, klopfen vor dem Aufschließen zusätzlich leicht mit dem Schlüssel an die Zellentür. Auch viele Mitarbeiter des allgemeinen Vollzugsdienstes tun dies. Als „Vorwarngeräusch" eigentlich unnötig, doch ein Zeichen der Höflichkeit und damit des Respektes.

Anfang der 1990er Jahren wurde den Mitarbeitern der JVA Diez ein Infoschreiben zugeleitet. Es beschäftigte sich mit dem Thema Schließen und Rücksichtnahme. Der Urheber des Schriftstücks war ein Anstaltspsychologe. Mit ausgeprägter Ironie führte er Folgendes aus:

„Kürzlich erhielt der Anstaltsleiter einen Brief von einem Gefangenen, in dem dieser mit kraftvollen Worten ein Szenario beschreibt, wie es der Maler Hieronymus Bosch mit seinen Grusel- und Schreckensvisionen vom Jüngsten Gericht nicht besser gekonnt hätte. Ein Auszug daraus:

Es geht um die allmorgendliche Weckerei. An manchen Tagen, da ist es unerträglich. Da kann fast kommen, wer will, fast immer ist morgens etwas los. Bereits um ½ 6 Uhr geht es los. Da wird aus voller Brust und lauthals in die Halle hineingehustet. Es wird sich nicht unterhalten, wie sich normale Menschen untereinander verständigen, nein, es wird regelrecht geschrien. Dabei wird auch aus vollem Herzen noch gelacht.

Es ist manchmal nicht auszuhalten. Die Türen werden geknallt und fliegen in die Schlösser, dass es nur so knallt und schallt, es hört sich an, als ob die Artillerie hereinballert. Dann gehen um 6 Uhr die Zellentüren auf. Zuerst wird der Riegel auf eine Art und Weise zurückgeschoben, dass es regelrecht kracht. Dabei wird im gleichen Augenblick der Schlüssel mit einer solchen Wucht in das Schloss hereingehauen, dass es einen regelrechten Donnerschlag gibt. Man schrickt und zuckt vor laut Angst zusammen, wenn die Türe auf- und wieder zugeknallt wird. Es knallt und schallt durch die kahlen Räume, es ist schrecklich.

Fragt man anständig, ob die Türen nicht ein bisschen ruhiger auf- beziehungsweise zugeschlossen werden könnten, bekommt man in den meisten Fällen dumme Antworten zu hören wie zum Beispiel: ‚Morgen früh wickle ich Watte drum' und so weiter. Dies muss doch alles nicht unbedingt sein. Dass es auch ganz anders geht beziehungsweise gehen kann, zeigen wie gesagt ein bis zwei Mann hier, die man morgens fast gar nicht hört. Doch bei der überwiegenden Mehrheit kommt man sich vor, als ob es sich um Vieh handelt, das geweckt wird und nicht um Menschen. Jedes Mal schrickt man in sich zusammen (...) ich gehe morgens hier zur Arbeit und brauche meine 8 Stunden Schlaf.“

Der leider allzu früh verstorbene Psychologe, den ich sehr geschätzt habe, kommentiert das Schreiben auf humorvolle Art und Weise, jedoch zugleich recht deutlich:

„Na, da kann es einem angst und bange werden, oder? Aber Spaß beiseite. Was der Gefangene nicht weiß und berücksichtigt hat, bedarf hier unbedingt einer Klarstellung:

In dem, was der Mann da als popeligen Lärm beschreibt, kommen nichts weniger zum Ausdruck als die überschäumende Lebenslust, der geballte Diensteifer und die ungebrochene Kraft ausgeruhter Beamter, so wie der Dienstherr sie sich wünscht.

Die damit einhergehende Reduzierung der Lebensqualität bzw. der Schlafdauer dient der Abschreckung der Betroffenen vor weiteren Straftaten, wo wir doch längst wissen, dass Abschreckung durch Strafandrohung allein nicht funktioniert. Und dass es klappt, beweist sich darin, dass der Mann ständig erschrickt, wie er selbst schreibt.

Außerdem ist es eine Zumutung, wenn einige von uns vielleicht schon um 4 Uhr aus den Federn müssen, um pünktlich im Dienst zu sein, und dann zu wissen, dass der Gefangene sich noch im Bett aalt. Das macht uns neidisch und pädagogisch unzufrieden, und wir lassen ihn unserer Missbilligung spüren, dass er nicht mit seinen Beamten gemeinsam aufsteht und sich bis 6 Uhr schon mal ein paar resozialisierungsförderliche Gedanken macht.

So viel dazu.

Was aber – und das gibt einem wirklich so denken – ist los mit den Beamten, ‚die man morgens fast gar nicht hört': keine Lebenslust? Kein Diensteifer? Schleicher, Leisetreter? Nix Triebabfuhr, nix Aggressionsabbau? Reagieren die sich zuvor im Steinbruch ab oder was?

Oder verhält es sich etwa ganz anders: Dass diese Kollegen nämlich über so viel Selbstbewusstsein und innere Ausgeglichenheit verfügen, dass es für sie überhaupt keine Frage ist, wohlwollende Rücksicht zu nehmen auf den momentan Schwächeren und seine Bedürfnisse – Respekt alsdann vor dieser Haltung ...“

Das Schreiben war sicherlich nur an einen kleinen Teil der Beamten adressiert. In den Jahrzehnten danach hat sich vieles zum Positiven gewandelt. Der rücksichtsvolle und respektvolle Umgang mit den inhaftierten Menschen gehört zum Leitbild einer jeden Justizvollzugsanstalt. Im Berufsalltag ist viel Empathie gefragt.

Das Bedürfnis der Gefangenen, dass hinter Gittern ihre Intimsphäre gebührend berücksichtigt wird, führte früher gelegentlich zu Konflikten mit dem Anstaltspersonal. Immer wieder verhängten Gefangene mit einem Handtuch oder einem Lappen verbotenerweise das Haftraumfenster. Das Fenstergitter soll jedoch jederzeit sichtbar sein, wenn ein Bediensteter die Zelle betritt. Die ermahnten Inhaftierten entfernten zwar fürs Erste den Vorhang. Doch hielt dies nicht lange vor. Das Gefühl, in seinem „Wohnzimmer", das die Häftlinge gerne wegen der überschaubaren Größe als „Hütte" bezeichnen, von außen beobachtet zu werden, ist schlichtweg unangenehm. Manche Anstalten haben im Lauf der letzten Jahre einfache Vorhänge fertigen lassen, mit denen man das Fenster abdecken kann. In der JVA Rohrbach besitzen die Gefangenen ein kleines blaues Tuch als Fenstervorhang. Ursprünglich wurde es als „Sonnensegel" ausschließlich in den Sommerwochen ausgegeben und sollte die Hitze ein wenig aus der Zelle heraushalten. Später wurde den Gefangenen die ganzjährige Nutzung des Sonnensegels ermöglicht, um ihnen ein Stück mehr Intimsphäre einzuräumen. Das Gefühl, man könne durch das Zellenfenster stets Einblick in den Haftraum nehmen, gehörte damit der Vergangenheit an. Zu einer Beeinträchtigung der Sicherheit hat dies nicht geführt. Angesichts der modernen Bauart der Fenster und Gitter ist es unwahrscheinlich geworden, dass ein Gefangener versucht, aus seiner Zelle über das Fenster ins Freie zu gelangen. Sie würden zudem auf weitere Ausbruchshindernisse stoßen. Eine mehrfach mit Sicherheitsdraht gekrönte Mauer in Verbindung mit Kameratechnik verhindert eine Flucht. Szenarien von Gefangenen, die sich mit zusammengeknüpften Bettlaken aus dem Haftraumfenster abseilen und die Außenmauer überklettern, fristen ein kärgliches Dasein in alten Gefängnisfilmen.

Ein besonders massiver Eingriff in das allgemeine Persönlichkeitsrecht ist die Kameraüberwachung. Das Recht auf Achtung der Intim- und Privatsphäre leitet sich aus der in Artikel 1 Absatz 1 Grundgesetz garantierten Menschenwürde und dem Grundrecht aus Artikel 2 Absatz 1 auf freie Entfaltung der Persönlichkeit ab. Die Kameraüberwachung ist ausschließlich im Einzelfall zulässig. Voraussetzung ist eine „gegenwärtige Gefahr für Leib und Leben" eines Gefangenen wie eine konkrete Suizidgefahr. In diesem Fällen ist die Kameraüberwachung mit einer Unterbringung in einem besonders gesicherten Haftraum verbunden. In dieser Zelle fehlen jegliche Gegenstände und Möbel, mit denen man sich verletzen kann. In Laufe der letzten zehn Jahre wurden diese Räume deutlich häufiger genutzt. Manche Gefangene verhielten sich sehr auffällig und drohten, sich selbst zu verletzen. Manchmal um irgendein Ziel zu erreichen. Insbesondere der immer höhere Anteil der Gefangenen, die aus einem anderen Kulturkreis stammen, machte sich insoweit bemerkbar. Einzelne stammten aus Bürgerkriegsländern und haben Erfahrungen von Gewalt und Unterdrückung entweder als Opfer oder bisweilen auch als Täter mitgebracht. Kenntnisse über die Vorgeschichte und die Sozialisationsbedingungen dieser Inhaftierten lagen den Anstalten nicht vor. Hinzu kommen Kommunikationsschwierigkeiten aufgrund mangelnder Sprachkenntnisse. Ich erinnere mich an den Fall eines Mannes, der keine finanziellen Mittel für Zigaretten mehr zur Verfügung hatte und von Anstaltsbediensteten Tabak einforderte. Obwohl er immer wieder großzügig von dem ein oder anderen Mitarbeiter Zigaretten erhalten hatte, um die Situation nicht eskalieren zu lassen, wurde der Inhaftierte immer aggressiver. Schließlich musste er in einem besonders gesicherten Haftraum untergebracht werden. Dort schlug er mehrfach mit dem Kopf gegen die

Zellenwand, um seiner Forderung Nachdruck zu verleihen. Um schwere Kopf- und Hirnverletzungen zu verhindern, musste der Inhaftierte vorübergehend auf einem Fesselbett fixiert werden. Hierfür ist die Zustimmung eines Richters notwendig. Nachdem der Gefangene erkannt hatte, dass sein Verhalten keinen Erfolg zeigte, beruhigte er sich wieder und riss sich zusammen.

Kapitel 11: „Wir sind nicht im Zoo" – oder die Menschenwürde von Kriminellen

In der JVA Diez gab es noch um die Jahrtausendwende Haftraumtüren aus der Erbauungszeit um 1912. Die Türen bestanden aus schwerem Eichenholz mit einem Metallkern. Nach und nach wurden sie ausgetauscht. Auf der Außenseite befanden sich kleine Emailleschilder, die die Größe des Haftraumes angaben. Einzelzellen hatten 22 Kubikmeter Raumluftinhalt. Die Bodenfläche betrug etwa 9 bis 10 m^2. Standard in den älteren deutschen Haftanstalten. Ein weiteres Schild an der Tür bezeichnete die Nummer der Zelle.

Als ich 2009 von der JVA Diez zur JVA Rohrbach wechselte, erhielt ich als Abschiedsgeschenk eine der ausgetauschten Zellentüren. Ich ließ sie in meinem neuen Wirkungsbereich an eine Wand meines Büros montieren. Wenn ich Gäste hatte, war dies häufig ein guter Einstieg für einen Smalltalk. Die Tür habe ich jedoch meiner Nachfolgerin überlassen. In unserem Wohnhaus sollte dieses düstere Relikt des alten Strafvollzuges keinen Platz finden. Ich wollte mir nicht ständig vorstellen, welche Schicksale sich hinter dieser Tür abgespielt hatten. Lediglich einen alten Haftraumriegel habe ich mir als Erinnerung an die Zeit in der Diezer Anstalt mitgenommen. Er schlummert wenig beachtet auf einem Kellerregal.

Die alten Zellentüren besaßen noch Sichtspione. Damit ist das kleine Guckloch im oberen Bereich der Tür gemeint. Ein Rahmen mit einem runden Glas; Durchmesser etwa 3 cm. Eine kleine runde Klappe deckt das Guckloch ab. Wenn man sie zur Seite schob, konnte man den Gefangenen beobachten, ohne dass er es mitbekam. Bei der Führung einer Gruppe durch die Anstalt blieb eine Besucherin an einer Haftraumtür stehen und schob wie selbstverständlich die Klappe zur Seite, um in den Haftraum zu glotzen. „Wir sind doch nicht im Zoo“, dachte ich ebenso überrascht wie verärgert und blickte die unsensible Besucherin entrüstet an. Sie hatte mein missmutiges Stirnrunzeln bemerkt und unterließ weitere Übergriffigkeiten.

Die Inhaftierten wussten damals, dass sie jederzeit unbemerkt den Blicken von Mitarbeitern ausgesetzt sein konnten. Die Bediensteten in den Vollzugsabteilungen machten in der Praxis allerdings nur im Einzelfall von dem Sichtspion Gebrauch. Wenn bei einem Gefangenen Suizidgefahr bestand, war es ohnehin sinnvoller, ihn regelmäßig persönlich in seinem Haftraum aufzusuchen, um sich so einen unmittelbaren Eindruck von seinem Befinden zu verschaffen. Während der Nachtdienstzeit von 22 bis 6:00 Uhr war dies dagegen nicht möglich, da der Gefangene ansonsten ständig geweckt worden wäre. Dann war man auf den Sichtspion angewiesen. Bei gewalttätigen Gefangenen, die einen Inhaftierten oder einen Bediensteten angegriffen hatten, wurde der Spion dagegen auch tagsüber benutzt. Bevor man die Zelle betrat, warf man einen kurzen Blick hinein, um nicht von einem plötzlichen Angriff überrascht zu werden.

Einige Gefangenen verschmierten die Spione mit Speiseresten oder verstopften das Loch mit Papier, um ihre Intimsphäre zu schützen. 1991 befasste sich der Bundesgerichtshof aufgrund des Rechtsbehelfs eines Inhaftierten mit diesem Thema. Er entschied, dass der Sichtspion nur dann von den Gefangenen freizuhalten ist, wenn es der Einzelfall rechtfertigt.[12] Eine Klarstellung zugunsten der Persönlichkeitsrechte der Inhaftierten.

Die älteren Haftraumtüren in der JVA Diez besaßen anders als andere ebenso betagte Einrichtungen keine Kostklappen. Damit sind rechteckige Klappen etwa in Bauchhöhe gemeint, die bei Bedarf mit einem Schlüssel geöffnet und nach unten geklappt werden können. Diese Öffnungen eignen sich dazu, den Gefangenen die Anstaltsverpflegung zu übergeben.

Nachdem die JVA Diez neue Metalltüren erhalten hatte, die auch mit einer Kostklappe ausgestattet waren, erfolgte zunächst weiterhin die Ausgabe der Verpflegung bei geöffneter Zellentür. Das Essen wurde damals noch „verkellt". Das bedeutet, dass es mithilfe einer Kelle auf den Teller gegeben wurde, den der Gefangene den Ausspeisern an der Tür stehend entgegenhielt.[13] Dies änderte sich Anfang Dezember 2006, nachdem das neue Wirtschaftsgebäude der Anstalt mit einer modernen Küche seiner Bestimmung übergeben worden war. So war es möglich, die Anstaltsverpflegung vorportioniert auf Tabletts auszuteilen. Einige meiner Mitarbeiter schlugen mir einige Wochen nach Inbetriebnahme der neuen Gefängnisküche vor, künftig das Essen durch die Kostklappen auszuhändigen. Dies spare eine Menge Zeit bei der Essensausgabe ein und diene zugleich der Sicherheit der Anstalt, wurde argumentiert. Bei der Ausgabe über die offene Zellentür gab es immer wieder brisante Vorfälle. Einmal hatte ein Gefangener den Eindruck, er werde von einem Ausspeiser bei der Essensausgabe absichtlich benachteiligt und erhalte zu kleine Mengen. Wütend schlug er ihm den gefüllten Teller mit Wucht ins Gesicht. Der Teller zerbrach in zwei große Scherben, die dem Essensverteiler eine stark blutende Schnittwunde zufügten. Der Täter erhielt daraufhin eine zusätzliche Freiheitsstrafe. „Nachschlag", wie die Gefangenen dies bezeichnen. Hier besonders passend.

Auf den ersten Blick erschien mir der Vorschlag der Mitarbeiter, das Essen durch die Kostklappe zu übergeben, überzeugend, sodass ich entschied, dementsprechend zu verfahren. Doch dies rief bald die Interessenvertretung der Gefangenen auf den Plan. Wenngleich dieses gewählte Gremium keine Entscheidungsbefugnisse besitzt und nur Anregungen geben oder Vorschläge unterbreiten kann, sollte man es stets ernst nehmen und mit Respekt behandeln. Man kann die Gefangeneninteressenvertretung mit einem Thermometer vergleichen, das die Temperatur misst, die in einem Haus herrscht. Ein Anstaltsleiter sollte eine frostige Atmosphäre vermeiden. Dies ist nicht nur im Sinne der Gefangenen, sondern auch der Bediensteten, die gleichermaßen unter einem kühlen Klima leiden und mit den Folgen konfrontiert würden.

Die Mitglieder der Interessenvertretung teilten mir bei einer der regelmäßigen Zusammenkünfte mit, sie empfänden die Ausgabe der Verpflegung durch die Kostklappe als diskriminierend und menschenunwürdig. Dies erinnere an ein Raubtiergehege, wo ein Tierpfleger die rohen Fleischstücke mit einem Metallspieß in den Käfig hineinwerfe. Ein gutes Argument. Die Inhaftierten konnten mich im Gespräch davon überzeugen, wieder zur Essensausgabe bei geöffneter Zellentür zurückzukehren. Mir wurde bewusst, dass diese Art der Essensausgabe nicht einem menschlichen Umgang mit den Gefangenen entspricht. Überzieht man im Sicherheitsbereich, erleben dies die Inhaftierten oft als Schikane. Möchte man als Anstaltsleiter die Fahne der Behandlung und Resozialisierung hochhalten, schränkt aber die Freiräume der Inhaftierten immer mehr ein, erscheint dies den Gefangenen als verlogen. Mir wurde bewusst, dass ich mich allzu schnell von einzelnen Mitarbeitern zu der Essensausgabe über die Kostklappe hatte verleiten lassen. Eine Gefahr, der ein Behördenleiter, gerade wenn der Berufsalltag in bestimmten Phasen besonders stressig ist, unterliegt: eine schnelle Entscheidung, damit die Angelegenheit vom Tisch ist. Ein längeres Abwägen wäre sinnvoller gewesen. Von einem Apachenhäuptling soll der Ausspruch stammen, man solle 1000 Meilen in den Mokassins eines anderen Menschen laufen, bevor man ihn beurteile. Dieser Appell gilt nicht nur für die Bewertung eines Mitmenschen, sondern zielt allgemein darauf, dass man sich stets in andere hineinversetzen und Empathie zeigen sollte. Ein guter Maßstab auch im Umgang zwischen Bediensteten und Gefangenen.

So blieben nur noch wenige Aufgaben für die Kostklappen übrig. Sie ermöglichen es in den Nachtstunden, wenn die Personalstärke erheblich reduziert ist, auf eine riskante Öffnung der Haftraumtür zu verzichten. Am häufigsten wird die Klappe geöffnet, um einem Gefangenen, der über Kopfschmerzen klagt, eine Tablette hineinzureichen.

Kapitel 12: Der unschuldige Einbrecher und ein Hobbytäter

In der JVA Diez begegnete ich gelegentlich einem Inhaftierten, der mehr oder weniger erfolgreich Wohnungseinbrüche durchgeführt hatte. Der stämmige Gefangene mit dem blonden Haarschopf hätte als geschickter Maschinenführer seinen Lebensunterhalt auch auf legale Weise verdienen können. Bagger statt Brecheisen. Er stammte aus dem Pfälzer Raum und sprach den Singsang der Bewohner dieses Landstriches. Ein zugleich weich wie kraftvoll klingender Dialekt, der oft mit eher lauter Stimme gesprochen wird. Meist wirkte der Gefangene gutgelaunt. Wohl seine Art, mit der Freiheitsstrafe umzugehen. Er hatte bereits häufiger Bekanntschaft mit einer Zelle gemacht. Bei seiner letzten Verurteilung erhielt der Serieneinbrecher, der den Richtern unbelehrbar erschien, die Sicherungsverwahrung. Der Rucksack, wie die Gefangenen dieses „Brett" nennen, stellt neben einer lebenslangen Freiheitsstrafe das Bedrohlichste für die weitere Lebensperspektive eines Verurteilten dar. Sie kann im Extremfall bis zum Lebensende dauern, sofern sich keine gute Kriminalprognose einstellt.

Ich begegnete dem Einbrecher regelmäßig in der Gefängnisküche. Ein sehr beliebter Arbeitsplatz, kommt man doch dort an die eine oder andere Sonderration. Legal, versteht sich. Zumindest im Regelfall. Die verbeamteten Köche zeigten sich zumeist recht großzügig. In der Küche waren sie auf zuverlässige Inhaftierte angewiesen. In diesem sensiblen Arbeitsbereich wäre eine Sabotage eines unzufriedenen Gefangenen fatal. Ein verkorkstes Mittagessen ist noch die harmloseste Variante, um die Gefangenenseele zur Wallung zu bringen.

Gelegentlich begegnete ich dem kochenden Gefangenen, wenn ich mein Mittagessen in dem kleinen Büro der Küchenbeamten zu mir nahm. Im Hintergrund ertönte zumeist leise Radiomusik. Damals häufig das vierte Programm des Hessischen Rundfunks. Viel Volkstümliches. Harmonische Klänge, die man hinter Gefängnismauern vertragen kann, auch wenn der persönliche Musikgeschmack weniger getroffen wird.

Der geschwätzige Inhaftierte sprach mich eines Tages nach dem Essen an und fragte nach seinen Chancen für den offenen Vollzug. Er schilderte mir seine Version des Tatgeschehens. Sie wich deutlich von den Urteilsgründen ab. Der Einbrecher kommentierte die Ausführungen des Gerichts mit gekränktem Stolz, er sei ein Fachmann und kein Laie. Die Wohnungseinbrüche, wegen denen er aktuell verurteilt worden sei, seien mit einem Brecheisen durchgeführt worden. So etwas Primitives habe er nicht nötig. Der Täter sei ein Dilettant gewesen. Er räumte allerdings in seinem stets etwas zu kräftigen Tonfall treuherzig ein, alle früheren Verurteilungen seien zu Recht erfolgt. Er sei nun eben mal ein Einbrecher und habe das verdient.

Ungewöhnlich an dem Fall war, dass der Gefangene zu allen früheren Straftaten stand, jedoch das letzte von ihm begangene Delikt bestritt. Hierfür fehlte mir eine plausible Erklärung. Ich schloss nicht aus, dass er sich nur interessant machen wollte, sich womöglich sogar für den mit Brachialgewalt ausgeführten Einbruch schämte.

Kein Thema bei unseren kurzen Smalltalk-Gesprächen waren die Opfer der Einbrüche. Der Gefangene verschwendete keinen Gedanken an die oft langfristigen Folgen auf die seelische Verfassung der Betroffenen. Erfahrungsgemäß verharmlosen dies viele Straftäter. Nachdem ich Jahre später selbst Opfer eines versuchten Einbruchs geworden bin, wurde mir dies umso bewusster. Man betritt eine Zeitlang sein Wohnhaus anders, als dies früher der Fall war. Viele Besitzer sind traumatisiert, wenn Täter ihren Wohnbereich durchwühlt haben, vor allem, wenn die Opfer sich während der Tat im Haus befunden haben.[14]

Auch bei Bankräubern, einer aussterbenden Kaste, die teilweise durch die Geldautomatensprenger ersetzt wurde, ist häufig eine Tendenz zur Bagatellisierung ihrer Straftaten festzustellen. *„Ich hatte ja nur eine Gaspistole dabei und keine scharfe Waffe"*, hörte ich gelegentlich. Dass dies die bedrohten Mitarbeiter der Bank oder Kunden nicht wissen konnten und zum Teil Todesängste ausstanden, wurde tunlichst verdrängt. Manche Mitarbeiter sind so traumatisiert, dass sie ihren Beruf aufgeben müssen.

Der Einbrecher mit der ausgeprägten Berufsehre wurde nach einer Erprobungszeit im Freigängerhaus mit einer guten Kriminalprognose entlassen. Jedenfalls begegnete ich ihm in den rheinland-pfälzischen Gefängnissen nicht mehr. Offensichtlich war die Sicherungsverwahrung, die das Gericht zur Bewährung ausgesetzt hatte, eine letzte nachdrückliche Warnung für den Inhaftierten gewesen, der bei seiner Entlassung die Lebensmitte schon deutlich überschritten hatte.

In der Diezer Anstalt begegnete ich einem weiteren rückfälligen Einbrecher. Er hatte seinen Lebensunterhalt in Freiheit überwiegend legal als Energieanlagenelektroniker bestritten. Die Einbrüche bezeichnete er als Zubrot, um sich mehr leisten zu können. Der Gefangene wirkte sehr hager, fast drahtig trotz seiner 44 Jahre. Sein dunkles strähniges Haar fiel ihm zum Teil in die Stirn, wenn der stets ein wenig zappelig wirkende Mann sich bewegte. Wenn er mich grüßte, grinste er mehr, als er lächelte. Ich hatte den Eindruck, er nahm den Strafvollzug kaum ernst und eher als ein Spiel wahr, bei dem er gerade eine Niederlage einstecken musste, da er erwischt worden war. Pech gehabt. Dem Gefangenen war sicherlich die überschaubare Aufklärungsquote von etwa 16 % bei Wohnungseinbrüchen bekannt.[15]

Er behauptete, die Einbrüche benötige er nicht wegen der Beute. Diese sei oft überschaubar. Ihn reize vor allem der Kick, der mit den Straftaten verbunden sei. Die Anspannung bei der Ausführung der Einbrüche. Das Erfolgserlebnis allein dadurch, dass er nicht gefasst werde. Dies sei wie ein Glückspiel. Sein dissozialer Lebensstil war Teil seiner Persönlichkeit geworden. Allein sein zwischenzeitlich höheres Alter sprach gegen eine Fortsetzung seiner traurigen Karriere. Die allgemeine Rückfallrate, die einschlägige und nicht einschlägige Straftaten erfasst, sinkt ab der Altersgruppe der 45- bis 50-Jährigen deutlich und kontinuierlich.[16] Für einen Rückgang der Kriminalität mit zunehmendem Alter sprechen auch die Inhaftiertenzahlen. Etwa 50 % der in rheinland-pfälzischen Gefängnissen untergebrachten männlichen Strafgefangenen befinden sich in der Altersgruppe der 25- bis 40-Jährigen. In dieser Lebensphase spielt sich Kriminalität überwiegend ab.[17]

Kapitel 13: Bomben vor und in der Anstalt und der Job auf dem Hahn

Anfang Juli 2013, in den späten Nachmittagsstunden räumte ich meinen Schreibtisch auf. Ich befand mich gerade im Aufbruch Richtung Feierabend und hatte vor, die JVA Rohrbach schnellstmöglich zu verlassen. Das schöne Wetter mit einem wolkenlosen blauen Himmel und nicht allzu hohen sommerlichen Temperaturen lockte. Plötzlich meldete sich das Telefon und der Pfortenbeamte sagte mit einem recht ernst klingenden Tonfall: *„Hier steht ein Sprengmeister an der Pforte. Der will mit Ihnen sprechen. Hier in der Nähe ist eine Weltkriegsbombe gefunden worden." „Ich komme runter"*, sagte ich missmutig. *„Bingo"*, dachte ich. Meine Freizeitpläne hatten sich mit dieser Hiobsbotschaft offenbar in Luft aufgelöst.

Es handelte sich um einen Blindgänger aus dem Zweiten Weltkrieg. Ein Flugzeug der US-Army hatte die Bombe auf dem Rückflug von einem Einsatz einige Kilometer vor dem rheinhessischen Wöllstein als Ballast abgeworfen. Damals waren die Flächen im Osten der Gemeinde landwirtschaftliches Gelände. Heute befindet sich am Einschlagsort ein großes Gewerbegebiet, an dessen Rand auch die JVA liegt. Ein Baggerfahrer hatte die beim Aufschlag nur teildetonierte Bombe mit der Schaufel des Fahrzeugs bereits leicht am Zünder gestreift. Ein schier unglaubliches Glück, dass er nicht samt Blindgänger in die Luft geflogen war.

Meine Begeisterung über den Besuch des Sprengmeisters war begrenzt. In meinem Kopf kreiste bereits die Horrorvision, dass die Anstalt für die Zeit der Entschärfung zu räumen war. Wir hätten alle Gefangenen auf andere Einrichtungen verteilen müssen. Dann wären die nächsten Tage für mich gelaufen gewesen. Die JVA Koblenz musste vor einiger

Zeit ein solch unerfreuliches Ereignis bewältigen. Nachdem ich damals von dem Pech der Kollegen erfahren hatte, fragte ich mich, ob das Gefängnis während der Tätigkeit des Sprengstoffspezialisten völlig menschenleer war. Irgendjemand muss doch in der Anstalt bleiben und sie von innen verschließen, vermutete ich. *„Dies kann doch nur der Gefängnisdirektor sein"*, sagte ich zu mir. Vor meinem geistigen Auge sah ich mich bereits wie der Kapitän eines sinkenden Schiffes mit ernster Miene auf dem Anstaltsdach stehen. Traurig zum letzten Mal das Gefängnis vor der Explosion grüßend. Im Hintergrund die Melodie *„time to say goodbye"*. Zunächst aber grüßte ich mit einem etwas gezwungenen, aber gerade noch höflichen Lächeln den Bombenentschärfer. Er hielt ein Werkzeug in der rechten Hand, das einer Uhr ähnelte. Der erfahrende Sprengmeister, ein stämmiger Mann mit einem markanten Schnauzer, erklärte mir: *„Ich muss jetzt den Abstand zwischen der Bombe und den Haftgebäuden messen. Je nachdem müssen Sie räumen."* Meine Laune sank auf den Tiefpunkt. Alles andere als eine Bombenstimmung. Die Schultern hingen kraftlos herunter. Auf Halbmast gesetzt. Ich begleitete mit schleppenden Schritten den Sprengmeister bei den Messungen mit der geheimnisvoll anmutenden Gerätschaft. Da er offensichtlich meinen fragenden Blick wahrgenommen hatte, erläuterte er mir: *„Ich muss stets von der Menge des gefundenen Sprengstoffes ausgehen. Je nachdem muss der Abstand zu den Wohngebäuden sein."* Er meinte die beiden Hafthäuser. Dort angekommen schaute der joviale Bombenentschärfer auf sein Messgerät und sagte: *„Ihr habt Glück gehabt. Im ungünstigsten Fall wird ein Loch in die Anstaltsmauer gesprengt, wenn die Entschärfung schiefgeht. Personen sind jedenfalls nicht gefährdet."* Ich schaute den coolen Sprengmeister von der Seite an. Sich selbst zählte er offenbar nicht zu den Gefährdeten. Berufsrisiko.

„Ein Loch in der Außenmauer. Da gibt es Schlimmeres", sprach ich leise zu mir. *„Da sich alle Gefangenen in den Gebäuden befinden, ist alles gut"*, zog ich als Fazit. *„Ein Loch ist schnell zugemauert. So lange postiert sich eben dort ein bewaffneter Mitarbeiter"*, beruhigte ich mich. Ich sah davon ab, eine Hausfunkdurchsage für die Gefangenen zu machen und sie über das mögliche Loch in der Anstaltsmauer zu informieren. Schlafende Hunde soll man nicht wecken. Die Entschärfung gelang jedoch und ich konnte mit etwas Verspätung erleichtert die Anstalt verlassen.

Die zweite „Bombe", von der zu berichten ist, gelangte während der sogenannten Flüchtlingskrise 2015/2016 in die JVA Rohrbach. Damals hatte ich für einige Monate neben dem Wöllsteiner Gefängnis auch die Außenstelle einer Aufnahmeeinrichtung für Asylsuchende auf dem Hahn – in der Nähe des Flughafens – mit ca. 650 Flüchtlingen geleitet. Mehrere rheinland-pfälzische Anstaltsleiter waren seinerzeit gebeten worden, in dieser schweren Zeit Unterstützung zu leisten. Der Leiter der Abteilung Strafvollzug im Justizministerium sagte zu uns vertrauensvoll: *„Ihr könnt das."* Offenbar eine Abwandlung des Ausspruchs der ehemaligen Bundeskanzlerin Merkel *„Wir schaffen das."* Wenigstens bei den Anstaltsleitern traf dies damals zu. Neben unserer Tätigkeit in den Justizvollzugsanstalten widmeten wir uns dieser zusätzlichen Aufgabe. Ich erinnere mich noch gerne an diese zwar sehr stressige, aber erfüllende Zeit. Bei den Begegnungen mit den Flüchtlingen erschienen mir manche alltäglichen Probleme recht klein. So als mir ein Jugendlicher mit Tränen in den Augen ein Handyfoto von seinem ertrunkenen Cousin zeigte. Das Boot war auf dem Mittelmeer gekentert. Die Überlebenden konnten von einem Schiff aufgenommen werden. Die Leiche des jämmerlich Ertrunkenen hatte man auf das Deck gezogen.

In dieser bewegten Zeit fand eine Bürgerversammlung in Simmern statt. Thema war die Aufnahmeeinrichtung in unmittelbarer Nähe des Flughafens Hahn, die damit verbundenen Probleme und die Ängste der Bürger. Mitinitiator und Organisator dieser Veranstaltung war die regionale Polizeidienststelle. Einer der Führungskräfte bedankte sich freundlich am Ende der Veranstaltung für mein Kommen und merkte noch an, er habe ein kleines Präsent für mich. Allerdings habe er es versehentlich in seiner Dienststelle liegen lassen. Er werde es mir nachreichen. Ich hatte noch am gleichen Abend dieses Versprechen vergessen. Nach der anstrengenden Zeit als Leiter zweier Einrichtungen fuhr ich einige Tage später in den Urlaub.

So hatte ich das Glück, nicht mit einem, wie es im Gefängnisdeutsch heißt, „besonderen Vorkommnis" konfrontiert zu werden. Mit der Post kam ein kleines Paket in der JVA Rohrbach an, das an mich persönlich adressiert war. Der Absender war uneindeutig. Angeblich die Polizei Simmern. Auf Nachfrage in der Polizeidienststelle wusste niemand etwas von dem mysteriösen Paket. Sicherheitshalber schob man es durch die Durchleuchtungsanlage an der Pforte. Deutlich war ein Gegenstand aus Metall zu erkennen, in dem sich zwei längliche Blöcke befanden. „Sprengstoff", schoss es den Sicherheitsexperten der Anstalt durch den Kopf. Augenblicklich wurde Alarm ausgelöst. Das Gefängnis kam zum Stillstand. Eine Spezialeinheit der Polizei wurde über das Landeskriminalamt herbeigerufen. Man konnte eine Paketbombe nicht ausschließen und daher auch nicht, dass jemand dem Anstaltsleiter nach dem Leben trachtete. Erfahrungsgemäß macht man sich im Laufe seines Berufslebens nicht alle zu engeren Freunden.

Die mit Sprengkörpern vertraute Spezialeinheit der Polizei konnte bald Entwarnung geben. Der Absender wollte mich nicht mit einer Bombe, sondern einer ungewöhnlich geformten Taschenlampe beglücken, die etwas größere Batterien hatte. Dem Päckchen war ein Begleitbrief beigefügt, in dem sich der Polizeibeamte aus Simmern nochmals für mein Kommen zur Bürgerversammlung bedankte. Die unfreiwillige Sonderaktion der Polizeikräfte sprach sich bis zu dem Hunsrückstädtchen herum und sorgte für große Erheiterung bei den Kollegen des Spenders, der offenbar damals wie ich außer Haus war. Seinen Nachnamen ließen die Kollegen für längere Zeit mit einem Zusatz „Bomben“ beginnen.

Die Taschenlampe liegt in meinem PKW. Bislang ist sie noch nicht explodiert.

Kapitel 14: Der fragliche einheitliche Sicherheitsmaßstab im geschlossenen Vollzug der Anstalt

Bis 1995 konnten die Inhaftierten noch die großen etwa 2 mal 4 cm großen Rasierklingen erhalten. Ende Mai schnitt sich ein Gefangener der JVA Diez eine Halsschlagader mit einer Rasierklinge auf und verblutete. Nur wenige Monate später verstarb ein Lebenslanger auf ähnliche Weise. Er hatte sich eine Hauptschlagader in der Leiste geöffnet. Zwei Suizide binnen eines Jahres. In der Anstalt mit den langjährigen Freiheitsstrafen nahmen sich immer wieder Inhaftierte das Leben. In manchen Jahren einer, selten zwei. Auch gab es Zeiträume im Diezer Gefängnis ohne jegliche Suizide wie beispielsweise von 1990 bis 1994. Die meisten Selbsttötungen werden durch Erhängen begangen.

Die Erinnerung an den Anblick von einem der beiden Männer, als er in einer großen Blutlache auf dem Zellenboden lag, ging mir lange nach. Ein Weckruf an meine Verantwortung für die Gefangenen. Mit allen Kräften will man verhindern, dass Menschen sich umbringen, kann es aber letztlich nur sehr begrenzt. Es bleibt nur, möglichst wachsam zu sein, um frühzeitig psychische Krisen zu erkennen.

Wir verbannten die großen Rasierklingen aus den Zellen. Nur noch die Rasierer mit den kleinen schmalen Klingenaufsätzen wurden ausgegeben. Natürlich konnte man mit dieser Maßnahme keine Suizide verhindern. Doch sorgte man für ein Stück mehr Sicherheit, gerade auch für das Anstaltspersonal. Die großen Klingen waren eine jederzeit verfügbare Waffe.

Eigentlich war dies keine neue Erkenntnis. Im Nachhinein wunderte ich mich darüber, dass man diese gefährlichen

Gegenstände so lange ausgegeben hatte, ohne dass viel passiert war. An manches, was viele Jahre Usus ist, verschwendet man keinen Gedanken. Jedenfalls solange nichts passiert.

Es ist unmöglich, eine Justizvollzugsanstalt hundertprozentig sicher zu machen. Anders als die großen Rasierklingen muss man manche Gefährdung einfach hinnehmen. Ein Beispiel sind die Arbeitsbetriebe in den Justizvollzugsanstalten. Wollte man bei der Zulassung von externen Unternehmerbetrieben und der Annahme von Aufträgen für eigene Betriebe die Fahne der Sicherheit unbegrenzt hochhalten, würde Arbeitslosigkeit mit allen damit verbundenen Folgen Einzug in die Gefängnisse halten. Zellenstrafvollzug, ein unstrukturierter Tag, kein Arbeitslohn, um sich die eine oder andere Annehmlichkeit wie Tabak und Kaffee zu finanzieren, sind eine beunruhigende Vorstellung. Das Resozialisierungsziel würde ohne eine sinnvolle Beschäftigung der Gefangenen zu einer leeren Hülse werden. Es gibt keinen Arbeitsbetrieb ohne Gefahrenquellen. Allein ein Schraubenzieher kann als Stichwaffe missbraucht werden. Klebeband, das zum Verpacken von Paketen in den Arbeitsbetrieben notwendig ist, kann zum Fesseln verwendet werden. In der Schlosserei der JVA Diez hatte ein neuer Arbeitsauftrag zunächst Entsetzen bei einem Mitarbeiter des Ministeriums ausgelöst. Im Rahmen der regelmäßigen Anstaltsrevisionen erblickte er in der Gefängnisschlosserei etwa 15 cm lange Metallnägel, die für die Befestigung von Dachrinnen bearbeitet wurden. Zweifellos waren die Nägel als Stichwaffe geeignet. Doch müssten die Gefangenenschlossereien allesamt abgeschafft werden, wollte man jegliche Gefahr ausschließen. Nach dem Schreckmoment und einem Gespräch mit den Beamten der Schlosser legte sich die Besorgnis des ministerialen Mitarbeiters. Zudem müssen die Gefangenen nach Arbeitsende einen Rahmen durchschreiten, der mitgeführte Metallgegenstände anzeigt. Stichprobenweise werden die Inhaftierten auch einer körperlichen Kontrolle mit Entkleidung unterzogen. Sorgfältige Kontrollen sind wichtig, haben jedoch ihre Grenzen. Abtasten, Absonden und der Einsatz eines Metalldetektorrahmens gewährleisten keine hundertprozentige Sicherheit. Jeder Insider weiß das.

Gelegentlich trifft man in Sicherheitsangelegenheiten auf Widersprüche. In Rheinland-Pfalz gibt es schon seit Jahrzehnten ein Essbesteckmesser mit einer abgerundeten Schneide aus Weichmetall, damit es möglichst nicht als Waffe verwendet werden kann. Gänzlich ausschließen konnte man dies allerdings nicht, wie einige Vorfälle in der Vergangenheit zeigten. Auch dieses Messer kann man anschärfen. Der Erfinder aus einer in der Nähe der Mosel gelegenen Anstalt wurde unfreiwillig damit geehrt, dass die Bediensteten das Messer nach ihm benannten. Andererseits konnten sich die Gefangenen in der JVA Rohrbach wie auch in anderen Einrichtungen in Dosen verpackte Lebensmittel kaufen. Auch Anstaltsverpflegung wie Fisch wurde zum Teil in Dosen ausgegeben. Der in einer Sekunde abgerissene Deckel einer Erdnussdose, die man früher beim Kaufmann erstehen konnte, ist schärfer und gefährlicher als die meisten Messer. Eine jederzeit ohne große Vorbereitung verfügbare Waffe. Dass keine Dosen mehr erhältlich waren, war überfällig. Vor vielen Jahren hatte sich ein Gefangener einer rheinland-pfälzischen Anstalt das Leben genommen, indem er sich mit dem Deckel einer Erdnussdose den Hals durchgeschnitten hatte. Dennoch sah man damals keinen Anlass, hierauf zu reagieren. Ein Beispiel für manche Widersprüchlichkeiten im Justizvollzug.

Bisweilen trifft man im Sicherheitsbereich auf die Tendenz, Dinge zu perfektionieren. Nicht selten wird hierbei über das Ziel hinausgeschossen. Dem dürfen die Entscheidungsträger keinen Vorschub leisten. Man sollte die Kirche im Dorf lassen und sich bewusst machen, dass nicht alles bis ins Kleinste regelbar und kontrollierbar ist. Der Strafvollzug darf nicht allzu sicherheitslastig sein und den Resozialisierungsauftrag so überlagern, dass er ein Schattendasein in den Einrichtungen führt. Vor einer Reihe von Jahren äußerte ein Referent des Ministeriums mir gegenüber sarkastisch in einem Vieraugengespräch *„Es gibt drei Ziele im rheinland-pfälzischen Strafvollzug. Das erste Ziel ist Sicherheit. Ziel Nummer zwei ist Sicherheit. Das dritte Ziel ist auch die Sicherheit.“* Während meiner Dienstzeit gab es einige Phasen, in denen die Sicherheit über allem stand. Mehr behandlungsorientierte Mitarbeiter in der Aufsichtsbehörde haben dies teilweise wieder zurechtgerückt. Wie so oft haben solche Äußerungen wie die des ehemaligen Kollegen aus dem Justizministerium aber einen wahren Kern. Vorkommnisse, die den Strafvollzug und die Verantwortlichen in die Enge treiben, bewegen sich nahezu ausnahmslos im Bereich der Sicherheit. Ein Ausbruch, eine Geiselnahme, die Straftat eines Freigängers rütteln am Stuhl des Justizministers und erst recht des Anstaltsleiters, dem geborenen Bauernopfer, wenn etwas schiefgeht. Lässt man sich von diesen Ängsten mitreißen, drängt sich das Thema Sicherheit über Gebühr in den Vordergrund. Im Mittelpunkt steht nicht mehr das Resozialisierungsziel. An dessen Stelle steht zwanghaft das Bemühen, jegliche besonderen Vorkommnisse und Skandale zu vermeiden. Bei Versäumnissen im Behandlungsbereich muss dagegen kaum jemand Nachteile befürchten. Die Öffentlichkeit erfährt so gut wie nie, ob ein Gefangener adäquat auf die Freiheit vorbereitet wird und später straffrei bleibt.

Je mehr die Sicherheitsaufgaben in einer JVA Raum gewinnen, umso größer wird der Schatten, der sich unterschiedslos über die Gefangenen des geschlossenen Vollzuges legt. Es ist unverhältnismäßig, die Käseglocke der Sicherheit über sämtliche Inhaftierten eine Einrichtung zu stülpen. Einer der größten Mängel der meisten Einrichtungen des geschlossenen Vollzuges ist, dass zu wenig zwischen den Gefangenen differenziert wird. Regelmäßig sind dort nahezu alle mit dem gleichen Sicherheitsniveau konfrontiert, weil die Maßstäbe von den problematischen Inhaftierten gesetzt werden. Ersttäter, nicht suchtgefährdete Inhaftierte und weitere unproblematische Gefangenengruppen, die aktiv an ihrer Wiedereingliederung mitwirken, unterwirft man im geschlossenen Vollzug ohne Not den Einschränkungen, die auch für problematische Gefangene gelten. Hierzu gehören Häftlinge, die drogenabhängig sind und nach wie vor versuchen, an Suchtstoffe zu gelangen, oder Inhaftierte, die in kriminellen Gefangenensubkulturen verhaftet sind. Aufwändige und kostenintensive hohe bauliche und technische Sicherheitsvorkehrungen sind jedoch nur für einen Teil der Gefangenen notwendig. Anders, als dies zum Teil von der Öffentlichkeit wahrgenommen wird, sind die Justizvollzugsanstalten nicht überwiegend von Strafgefangenen mit langjährigen Freiheitsstrafen bevölkert. Vielmehr leben dort neben den Untersuchungsgefangenen hauptsächlich Inhaftierte mit überschaubaren Freiheitsstrafen bis zu 2 Jahren. In den Gefängnissen befinden sich zudem viele Gefangene, bei denen eine Ersatzfreiheitsstrafe an die Stelle einer Geldstrafe getreten ist.[18] Die kleinen Fische machen daher die Mehrheit aus. Auch zwischen den Gefangenen mit hohen Strafzeiten muss man unterscheiden. Bei einem Teil der Gewalttäter handelt es sich bei der Straftat um ein einmaliges Ereignis. Viele Gefangene mit lebenslanger Freiheitsstrafe führen sich oftmals gut und versuchen, mit Hilfe der Anstaltspsychologen ihre Straftaten aufzuarbeiten.

Würde man deutlich mehr zwischen den Gefangenen differenzieren und im unterschiedlichen Ausmaß einerseits bei problematischen Inhaftierten die Sicherheitsbeschränkungen aufrechterhalten, andererseits unproblematischen Gefangenen deutlich mehr Freiheiten einräumen, wäre der Strafvollzug mehr an dem einzelnen Menschen orientiert und zugleich humaner. Die Gefangenen des geschlossenen Vollzuges würden nicht mehr über einen Kamm geschoren.

Bereits die frühere bundesrechtlichen Vorschrift des § 141 Absatz 1 Strafvollzugsgesetz gab eine Differenzierung zwischen den Gefangenen ausdrücklich vor. Dies gilt ebenso für die nahezu inhaltsgleichen landesrechtlichen Regelungen, die diese Vorschrift ersetzt haben.[19]

In diesen Normen wird unter anderem bestimmt, dass in Anstalten des geschlossenen Vollzuges eine sichere Unterbringung der Gefangenen vorzusehen ist, in Einrichtungen des offenen Vollzuges hingegen keine oder nur verminderte Vorkehrungen gegen Entweichungen. Der Gesetzgeber nannte als Vollzugsformen, bei denen man nach Sicherheitskriterien differenziert, zwar ausdrücklich nur den geschlossenen und den offenen Vollzug. Dies war jedoch nicht abschließend im Sinne eines Entweder-oders gedacht, sondern nur als Mindestform einer Differenzierung nach Anstaltsarten. Es sind viele Abstufungen mit unterschiedlichen Freiheitsgraden innerhalb einer Anstalt denkbar. Die Differenzierung soll nicht nur einer unterschiedlichen Fluchtgefahr Rechnung tragen, sondern allen denkbaren, von den Inhaftierten ausgehenden Sicherheitsgefahren wie dem Handel oder Konsum von Drogen und Aktivitäten von subkulturellen Gruppierungen. Die Gefängnisse verfügen über einen großen Gestaltungsspielraum, den sie vermehrt nutzen sollten. Mehr Kreativität würde zu einer Fortentwicklung des Strafvollzugs führen. Mit mehr nach innen offenen Bereichen des geschlossenen Vollzuges wie Wohngruppen für geeignete Gefangene und der Möglichkeit, sich dort weitestgehend mithilfe von Teeküchen und Hauswirtschafträumen selbst zu versorgen, würde man sich dem Ziel einer sinnvollen Differenzierung zwischen den Gefangenen annähern.

Das Differenzierungsgebot bezieht sich neben den Sicherheitsanforderungen ebenso auf die Behandlungsaufgaben. Danach sind Haftplätze in verschiedenen Anstalten oder Abteilungen vorzusehen, in denen eine Behandlung der Gefangenen gewährleistet ist. Sie muss auf deren unterschiedliche Bedürfnisse und Defizite abgestimmt sein. Es sollten zum Beispiel getrennte Bereiche für Gefangenen mit psychischen Störungen und Suchtgefährdung zur Verfügung stehen. Die Differenzierung soll darüber hinaus unterschiedliche Anforderungen an Betreuungsaspekte wie zum Beispiel Lebensalter und Behinderung berücksichtigen.

Kapitel 15: Verzweifelte Versuche, Arbeitsplätze für Gefangene zu schaffen

„In den alten Zeiten, wo das Wünschen noch geholfen hat", beginnt das Märchen „Der Froschkönig". Offenbar war ich während meiner Dienstzeit in der JVA Diez in den 1990er Jahren von einem vergleichbaren Optimismus beseelt. Ich wünschte mir mehr Arbeits- und Ausbildungsplätze für die Gefangenen. Als stellvertretender Anstaltsleiter war ich damals unter anderem für die Arbeitsverwaltung zuständig. Die Beschäftigungsquote von 60 %, in guten Zeiten 65 % war dürftig. Traurige Realität in den meisten Justizvollzugsanstalten. Auch die Anzahl der Ausbildungsplätze war überschaubar. Dass allzu viele Häftlinge den größten Teil des Tages in der Zelle schmorten und keine vernünftige Tagesstruktur hatten, ließ mir keine Ruhe. Ein zaghafter Versuch, die unbeschäftigten Gefangenen aus der Zelle herauszuholen, waren Teilzeitarbeitsplätze. Hierfür eigneten sich allerdings nicht alle Anstaltsbetriebe. Am ehesten noch Wirtschaftsbetriebe des Gefängnisses wie die Wäscherei. Die in Eigenverantwortung der Gefängnisse betriebenen Firmen wie zum Beispiel Schreinereien und Schlossereien taten sich mit Teilzeitarbeit schwerer. Man befürchtete, dass Gefangene, die nur einen Halbtagsjob mit dem entsprechend niedrigeren Einkommen besitzen, weniger motiviert arbeiten und so die Arbeitsqualität leidet. Für die sogenannten Unternehmerbetriebe, die externen Firmen, die in den Werkhallen der Gefängnisse zumeist in der Überzahl sind, gilt dies noch mehr.

Mehr Arbeitsplätze setzen mehr Arbeitsflächen voraus. Zwei große Arbeitshallen in Diez waren einfach zu wenig. Eine dritte musste her. Das Land hätte ein weiteres Gebäude allerdings nur unter der Voraussetzung finanziert, dass die

Flächen mit hoher Wahrscheinlichkeit ausgelastet wären. Dies konnten wir nicht garantieren.

Schließlich verfolgte ich einen unkonventionellen Weg, um dem Ziel einer zusätzlichen Halle näher zu kommen. Unkonventionell, weil man damals wie zum Teil auch noch heute im öffentlichen Dienst ungern ausgetretene Pfade verlässt. Schon seit vielen Jahren war eine große Firma als externer Unternehmerbetrieb in einer der Arbeitshallen im geschlossenen Bereich der Diezer Anstalt tätig. Ich wusste, dass es angesichts der guten Auftragslage einen Bedarf für mehr Produktionsflächen gab. Ein Hebel, um dem Ziel einer weiteren Arbeitshalle näher zu kommen, konnte allein finanzieller Natur sein. Die Gefangenen erhalten ihren Lohn unmittelbar vom Gefängnis, während die Betriebe das Entgelt für die Arbeit der Inhaftierten unmittelbar an die Anstalt zahlen. Der Betrag, den die Unternehmen für Gefangenarbeit an die JVA leisten, soll sich im Regelfall an den für eine derartige Tätigkeit geleisteten Tariflöhnen orientieren. Mein für damalige Verhältnisse kühner Gedanke war, dass der externe Betrieb die Kosten für den Bau einer weiteren Halle übernimmt und die JVA im Gegenzug die Preise für die Gefangenarbeit längerfristig reduziert. Ehrlich gesagt, habe ich damit gerechnet, dass der im Justizministerium für Bauangelegenheiten zuständige Mitarbeiter meinen Vorschlag für ein Hirngespinst hält. Er hat mich eines Besseren belehrt. Auch der Unternehmerbetrieb zeigte sich sehr an meinem Vorschlag interessiert.

An einem sonnigen Sommertag fieberte ich gemeinsam mit dem Anstaltsleiter Dr. Dieter Bandell einem Gespräch mit zwei Managern der Firma entgegen. Wir trafen uns im Außengastronomiebereich der bewirtschafteten Burg Nassau. Ein Kellner, der dem historischen Ambiente angemessen wie ein Knappe gekleidet war und sogar ein kleines Holzschwert am Gürtel trug, bediente uns. Ein wenig kam ich mir vor wie bei einem Kindergeburtstag für Jungs. Im Schatten des Burggemäuers legten wir unsere Vorstellungen noch eingehender dar, um anschließend auf eine Entscheidung der Manager zu warten. Leider erhielten wir einen Korb. Der Firma investierte stattdessen in einen Roboter.

Die Justizvollzugsanstalten werden das Arbeitsangebot für die Gefangenen im geschlossenen Vollzug nur dann vergrößern können, wenn sie den externen Firmen ausreichend günstige Konditionen bieten. Ein Anreiz für die Betriebe war schon immer, dass sie je nach Bedarf beliebig viele Gefangene einsetzen können. Oft handelt es sich um vergleichsweise einfache Tätigkeiten wie Sortier- und Verpackungsarbeiten, für die keine längere Einarbeitungszeit erforderlich ist. Da die Firmen keine Verträge mit den Gefangenen, sondern der Anstalt schließen, müssen sie keine Kündigungen aussprechen oder befristete Verträge aushandeln. Dass die rechtliche Situation der Gefangenen kritisch zu sehen ist, trifft zweifellos zu. Kündigungsschutz ist in den Gefängnissen ein Fremdwort. Allerdings würden externe Firmen ohne diesen wesentlichen Vorteil kaum Arbeiten an die Justizvollzugsanstalten vergeben. Doch ist allein dieser Vorteil für viele Firmen nicht mehr attraktiv genug. Die Anstalten müssten einen größeren Spielraum bei der Preisgestaltung geben. In Rheinland-Pfalz wie auch den anderen Bundesländern setzt die Vorschriftenlage Grenzen. Man darf nur sehr eingeschränkt den Preis, den die Betriebe für die Gefangenenarbeit zu zahlen haben, so weit reduzieren, dass es sich mehr lohnt, in die Anstalten zu gehen.[20] Grundsätzlich ist der Mindestlohn zu zahlen. Eine Unterschreitung ist in Rheinland-Pfalz im Ausnahmefall um maximal 20 % zulässig. Berücksichtigt werden darf zum Beispiel ein deutlich höherer Aufwand wegen Sicherungsmaßnahmen, die ausgeprägte Zeitfresser sein können. Ein größerer Spielraum wäre wünschenswert, könnte allerdings Konkurrenzbetrieben außerhalb der Anstalt das Wasser abgraben. Dass Mitwettbewerber sich hiergegen nachdrücklich zur Wehr setzen würden, liegt nahe.

Eine Alternative für die Gefängnisse wäre, mehr Betriebe in Eigenverantwortung zu betreiben. Dies würde allerdings sehr hohe Erstinvestitionen für Geräte und Technik erfordern. Eine Schreinerei wie die der hessischen JVA Butzbach, die eine Produktionsfläche von 2.800 m^2 zur Verfügung hat, kann man nicht so einfach aus dem Boden stampfen. Der Betrieb besitzt faktisch eine Abnahmegarantie, da er überwiegend für die Justizbehörden des Landes Hessen produziert. Auch einige rheinland-pfälzische Einrichtungen verfügen über Eigenbetriebe, die zeitweise überwiegend für die Justiz produzieren. So wurden die Haftraumgitter für Neubauten oder als Ersatz für veraltete Gitter in mehreren Anstaltsschlossereien des Landes hergestellt. Auf den ersten Blick eine skurrile Vorstellung. Die Gefangenen leisten einen Beitrag dazu, dass sie sicher eingesperrt sind. Doch die Inhaftierten sehen dies sportlich. Arbeit ist Arbeit.

Ein Weg, mehr Arbeitsplätze zu schaffen, könnte die Privatisierung der Arbeitsverwaltung sein. Diesen Schritt ist man in der hessischen JVA Hünfeld gegangen. Dort ist seit 2006 eine externe Firma für die Organisation und den Betrieb der Werkstätten, die arbeitstherapeutische Beschäftigung und Bildungsmaßnahmen zuständig. Außerdem kann Hünfeld damit punkten, dass die Gefangenen im Zweischichtsystem arbeiten. Ein entscheidender Vorteil gegenüber dem Leistungsangebot anderer Justizvollzugsanstalten, da sich Investitionen wie zum Beispiel in Maschinen deutlich mehr rechnen.

Alles in allem gibt es noch sehr viel zu tun. Insbesondere muss man mehr in die Finanztöpfe greifen und Kreativität zeigen. Ein Gefangener, der in der Lage ist, nach der Entlassung seinen Lebensunterhalt selbst zu bestreiten, liegt dem Staat nicht mehr auf der Tasche. Haftplätze sind teuer. Ein Tag hinter Gittern kostet in Rheinland-Pfalz ca. 180 € (Stand 1. Januar 2022), ein Jahr etwa 66.000 €. Gefangene, die einer Arbeit nachgehen, leisten einen Beitrag zur Reduzierung dieser hohen Kosten.

Dass in manchen Bundesländern wie Rheinland-Pfalz die Arbeitspflicht für Gefangene abgeschafft wurde, hat wenig an dem hohen Bedarf an Arbeitsplätzen geändert. Zwar sind Gefangene in Rheinland-Pfalz anders als in Hessen, wo die JVA Hünfeld liegt, nicht zur Arbeit verpflichtet. Dessen ungeachtet sind die meisten Inhaftierten des geschlossenen Vollzuges an der Aufnahme einer Beschäftigung interessiert. Abgesehen von dem überschaubaren Monatslohn, mit dem sie sich die eine oder andere Annehmlichkeit beim Anstaltskaufmann leisten können, kommen sie von der Zelle runter und haben mehr Kontakt zu Mitgefangenen. Die Gefangenen besitzen eine feste Tagesstruktur und können zeigen, dass sie bestrebt sind, auch nach der Entlassung ihren Lebensunterhalt selbst zu bestreiten. Ein Häftling, der nicht dazu bereit ist, sich aus dem Haftraum heraus zu einem Arbeitsplatz zu bewegen, obwohl er dazu in der Lage wäre, steht eher für eine gegenteilige Lebensauffassung. Die Chancen, in den offenen Vollzug zu gelangen und auf Bewährung entlassen zu werden, verschlechtern sich dann deutlich.

Kapitel 16: Vertrauensposten als Erprobungsfelder im geschlossenen Vollzug

In der JVA Diez wurden viele Jahrzehnte lang Gefangene als Küster in der Anstaltskirche eingesetzt, die den beiden Anstaltsseelsorgern zur Seite standen. Unter anderem waren die Helfer für die Reinigung der Kapelle und die Pflege der Pflanzen verantwortlich. Manch einer besaß einen grünen Daumen. Die beachtlich großen Zimmerpflanzen befanden sich stets in einem Zustand, der jedem Berufsgärtner Ehre gemacht hätte. Die Inhaftierten mit dem privilegierten Arbeitsplatz wurden nur stichprobenweise kontrolliert. Die Küster wussten den großen Vertrauensvorschuss zu schätzen. Nach einem Vorfall durften die Helfer des Gefängnisseelsorgers nur noch in die Anstaltskapelle, wenn sie ständig und unmittelbar von einem Mitarbeiter überwacht wurden. Einem Bediensteten war bei der Kontrolle der Gefängnishöfe aufgefallen, dass sich ein Seil mit einem Metallhaken im Sicherheitsdraht der Anstaltsaußenmauer verfangen hatte. Offenbar hatte ein Gefangener einen erfolglosen Ausbruchsversuch unternommen. Vor der Mauer befanden sich kleine Pfeiler entlang der sogenannten Richtstrecke. Wenn ein Gefangener die gedachte Linie zwischen zwei Pfeilern überquerte, wurde Alarm ausgelöst. In diesem Fall war es jedoch ruhig geblieben. Man schaute sich daraufhin die Aufnahmen der Kameras an, die im Mauerbereich installiert waren. Sehr verschwommen war ein Gefangener zu erkennen, der sich im Bereich der Mauer zu schaffen machte. Er besaß mit viel Fantasie eine gewisse Ähnlichkeit mit dem Küster. Er wurde mit diesem Verdacht konfrontiert, stritt jedoch vehement ab, mit der gefilmten Person identisch zu sein. Dennoch blieb ein Rest Unsicherheit übrig. Der Lebenslange verlor seinen Arbeitsplatz. Das Ministerium, das über den Vorfall informiert worden war, ordnete an, dass keine Gefangenen mehr ohne Überwachung in der Anstaltskirche eingesetzt werden. Eine Hauruckaktion. Solche Schnellschüsse sind im Strafvollzug nicht untypisch, wenn man glaubt, jegliches Risiko ausschließen zu müssen. Wieder ein Vertrauensposten weniger in der JVA Diez; Arbeitsstellen, bei denen man Gelegenheit hat, auch Gefangene des geschlossenen Vollzuges zu erproben und ihnen die Chance zu geben, sich zu bewähren.

In jedem Gefängnis gibt es diese Vertrauensposten. Hiermit sind Arbeitsplätze für Gefangenen des geschlossenen Vollzuges gemeint, für die sich besonders zuverlässige Inhaftierte eignen. Häftlinge, die nicht dafür bekannt sind, mit „Kollegen“ illegale Geschäfte abzuwickeln oder Fluchtgedanken nachzuhängen. Bei Vertrauensposten handelt es sich um Arbeitsstellen, bei denen ein Gefangener mehr Bewegungsfreiheit besitzt und nur eingeschränkt überwacht wird. Hierzu gehören auch Tätigkeitsbereiche, die besonders sensibel und für Sabotage anfällig sind. So hätten in der Anstaltsküche eingesetzte Gefangene dort leicht die Möglichkeit, das Mittagessen zu verunreinigen oder im Extremfall sogar Giftstoffe zuzusetzen. Während meiner Dienstzeit habe ich allerdings keinen solchen Fall erlebt oder hiervon gehört. Ein Inhaftierter behauptete einmal mir gegenüber, ein anderer Küchengefangener spucke gelegentlich in die Essenstöpfe. Eine ekelerregende Vorstellung. Der Verdacht ließ sich allerdings nicht erhärten. Hintergrund der Behauptung war offenbar, dass die beiden Protagonisten nicht „miteinander“ konnten. Da die Anstaltsverpflegung fast ausschließlich portioniert verteilt wird, kann ein Essenstablett nicht einer bestimmten Person zugeordnet werden. Eine zielgerichtete Aktion, um einem einzelnen Mitgefangenen zu schaden, ist daher sehr unwahrscheinlich. Die vielen Jahrzehnte, in denen ich das Anstaltsmittagessen zu mir genommen habe, haben mir jedenfalls – so hoffe ich – nicht geschadet. Jedenfalls musste kein einziges Mal ein Notarzt wegen mir in die Anstalt gerufen werden.

In den Haftgebäuden werden einige Gefangene als sogenannte Hausarbeiter beschäftigt. Sie sind überwiegend für die Sauberkeit eines Wohnbereiches zuständig und helfen bei der Verteilung der Wäsche. Die Gefangenen besitzen einen recht großen Bewegungsspielraum und werden nur stichprobenweise überwacht. Zu einem wegen Einbruchs verurteilten Strafgefangenen hatte ich nahezu täglich Kontakt, da er als Hausarbeiter für Reinigungsarbeiten im Verwaltungsgebäude eingesetzt war. Ein absoluter Vertrauensposten. Der Gefangene durfte sich recht frei im Gebäude bewegen. Wenn er in einem der Büros tätig war, wurde er von dem dort arbeitenden Mitarbeiter mehr oder weniger beaufsichtigt. Der Inhaftierte stammte aus dem Balkan und war mit einer Gruppe Mittäter nach Deutschland gereist, um Einbrüche zu begehen. Anschließend zogen sich die Täter wieder ins Heimatland zurück. Der Hausarbeiter arbeitete im Gefängnis äußerst genau und sorgfältig. Ich erinnere mich noch daran, dass er stets die am Konferenztisch meines Büros stehenden Stühle regelrecht ausrichtete. Manche Mitarbeiter wie in der Zahlstelle oder Versuchsgeschäftsstelle steckten dem Gefangenen gelegentlich eine Getränkedose zu. Nachdem er entlassen wurde, vermissten ihn einige Bedienstete. *„So einen guten Hausarbeiter bekommen wir nie wieder“*, sagte ein Kollege aus der Anstaltsleitung fast schon ein wenig traurig. Ein Gefangener, den man fast ungern in die Freiheit ziehen ließ.

Bei dem Inhaftierten handelte sich um einen der wenigen Gefangenen, die nahezu ihren gesamten Monatslohn der in der Heimat lebenden Familie überwiesen. Seine Kriminalprognose war ausgesprochen gut.

Im Laufe der Jahre hat man solche Vertrauensposten erheblich reduziert. Auch der Hausarbeiter in der Verwaltung gehörte irgendwann der Vergangenheit an. Er wurde durch eine kleine Gruppe von Gefangenen ersetzt, die von einem Mitarbeiter ständig beaufsichtigt wurden.

Ein vergleichbarer Dienstposten war früher der des Friseurs. Er zog mit einem Wägelchen, auf dem sich sein Werkzeug befand, von Hafthaus zu Hafthaus, um das Haar der Mitgefangenen in Form zu bringen. Bei dem letzten Diezer Gefangenenfriseur, der aus der Gegend von Kaiserslautern stammte und leidenschaftlicher Fan der Kicker seines Heimatvereins war, handelte es sich um einen mehrfach wegen Betruges verurteilten Straftäter. Er war, wie so häufig in Justizvollzugsanstalten, kein gelernter Friseur. Ein Autodidakt, der sich die handwerklichen Fähigkeiten hinter Gittern angeeignet hatte. Seine Neigung, dubiose Geschäfte zu machen, pflegte er auch bei seiner Tätigkeit. Nachdem er dabei erwischt worden war, als er in seinem kleinen Arbeitswagen Waren wie Tabak zwischen den Kämmen und Scheren transportierte, wurde er durch einen externen Friseur ersetzt. Der Gefangenenfriseur ersparte dem Justizvollzug viel Geld, weil die ausgewählten Inhaftierten nur den üblichen geringen Gefangenenlohn erhielten. Nach der stetigen Zunahme von illegalen Drogen in den Anstalten ab den 1990er-Jahren war die Übertragung solcher Aufgaben an Gefangene nicht mehr mit den Sicherheitsbelangen vereinbar.

Bevor man sich eher widerwillig dazu entschieden hatte, die Aufgabe des Friseurs einem externen Anbieter zu übertragen, führte der damalige Gefängnisdirektor Dr. Dieter Bandell eine Konferenz durch. Der nicht allzu große Anstaltsleiter rutschte missmutig in seinem ausladenden Lederchefsessel regelrecht nach unten und wartete auf konstruktive Vorschläge. Der Leiter der Wirtschaftsverwaltung meldete sich als Erster zu Wort: *„Wir können doch eine Haarschneidemaschine anschaffen. Sicherlich gibt es doch so ein Gerät ähnlich den Schwimmbadföns. So muss man keinen teuren externen Friseur bezahlen."* Einer der stellvertretenden Anstaltsleiter schaute den Redner kritisch mit verkniffener Miene und heruntergezogenen Mundwinkeln an. Er brummte *„Die Gefangenen haben doch nicht alle gleiche Köppe."* Antwort des Vorschlagenden: *„Doch! Nach dem ersten Schnitt schon."* Man entschloss sich dann doch, einen Friseur aus der näheren Umgebung mit den Verschönerungsarbeiten zu beauftragen.

Kapitel 17: Gehörnte Wesen und andere Tiere

Gerne erinnere ich mich an ehemalige Kollegen, die mit ihrem Humor das raue Gefängnisklima auflockerten und dafür sorgten, dass es in dieser bisweilen abgedunkelten Welt auch etwas zum Lachen gab.

Es war in den 1980er-Jahren, somit einige Jahre bevor ich hinter Anstaltsmauern gelandet bin. In einem Haftraum der JVA Diez wurde der Rufknopf betätigt. Über der Zellentür leuchtete deshalb mitten in der Nacht eine Signallampe auf. Damals gab es noch keine Gegensprechanlage, mit deren Hilfe Bedienstete und Gefangenen unmittelbar miteinander kommunizieren konnten. Die Gefangenen mussten auf einen Knopf drücken und darauf hoffen, dass ein Mitarbeiter aufmerksam wurde.

Als ein Beamter das Signal bemerkte, ging er davon aus, dass der Gefangene möglicherweise ein wichtiges Anliegen hat. Vielleicht hat er Kopfschmerzen und will eine Tablette, vermutete er. Dies ist im Nachtdienst der häufigste Anlass dafür, dass sich ein Inhaftierter bemerkbar macht. Doch möglicherweise drohte etwas Schlimmeres. Pflichtbewusst schritt der Mitarbeiter zur Tat und bewegte sich mit einer während des Nachtdienstes nicht ungewöhnlichen Schläfrigkeit auf den Haftraum zu. Da die Anstalt in den Nachtstunden nur über eine knappe personelle Besetzung verfügte, öffnete er die Haftraumtür erst einen Spalt, nachdem er eine kurze Kette zwischen dem Türrahmen und der Haftraumtür befestigt hatte. Diese Vorrichtung sollte bei den zwischenzeitlich ausgetauschten antiquierten Zellentüren verhindern, dass ein plötzlich aus dem Haftraum herausstürmender Häftling den Beamten angreift und überwältigt.

Als der Mitarbeiter in den Haftraum blickte, bot sich ihm ein ungewöhnliches Bild, das ihm gehörig den Schreck in die Glieder fahren ließ. Das Wesen, das ihm auf einem Stuhl sitzend diabolisch grinsend entgegenblickte, erinnerte recht wenig an einen Gefangenen. Ein gehörnter, rotschwarz gewandeter Teufel hatte sich im Haftraum niedergelassen. Der Bedienstete entschloss sich kurzfristig, sich nicht diesem unheimlichen Wesen zu widmen, sondern lief nunmehr hellwach geworden in zügigen Schritten zur Zentrale der Anstalt, um bei dem Nachtschichtleiter Meldung zu machen. Mit leicht erhöhtem Blutdruck und ein wenig nach Luft ringend sprach er aufgeregt: *„Doo sitzt en Deibel in de Zell!“* Der Vorgesetzte entgegnete gelassen: *„Da gehn' wir mal hin.“* Gemeinsam am Haftraum angekommen öffnete der Schichtleiter den Haftraum, jedoch ohne zuvor die Sicherheitskette – wie vorgeschrieben – anzubringen. Nach wie vor saß ein Teufel in der Zelle, der beide Beamte aber nunmehr freundlich mit Vornamen begrüßte. Nun erfasste der zuvor so schockierte Nachtdienstmitarbeiter endlich die Situation. Er erkannte den als Teufel verkleideten Kollegen, der mit dem Schichtleiter ein lautes Gelächter anstimmte. Der Kollege, nachdem er sich wieder gefasst hatte, stieß spontan einige Schimpfworte wie *„ihr Idioten“* aus. Letztlich nahm er das Erlebnis mit Humor auf.

Eine unerwartete Begegnung mit der Tierwelt hatte auch ein Vertreter des Gesundheitsamtes, der die JVA Rohrbach besuchte. Unter anderem wollte er sich einen Eindruck vom Sanitätsbereich verschaffen. Bei dem Rundgang, der in den Wintermonaten stattfand, nahm neben dem Anstaltsarzt und dem Sanitätsdienstleiter auch ich teil. Wir betraten unglücklicherweise einen Raum, in dem Verbrauchsmaterial und Reinigungsmittel gelagert wurden. Überrascht schaute der Mediziner des Gesundheitsamtes auf das offen stehende Fenster. Dies sprach zunächst nur dafür, dass in diesem Lazarettraum überaus gründlich gelüftet wurde.

Der zweite Blick des Arztes richtete sich jedoch auf mehrere unter der Decke verlaufende Rohre. Er verzog das Gesicht, als er das Vogelnest wahrnahm, das dort thronte. „Ein Tierfreund ist der Vertreter des Gesundheitsamtes offenbar nicht", dachte ich mir. Nach wenigen Sekunden betretenen Schweigens äußerte sich der Sanitätsdienstleiter in vorauseilendem Gehorsam: *„Das machen wir weg."* Ich ergänzte überflüssigerweise: *„Dann können wir auch wieder das Fenster schließen."* Der Vertreter des Gesundheitsamtes nickte zustimmend und verzichtete auf eine Anmerkung. Er ahnte nicht, dass das Fenster nicht deshalb offen stand, weil Tierfreunde dem Vögelchen eine Einflugschneise erhalten wollten. Vielmehr gab es einen anderen triftigen Grund. Die Wahrheit war, dass nicht nur das gefiederte Wesen einen akzeptablen Aufenthaltsort zum Schutz vor winterlichen Temperaturen suchte, sondern auch die so bedauernswerten Raucher. Seit Geltung des erbarmungslosen Nichtraucherschutzgesetzes sind sie wie Aussätzige nach draußen verbannt. So hatten die Nikotinsüchtigen vorübergehend eine kleine Höhle der Zufriedenheit gefunden. Nun mussten sie ihrem Laster wieder ausnahmslos im Außenbereich nachgehen und den winterlichen Temperaturen trotzen.

Kapitel 18: Menschlichkeit hinter Gittern; Erinnerungen an Ehrenamtliche und den ehemaligen Gefängnisdirektor Dr. Dieter Bandell

Viele Menschen sind mir aus meiner beruflichen Zeit in Erinnerung geblieben. Manche Bilder von Personen und Situationen tauchten erst später beim Schreiben dieses Buches wieder in meinem Gedächtnis auf. Menschen wie der kleine unauffällige Mann, der den Gefangenen das Schreibmaschinenschreiben beibrachte. Er trat bescheiden auf. Ein Mensch, der Güte und innere Ruhe ausstrahlte. Auch noch in höherem Alter hielt er den Diezer Gefangenen die Treue. Manche Bedienstete hängten das Wort „Schreibmaschinen" vor seinen Namen, wenn sie ihn meinten.

Beim „Schreibmaschinen-Onkel" lernten die Inhaftierten, wie man lesbare Texte mit den alten klapprigen Schreibmaschinen herstellte. Die Geräte stellten die Gefängnisseelsorger zur Verfügung. Die wenigen Gefangenen, die eine Schreibmaschine in Besitz hatten, nutzen sie unter anderem, um ihren Bezugspersonen Briefe zu schreiben. Ein Häftling verfasste Drehbücher, die er teilweise auch gewinnbringend verkaufen konnte. Dass manche nach den Kursen ihre Beschwerden und Eingaben auf das Papier hämmerten, sei's drum. Auch für den Anstaltsleiter ein Vorteil, weil er sich nicht mit kaum lesbaren Schriften herumplagen musste. Der ehrenamtliche Vollzugshelfer beschränkte sich nicht nur auf die Kurse, sondern besuchte auch regelmäßig den ein oder anderen Gefangenen.

Während meiner Ausbildungszeit als Rechtsreferendar in Diez hatte ich die Gelegenheit, als Gast an Veranstaltungen ehrenamtlicher Vollzugshelfer teilzunehmen. Hierbei bin ich einem ehemaligen Bänker begegnet, der Woche für Woche gemeinsam mit dem damaligen evangelischen

Anstaltsseelsorger einen evangelischen Gesprächskreis für Gefangene leitete. Auch Inhaftierten anderer Konfessionen stand dieses Angebot offen. Die Gruppe war sehr gut besucht und bestand aus vielen Stammgästen. Einige Gefangene mit lebenslangen Freiheitsstrafen waren regelmäßig anwesend. In einem kargen Freizeitraum von überschaubarer Größe saßen etwa zehn Häftlinge auf den ungepolsterten Holzstühlen. Sitzkissen gab es nicht. Man befürchtete Versteckmöglichkeiten für illegale Drogen und anderes. Der Ehrenamtliche war vor seinem Ruhestand in leitender Funktion tätig. Er besaß eine sehr deutliche Aussprache und verkörperte eine natürliche Selbstsicherheit, die ihm Authentizität verlieh. Was der Mann mit dem freundlichen und zugewandten Auftreten sagte, meinte er auch so. Mit Sakko und Krawatte saß der schlanke Mann mit dem weiß gewordenen Haar in der Gesprächsrunde. Er trug nach einer kurzen Begrüßung eine Bibelstelle vor. Sie war der Ausgangspunkt des Gespräches, das er gemeinsam mit dem Pfarrer moderierte. Mir wurde im Laufe der Runde bewusst, dass ich hier einen Menschen vor mir hatte, der den Inhaftierten etwas mitgeben wollte. Jemanden, der wusste, dass er selbst viel Glück und vor allem Unterstützung im Leben gehabt hatte, mit der die meisten Gefangenen nicht belohnt worden waren. Der Ehrenamtliche hatte Eltern, die ihm Zuwendung, Sicherheit und ein behütetes Umfeld schenkten, ihn schulisch und beruflich förderten. Vor allem war er ihnen dankbar dafür, dass sie ihm einen christlichen Werthintergrund vermittelt hatten, der ihn durchs Leben trug. Er versuchte den Gefangenen Anstöße zu geben, über sich nachzudenken und Einstellungen zu hinterfragen. An eine seiner bildhaften Aussagen erinnere ich mich noch gut, ohne den genauen Wortlaut wiedergeben zu können. Der Ex-Bänker sprach von der Kohlsuppe, mit der man sich lieber zufriedengeben sollte, statt mit illegalen Mitteln für ein Festmahl zu sorgen. Ein Appell, das Leben künftig ohne Rechtsbrüche zu bestreiten, ohne andere zu schädigen. Er wollte zum Ausdruck bringen, dass es einen Menschen ausgeglichener und zufriedener macht, wenn er ein bescheidenes Leben führt, aber Teil der Gemeinschaft bleibt. Ich kann nicht beurteilen, in welchem Umfang der engagierte Mann die Gefangenen erreichte. Mir fiel auf, dass sie ernsthaft bei der Sache waren, die Gesprächsbeiträge konstruktiv und zumeist durchdacht waren.

Bald nachdem ich 1990 als Mitglied der Anstaltsleitung in das Diezer Gefängnis gelangt war, ereilte mich die Nachricht, dass der ehrenamtliche Mitarbeiter überraschend verstorben war. Bei dem Begräbnis hielt ich eine Traueransprache zur Würdigung des Verstorbenen. Gemeinsam mit dem evangelischen Pfarrer und einem Gefangenen fuhr ich zu dem Friedhof. Wir wurden von einem etwa 40-jährigen Lebenslangen begleitet, der bereits im Freigängerhaus war und auf seine baldige Entlassung vorbereitet wurde. Ein sportlich wirkender dunkelhaariger Mann, der aus geordneten Verhältnissen stammte und dennoch auf die schiefe Bahn geraten war. Eher ein stiller Mensch, der nur das Nötigste sprach. Der Freigänger hatte sich dem Anlass entsprechend gekleidet. Schwarzer Anzug, Krawatte, weißes Hemd. Die anderen Trauergäste würden den zurückhaltenden Mann kaum als Häftling einordnen. Der Gefangene hatte das Glück, dass seine Familie auch während der langen Haftzeit zu ihm hielt und er zudem Aussicht auf eine Arbeitsstelle in der Firma eines Verwandten hatte. Ich besaß den Eindruck, dass es sich bei dem Gefangenen um einen Menschen handelte, der etwas verstanden hatte. Der nach meiner Einschätzung mit großer Wahrscheinlichkeit im weiteren Leben zurechtkommen würde. Möglicherweise hat auch der ehrenamtliche Vollzugshelfer zu einer Veränderung der Persönlichkeit des Gefangenen beigetragen. Hierfür spricht, dass es ein persönliches Anliegen des Inhaftierten war, dem Begräbnis beizuwohnen. Wohl ein Zeichen der Dankbarkeit.

Mein Begleiter gehörte zu den wenigen Gefangenen mit einer lebenslangen Freiheitsstrafe, die bereits nach 15 Jahren, dem frühestmöglichen Entlassungszeitpunkt, die Anstalt verlassen durften. Durchschnittlich verbrachten die Diezer Lebenslangen in den 1990er Jahren etwa 20 bis 21 Jahre in Haft, bis sie wieder in die Freiheit gelangen. Ich hatte damals eine Statistik über die Verbüßungsdauer erstellt, weil mich häufiger Besucher der JVA wie auch Menschen aus meinem privaten Bereich darauf angesprochen hatten. Stets gingen sie davon aus, eine lebenslange Freiheitsstrafe ende nach 15 Jahren. In dieser Frage versteckte sich die Auffassung, diese Zeitspanne sei doch wohl zu gering, um einen Mord zu sühnen. Jedenfalls bei meinem Mitfahrer war ich überzeugt, dass 15 Jahre genug sind. Gerechtigkeit kann man nicht in Jahren messen.

Einen bleibenden Eindruck hat auch ein älterer Vollzugshelfer hinterlassen, der zu der ersten Generation der Russlanddeutschen gehörte. Er hatte früh mitbekommen, dass es einem Teil der aus seiner Heimat stammenden jungen Männer nicht gelang, in Deutschland Fuß zu fassen. Kriminelle Handlungen und stark verbreiteter Drogenkonsum kennzeichneten diese Gruppe. Er sah sich in der Verantwortung, sich gerade für diese Gefangenen zu engagieren. Bereits bevor sie sich auf den Weg nach Deutschland machten, waren sie von der russischen Bevölkerung mehrheitlich nicht akzeptiert worden. Der eher schmächtige Mann leitete eine Gesprächsgruppe. Ein überaus höflicher zurückhaltender

Mensch, der seinen Dienst an den Gefangenen bescheiden und mit einer ruhigen Selbstverständlichkeit verrichtete.

Eine Gruppe von männlichen und weiblichen Ehrenamtlichen stammte aus Breitscheid im Westerwald. Sie gehörten dem christlich orientierten Verein „Neustart" an. Auch heute noch engagieren sie sich mit etwa 25 Mitgliedern in der JVA Diez und mehreren anderen Gefängnissen. Die ehrenamtlichen Vollzugshelfer betrachten es als ihre Aufgabe, den Strafvollzug zu unterstützen. Sie wollen helfen, die Gefangenen wieder in die Gesellschaft einzugliedern. Bei den regelmäßigen Besprechungen der ehrenamtlichen Vollzugshelfer mit den Diezer Mitarbeitern bedankten sie sich jedes Mal dafür, dass sie bei uns tätig sein durften. Diese Einstellung hatte mich beeindruckt, waren es doch vielmehr wir Bediensteten, die sich für die Mitarbeit dieser engagierten Menschen bedanken mussten.

Gelegentlich brachen die Breitscheider zu Auslandseinsätzen in Gefängnissen auf. Bei einer Vollzugshelferbesprechung – nach meiner Erinnerung etwa um das Jahr 2005 – hielten sie einen Diavortrag über ihre Aktivitäten in russischen Anstalten. Heute unvorstellbar. Die Bilder zeigten den unsäglichen Zustand der Zellen. Vergilbte milchige Fenster, teilweise völlig verdreckte sowie beschädigte Toiletten und Waschbecken. Den Ehrenamtlichen wurde gestattet, einige zu renovieren. Die Hafträume, in denen mehrere Gefangene untergebracht waren, befanden sich in einem jämmerlichen Zustand. Vielleicht war das Engagement der Vereinsmitglieder nur ein Tropfen auf den heißen Stein. Vielleicht aber auch ein bescheidener Anstoß gegenüber den russischen Verantwortlichen. Jedenfalls war der Einsatz der Breitscheider ein eindrucksvolles Zeichen mitmenschlichen Engagements. Die Hilfeleistung wurde damals dankbar angenommen, später jedoch zurückgewiesen.

Besonders eindrucksvoll war das Engagement der Breitscheider Ehrenamtlichen für einen türkischen Gefangenen, der an AIDS erkrankt war. Der drogenabhängige Mann, der eine mehrjährige Freiheitsstrafe wegen Handels mit Betäubungsmitteln verbüßen musste, hatte sich in Freiheit mit einer verunreinigten Spritze die damals noch tödliche Krankheit zugezogen. Nachdem sich sein körperlicher Zustand im Gefängnis immer mehr verschlechtert hatte, machten die Breitscheider eine Hospizeinrichtung ausfindig, die bereit war, den Schwerkranken aufzunehmen. Die Staatsanwaltschaft stimmte einer Unterbrechung der weiteren Vollstreckung der Freiheitsstrafe zu, sodass der Gefangene seine letzten Lebensmonate außerhalb der Mauern verbringen und behütet sterben durfte.

Von meinem früheren Vorgesetzten Dr. Dieter Bandell, dem Leiter der JVA Diez, dessen Nachfolger ich 2001 für etwa 8 Jahre werden würde, sind mir noch viele Äußerungen in Erinnerung.[21] Eine hiervon ist mir besonders im Gedächtnis geblieben. Sie betrifft zwei Gefangene, die sich in den 1990er-Jahren im Endstadium einer AIDS-Erkrankung befanden. Die beiden Lebenspartner waren wegen Betruges verurteilt worden. Die Staatsanwaltschaft hatte mehrfach die Vollstreckung der Freiheitsstrafe wegen der Erkrankung aufgeschoben. Da die beiden Männer jedoch nach wie vor Straftaten begingen, verlor die Vollstreckungsbehörde die Geduld und veranlasste die Inhaftierung. Dieter Bandell besuchte einen der im Sterben liegenden Erkrankten, der in einem öffentlichen Krankenhaus untergebracht war. Er berichtete bei der täglichen Frühbesprechung hiervon. An der morgendlichen Runde nahmen die gesamte Anstaltsleitung, der Leiter der Personalabteilung, der Leiter der Sicherheitsabteilung und der Vollzugsdienstleiter teil. Somit ein Gremium, das eine gewisse Multiplikatorenfunktion besaß. Ich gehe daher davon aus, dass Dieter Bandell die gerade einmal zwei Sätze, mit denen er den Besuch mit ungewohnt leiser Stimme mehr erwähnte, als beschrieb, mit Bedacht sprach. Er sagte nur: „*Ich habe den Gefangenen besucht. Ich habe ihm die Hand gehalten.*" Die Äußerung meines Chefs überraschte mich sehr. Nicht, weil diese Geste der Menschlichkeit nicht seinem gütigen Wesen entsprochen hätte, sondern vielmehr, weil er uns dies so offen mitteilte. Ich bin mir sicher, dass er die Episode am Sterbebett des Aidskranken nicht spontan, sondern sehr bewusst und absichtsvoll erwähnt hat. Ohne dass der Anstaltsleiter es ausdrücklich aussprach, war seine Äußerung ein Appell an die Mitarbeiter, stets fürsorglich, human und respektvoll mit den Inhaftierten umzugehen. Dieter Bandell beabsichtigte nach meiner Einschätzung, dass die Mitglieder der morgendlichen Besprechungsrunde seine Bemerkungen weitergeben. In den 1990er-Jahren waren die Vorbehalte gegenüber Aidskranken noch sehr groß. Es gab irreale Ängste, sich bei bloßem Körperkontakt wie einer Begrüßung per Handschlag anzustecken. Zudem war in der Gesellschaft noch die Einstellung verbreitet, die Betroffenen seien schließlich selbst an ihrer Erkrankung schuld. Hinzu kamen allgemeine Vorbehalte gegenüber homosexuellen Menschen und Drogenabhängigen, den beiden Gruppen, in denen die Erkrankung häufiger vorkam. Wohl waren auch nicht alle Mitarbeiter frei von solchen Gedanken. Dieter Bandell setzte sich mit dem Besuch des Todkranken und seinen beiden kurzen Sätzen dagegen.

Kapitel 19: Die lebenslange Freiheitsstrafe

Offener Vollzug der JVA Diez. 2006. Zwei Freigänger, die bereits seit mehr als 15 Jahren in Haft waren, suchten überraschend das Weite.

Einer der beiden hatte vieles im Vollzug richtig gemacht. Als er ins Gefängnis kam, besaß er noch nicht einmal einen Hauptschulabschluss. Er holte ihn nach. Später absolvierte er sogar erfolgreich ein Fernstudium als Programmierer und Wirtschaftsinformatiker. Eigentlich optimale Aussichten für die Zeit nach der Entlassung. Wegen einiger Regelverstöße im offenen Vollzug genügte dies der Strafvollstreckungskammer Diez nicht. Das Gericht lehnte den Antrag, die Freiheitsstrafe zur Bewährung auszusetzen, ab. Die Männer in der schwarzen Robe hielten eine weitere Erprobung in Vollzugslockerungen und im offenen Vollzug für geboten. Dass die Richter auf die Bremse getreten hatten, konnte der Gefangene nicht nachvollziehen. Sein Kumpel erlebte dies ähnlich. Schließlich konnten die Freigänger nicht mehr mit dem weiterhin offenen Ende der lebenslangen Freiheitsstrafe umgehen und flohen in den sonnigen Süden Europas. Die Flüchtigen hielten sich mit Gelegenheitsarbeiten wie Orangenpflücken über Wasser. Doch nach einiger Zeit wurden sie in Auslieferungshaft genommen und landeten bald wieder im Diezer Gefängnis.

Die beiden ausgebüxten Gefangenen begingen zwar während ihrer Auszeit vom Knast keine Straftaten. Ein Inhaftierter, der flieht, zeigt allerdings, dass er bereit ist, in der Illegalität zu leben. Je länger ein Untertauchen dauert, desto eher läuft er Gefahr, erneut Straftaten zu begehen, allein um den Lebensunterhalt zu bestreiten. Die unfreiwillig zurückgekehrten Freigänger befanden sich wieder im geschlossenen Vollzug. Neustart. Die Entlassungschancen hatten sich verschlechtert. Bewährung im geschlossenen Vollzug war angesagt. Die vage Hoffnung auf eine Rückkehr ins Freigängerhaus. Vielleicht irgendwann doch die bedingte Entlassung.

Der Lebenslange mit der guten Ausbildung beklagte seine Situation gegenüber einem Journalisten:[22] *„Wir sind jetzt wieder hier im geschlossenen Vollzug und warten und warten und warten. Mehr kann ich auch nicht sagen. Die haben ja viel Zeit hier, weil es ist ja nicht ihre Zeit, es ist ja meine Lebenszeit, die hier verrinnt. Ich sitze wirklich rund um die Uhr auf meinem Haftraum und weiß nicht, was ich machen soll. Die Zeit vergeht einfach sinnlos, inhaltslose, leere, tote Zeit. Und ich kann nicht sagen, wie es weitergeht. Ich weiß es nicht. Man sagt es mir auch nicht.“*

Gedanken eines in der Erprobungsphase vorerst Gescheiterten. Bei dem geflüchteten Duo kam es trotz der Flucht zu einer Rückkehr in den offenen Vollzug und später einer Entlassung auf Bewährung.

Hätten die Flüchtigen eine zeitlich befristete Freiheitsstrafe zu verbüßen gehabt, hätte die maximale Haftzeit festgestanden. Sie hätten eine klare Perspektive gehabt. Anders bei einer lebenslangen Freiheitsstrafe. Als höchste zeitliche Freiheitsstrafe sieht das Strafgesetzbuch 15 Jahre vor. Lebenslang bedeutet dagegen, sehr lange Zeit, im Extremfall jahrzehntelang, nicht zu wissen, wann es zurück in die Freiheit geht. Eine Unsicherheit, die vom ersten Tag der Haft an eine zusätzliche psychische Last bedeutet. Die Gefangenen reagieren hierauf sehr unterschiedlich. Ein erheblicher Teil versucht nach einer gewissen Anlaufphase, das Beste aus der Zeit hinter Gittern zu machen. Andere bewältigen die Situation nicht. Ein Lebenslanger hat sich nur kurze Zeit, nachdem er ins Diezer Gefängnis gekommen war, das Leben genommen. Ein Bilanzsuizid des bereits etwas älteren Mannes. Andere ziehen sich lange Zeit zurück und verbringen die meiste Zeit isoliert in der Zelle. Manche verhalten sich sehr auffällig und beschäftigen die Mitarbeiter über Gebühr mit schriftlichen Eingaben. Während der Untersuchungshaftzeit in der damals noch existierenden JVA Mainz bastelte ein Gefangener eine Pistole aus Pappmaché, die er mit Schuhcreme bemalte. Offenbar hatte er eine Geiselnahme vorbereitet, um mithilfe der Pistolenattrappe seine Flucht zu erzwingen. In der Diezer Einrichtung rebellierte er lange Zeit gegen die Justiz. Bereits in jungen Jahren musste er die lebenslange Freiheitsstrafe antreten. Hartnäckig fertigte er in der Anfangsphase Beschwerde auf Beschwerde an. Er projizierte sein eigenes Scheitern und seine Aggressionen auf die Anstalt. Irgendwann machte es Klick. Er versuchte mit der Haft zurechtzukommen und vor allem seine Straftaten aufzuarbeiten.

Die lebenslange Freiheitsstrafe wird von der Bevölkerung als selbstverständliche und notwendige Reaktion auf einen Mord betrachtet. Die einzige Sanktionsart mit offenem Ende. Ihr wohnt etwas Archaisches, nahezu Mystisches inne.

Ursprünglich besaß die lebenslange Freiheitsstrafe eine enge Verbindung zur Todesstrafe, einer endgültigen, vernichtenden Sanktion. Das Lebenslang nahm zunächst ausschließlich das Motiv der Todesstrafe auf, Rache und Vergeltung zu üben. Das Urteil sollte eine endgültige Ausgrenzung des zu dieser Strafe Verurteilten herbeiführen. Der soziale Tod trat an die Stelle des physischen. Lebenslange wurden, wie der ehemalige Zuchthausgefangene und Politiker Felix Fechenbach in seinem autobiographischen Buch von 1925 beschreibt, während seiner Haftzeit in Ebrach noch „Himmelblaue" genannt. Nur in Einzelfällen konnten sie auf Begnadigung hoffen. Der Autor schreibt: *„Himmelblau, das ist der Terminus technicus für lebenslang, den die* *lebendig Begrabenen zur Bezeichnung ihres entsetzlichen Schicksals erfunden haben im vergleichenden Gedanken an die unendliche Ausdehnung des blauen Himmelsgewölbes, gleich ihrer unendlichen Strafzeit.“*[23]

Eine Endgültigkeit der lebenslangen Freiheitsstrafe gibt es schon lange nicht mehr. Dies wäre verfassungswidrig. Auch bei einer lebenslangen Freiheitsstrafe müsse eine konkrete Chance bestehen, wieder in Freiheit zu gelangen, befand 1977 das Bundesverfassungsgericht.[24]

Erst 1981 wurde mit § 57 a StGB auch für Lebenslange die Möglichkeit einer bedingten Entlassung geschaffen. Seit Inkrafttreten dieser Vorschrift am 01.05.1982 können die zu dieser Strafe Verurteilten eine Aussetzung des Strafrestes zur Bewährung bei der Strafvollstreckungskammer beantragen. Zuvor gab es nur den Weg einer Begnadigung, bei Lebenslangen zumeist durch den Ministerpräsidenten, in Einzelfällen auch den Bundespräsidenten.

Nach § 57 a Absatz 1 in Verbindung mit § 57 Abs. 1 Satz 1 Nr. 2 und 3 Strafgesetzbuch (StGB) setzt das Gericht die Vollstreckung des Restes einer lebenslangen Freiheitsstrafe unter drei Voraussetzungen zur Bewährung aus. Einmal muss der Gefangene einwilligen. Dies ist wohl das geringste Problem. Zweitens muss die Kriminalprognose positiv sein. Dritte Hürde ist, dass 15 Jahre der Strafe verbüßt sein müssen. Diese Mindestverbüßungszeit ist jedoch höher, wenn das Gericht, das gegen den Gefangenen die lebenslange Freiheitsstrafe ausgesprochen hat, bereits im Urteil zusätzlich eine besondere Schwere der Schuld festgestellt hat. Dann ist auch bei einer guten Kriminalprognose eine Entlassung nach 15 Jahren nur sehr selten möglich. Während meiner Dienstzeit in Diez kam es zu Mindestverbüßungszeiten von wenigstens 17 bis zu 20 und 25 Jahren. Bei einem Lebenslangen wurden wegen dreier Morde 30 Jahre festgesetzt. In einem einzigen Fall wurde während meiner Diezer Dienstzeit ein Gefangener, bei dem eine besondere Schuldschwere angenommen wurde, bereits sehr früh, nämlich nach 16 Jahren, entlassen.

Die Gerichte erkennen unter anderem auf eine besondere Schwere der Schuld, wenn mehrere Morde verübt und/oder mehrere Mordmerkmale verwirklicht wurden oder zusätzlich eine weitere erhebliche Straftat wie ein Raub begangen wurde.

Die grundsätzliche Entscheidung, dass eine besondere Schuldschwere vorliegt, muss bereits vom Gericht ausdrücklich im Urteil festgestellt werden. Ein anderes Gericht, die Strafvollstreckungskammer, prüft dagegen erst viel später, nämlich nach etwa 13 Jahren Haft, in welchem Umfang die besondere Schuldschwere die Haftzeit verlängert. Erst zu diesem späten Zeitpunkt erfährt der Gefangene präzise, wie lange er noch mindestens im Gefängnis bleiben muss. „Mindestens", denn hinzukommen muss wie bei jeder Entlassung auf Bewährung noch eine positive Kriminalprognose. Ein Lebenslanger, bei dem eine besondere Schuldschwere festgestellt wurde, lebt daher sehr lange in einem Schwebezustand.[25]

Insbesondere für Mord sieht das Strafgesetzbuch gemäß § 211 die lebenslange Freiheitsstrafe vor. Durchschnittlich 100 männliche Strafgefangene, die wegen dieses schwersten Tötungsdeliktes verurteilt worden, befinden sich in der für die männlichen Lebenslangen in Rheinland-Pfalz zuständigen Justizvollzugsanstalt Diez. Während meiner drei beruflichen Etappen in diesem Gefängnis bin ich ihnen insgesamt 16 Jahre begegnet und habe ihre Entwicklung begleitet. Einige wenige Lebenslange sind in anderen rheinland-pfälzischen Einrichtungen untergebracht.

Ein Mord unterscheidet sich von einem Totschlag ausschließlich dadurch, dass ein Mordmerkmal vorliegen muss.

Auf die Art des Vorsatzes kommt es nicht an. Es genügt daher bedingter Vorsatz. Dies bedeutet, dass der Täter den Tod eines Menschen *„billigend in Kauf nimmt"*, wie die Rechtsprechung es definiert.

§ 211 Satz 2 StGB benennt die Mordmerkmale: *„Mörder ist, wer aus Mordlust, zur Befriedigung des Geschlechtstriebs, aus Habgier oder sonst aus niedrigen Beweggründen, heimtückisch oder grausam oder mit gemeingefährlichen Mitteln oder um eine andere Straftat zu ermöglichen oder zu verdecken, einen Menschen tötet."* Die Straftaten können sich je nach Mordmerkmal erheblich unterscheiden. Die Strafe ist jedoch ausnahmslos lebenslang. Ein Mordmerkmal, gleich welches, genügt. Mit Ausnahme einer fehlenden oder verminderten Schuldfähigkeit dürfen sonstige unrechts- oder schuldmindernde Gesichtspunkte nicht vom Gericht berücksichtigt werden. Die gesetzliche Vorgabe einer lebenslangen Freiheitsstrafe für Mord lässt keine flexible Reaktion zu, die dem Einzelfall und der individuellen Schuld gerecht wird. Es gibt keinen Spielraum, keine Abstufungen bei der Strafzumessung. Eine Strafzumessung, die sich am Einzelfall orientiert, ist ausgeschlossen. Anders bei Totschlag, wo die Mindeststrafe 5, die Höchststrafe 15 Jahre beträgt. Lediglich in besonders schweren Fällen wird auch beim Totschlag eine lebenslange Freiheitsstrafe verhängt (§ 212 Abs. 2 StGB).

Ob Mord oder Totschlag vorliegt, kann auch vom Aussageverhalten eines Angeklagten vor Gericht abhängen. Ein Gefangener der JVA Diez wurde nur zu einer Freiheitsstrafe von 15 Jahren wegen Totschlags verurteilt, weil er konsequent die Aussage verweigerte. Er hatte seine Frau erwürgt. Die Beweislage ergab keinerlei Hinweise auf Mordmerkmale wie Heimtücke oder Habgier. Da ein konkretes Tatmotiv nicht nachweisbar war, blieb dem Gericht nichts anderes übrig, als den Täter wegen Totschlags zu verurteilen. Es blieb bei 15 Jahren. Dem intelligenten und gewandt auftretenden Mann, der eine fundierte Berufsausbildung vorweisen konnte, gelang es, den Kopf aus der Schlinge zu ziehen. Einer der Fälle, der zeigt, wie fließend die Grenze zwischen Mord und Totschlag sein kann.

Im Vergleich zu einer vollendeten Tat werden oftmals vergleichsweise milde Urteile bei einem Mordversuch gesprochen. Obwohl die Milderung beim Versuch einer Straftat gemäß 23 Absatz 2 StGB nicht zwingend ist, erfolgt sie doch in den meisten Fällen. Nicht selten ist das Überleben des Opfers ausschließlich von äußerst glücklichen Umständen abhängig. Wie bei dem Diezer Freigänger, der seinem Nebenbuhler in den Kopf schoss und mit gerade einmal sechs Jahren Freiheitsstrafe davonkam. Das Opfer überlebte mit viel Glück. Dagegen mussten drei Gefangene aus dem südeuropäischen Raum wegen eines gemeinschaftlich begangenen Raubmordes in der JVA Diez eine lebenslange Freiheitsstrafe verbüßen. Der Besitzer eines Restaurants wehrte sich, als die Täter seine Tageseinnahmen aus der Kasse an sich nehmen wollten. Einer der Räuber hatte eine Schusswaffe dabei und erschoss das Opfer. Lebenslang für alle. Mitgefangen, mitgehangen. Rechtlich gesehen musste es auch für die Nichtschützen lebenslang geben. Der Mittäter ist gleich dem Täter zu bestrafen. Bei den beiden Tätern, die nicht geschossen hatten, hatte man jedoch das Gefühl, dass das Lebenslang eine zu hohe Strafe war.

Eine Strafzumessung, die mehr den Einzelfall würdigt, wäre bei einem vollendeten Mord gerechter. Mit einer Mindest- und Höchststrafe, die der individuellen Schuld angemessenen ist, sowie der Möglichkeit einer bedingten Entlassung nach zwei Dritteln der Freiheitsstrafe. Nur auf diesem Weg könnte man dem Einzelfall in einem rechtsstaatlich unbedenklichen Verfahren Rechnung tragen.[26]

Auch das verfassungsrechtlich nach wie vor fragliche Verfahren bei der Feststellung einer besonderen Schuldschwere würde dann entfallen. Eine besondere Schwere der Schuld würde in solchen Fällen bereits mit dem Urteil beim Strafmaß berücksichtigt und müsste nicht mehr als ein Jahrzehnt später eigens von einem anderen Gericht ausdrücklich festgestellt werden. Es wäre dann nicht mehr wie bislang notwendig, dass die Strafvollstreckungskammer nach erst etwa 13 Jahren Haft die präzise Mindestverbüßungszeit festlegt. Die jahrelange zermürbende Unsicherheit eines Lebenslangen über die von ihm mindestens zu verbüßende Haftzeit entfiele. Ist die Kriminalprognose gut, erfolgt die Entlassung nach zwei Dritteln zur Bewährung. Bleibt sie ungünstig, verlässt der Gefangene die Anstalt erst nach vollständiger Verbüßung der zeitlichen Freiheitsstrafe.

Wie bei anderen schweren Delikten könnte das Gericht einer Gefährdung der Allgemeinheit durch besonders gefährliche Täter begegnen. Zusätzlich zur Freiheitsstrafe ordnet es dann bereits im Urteil die Sicherungsverwahrung an oder behält sich diese in nicht eindeutigen Fällen vor.[27] Dem Opferschutz würde daher auf diesem Wege Rechnung getragen werden.

Mir ist bewusst, dass eine zeitliche Freiheitsstrafe statt des Lebenslang derzeit in der Öffentlichkeit mehrheitlich kaum Akzeptanz erfahren würde. Wird in den Medien darüber berichtet, dass wegen eines Mordes eine lebenslange Freiheitsstrafe verhängt wurde, stellt sich beim Bürger das Gefühl ein, es sei damit die einzig gerechte Strafe verhängt worden. Die martialische Botschaft *Lebenslang* entspricht dem allgemeinen Gerechtigkeitsempfinden. Gerade in Zeiten wie den heutigen, in denen das Sicherheitsempfinden der Bevölkerung angesichts ungezählter Krisen erheblich abgenommen hat, möchte man wenigstens vor einem Mörder möglichst lange geschützt sein. Die fragwürdige Illusion soll aufrechterhalten werden, dass diejenigen, die scheinbar allein das Böse verkörpern, für immer weggesperrt sind. Es ist aber eine Illusion, weil Lebenslang im Durchschnitt 18,3 Jahre bedeutet. Dies gilt jedenfalls bei Gefangenen, deren Strafe gemäß § 57 StGB zur Bewährung ausgesetzt wurde (Sachstand 2022).[28]

Kapitel 20: Die Praline mit der Piemont-Kirsche und die Abschaffung der Pakete

Einem Gefangenen der JVA Diez schickte eine befreundete Person regelmäßig zur Weihnachtszeit einen Kasten Pralinen der Marke Mon Chérie zu, die auch außerhalb der Mauern sehr geschätzte Leckerei, gefüllt mit Weinbrand und der mysteriösen Piemont-Kirsche. Damals durften sich die Inhaftierten noch jährlich drei Pakete von Angehörigen oder anderen Bezugspersonen zusenden lassen. Das Höchstgewicht des Paketinhalts war festgelegt. Die Präsente enthielten überwiegend Nahrungs- und Genussmittel wie Süßigkeiten, Tabak und Kaffee. Eine Verwaltungsvorschrift gab vor, dass ein Gefangener zu Weihnachten ein Paket mit 5 Kilogramm empfangen durfte, zwei weitere mit einem Gewicht von jeweils 3 Kilogramm an Ostern und zu einem Zeitpunkt, den der Inhaftierte auswählen durfte. Zumeist war dies der Geburtstag. Inhaftierte, die nicht einer christlichen Glaubensgemeinschaft angehörten, durften für die Pakete andere Zeitpunkte bestimmen.

Der Bundesgesetzgeber, der damals noch für den Strafvollzug zuständig war, beabsichtigte mit dieser Regelung eine spürbare Erleichterung der Lebensführung des Gefangenen und eine Festigung seiner Beziehungen zu Außenstehenden getreu dem alten Sprichwort „Kleine Geschenke erhalten die Freundschaft".

Nachdem die gesetzgeberische Zuständigkeit für den Justizvollzug auf die Länder übergegangen war, wurde diese gutgemeinte bundesrechtliche Regelung in Rheinland-Pfalz abgeschafft, als 2013 das Landesstrafvollzugsgesetz in Kraft getreten war. Die anderen Bundesländer verfuhren ebenso. Man hatte hier neben dem organisatorischen in erster Linie den hohen Kontrollaufwand im Blick. Wegen der Jahr für Jahr größeren Drogenproblematik waren die in rauen Mengen eintrudelnden und nur schwer kontrollierbaren Pakete nicht mehr willkommen. Da sie von Privatpersonen stammten, war die Gefahr, dass illegale Drogen eingebracht wurden, groß. Die Kontrollen waren sehr personal- und zeitaufwendig und führten zudem nicht selten zu Konflikten. Zwar verfügen die Anstalten über eine technische Anlage, mit der Pakete durchleuchtet werden können. Die Geräte sind allerdings nicht in der Lage, verschiedene organische Stoffe wie zum Beispiel Nussstückchen in einem Müsliriegel von einem Drogenklumpen zu unterscheiden. Ein Mann aus dem osteuropäischen Raum ließ sich beispielsweise geräucherten Fisch zuschicken. Der Fisch war regelrecht mit illegalen Drogen vollgestopft. Daher musste der Paketinhalt zusätzlich zum Röntgen stichprobenartig mit mitunter recht brachialen Methoden kontrolliert werden. Mancher Süßigkeitsriegel oder auch die ein oder andere Wurst wurde gnadenlos mit einem Messer durchtrennt, um sich das jeweilige Corpus Delicti näher anzuschauen. Dass die Zerkleinerung der Waren auf das Missfallen der Gefangenen stieß, überrascht nicht. Zweifellos hatten die Sicherheitskontrollen zudem ihre Grenzen.

So fiel dieses dreimal jährlich zugelassene Bonbon für die Gefangenen weg, ohne dass der Gesetzgeber an einen Ausgleich gedacht hatte. Zum Beispiel hätte man statt der Jahrespakete dreimal jährlich die Überweisung eines zweckgebundenen Geldbetrages für einen zusätzlichen Einkauf von Nahrungs- und Genussmitteln beim Anstaltskaufmann gestatten können. So blieb es dabei, dass den Gefangenen ein Stück des ohnehin kärglichen Lebensstandards genommen wurde. Insbesondere bedürftigen Inhaftierte, die ausschließlich ein Taschengeld in Höhe von etwas mehr als 40 Euro erhalten, ist zu wünschen, dass die Landesgesetzgeber dies irgendwann zu Gunsten der Gefangenen korrigieren und einen adäquaten Ausgleich finden.

Von der Abschaffung der drei Jahrespakete waren alle Gefangenen betroffen, somit auch diejenigen, bei denen keine Drogenproblematik besteht oder die wegen Drogendelikten vorbestraft sind. Erfahrungsgemäß lassen sich auch unproblematische Inhaftierte unter Druck nötigen, sich an der Beschaffung von Drogen zu beteiligen. Daher wäre derzeit eine differenzierte Paketregelung kaum umsetzbar, solange die meisten Gefangenen des geschlossenen Vollzuges dort buntgemischt untergebracht sind. Die neuerliche Zulassung der drei Jahrespakete würde voraussetzen, dass man im geschlossenen Vollzug Gefangene ohne Drogenproblematik von Inhaftierten mit einem Drogenhintergrund trennt. Man müsste sie in separaten Haftbereichen beziehungsweise möglichst sogar in unterschiedlichen Einrichtungen unterbringen.

Der inhaftierte Freund der Piemont-Kirsche hatte keine Genehmigung für das Paket eingeholt, wohlwissend, dass der Konsum von Alkohol in jedweder Form in den Gefängnissen unerwünscht ist. Zwar wusste der Leiter der Kammer, dass Gefangene keinen Alkohol besitzen dürfen. Dennoch übergab er dem Inhaftierten mit väterlicher Großzügigkeit drei der kleinen Leckereien zum sofortigen Verzehr. Dem Mitarbeiter war außerdem bekannt, dass der Gefangene die Anstalt mit Eingaben und Rechtsbehelfen beschäftigte. Er wollte mit seinem pragmatischen Vorgehen den Vollzugsabteilungsleitern, die gerade in der Diezer Langstrafenanstalt übermäßig mit Verwaltungsarbeit gequält wurden, einen kollegialen Gefallen tun.

Als nach einiger Zeit erneut ein Paket eingetroffen war, gab sich der Gefangene nicht mehr mit den drei Pralinen zufrieden. Er verlangte – allerdings zunächst ohne Erfolg –

die Herausgabe des restlichen Packungsinhaltes. Schließlich habe er nie Probleme mit Alkohol gehabt, lautete seine Begründung. Der Vollzugsabteilungsleiter argumentierte dagegen, der Konsum von Alkohol sei in der Justizvollzugsanstalt untersagt, da viele Gefangenen von legalen oder illegalen Drogen abhängig seien. Es sei nicht auszuschließen, dass der Paketempfänger Pralinen weitergebe oder Handel mit ihnen treibe. Dadurch sei die Resozialisierung von anderen Gefangenen gefährdet. Viele hätten unter Alkoholeinfluss oder illegalen Drogen stehend Straftaten begangen. Der verhinderte Pralinenbesitzer wandte sich daraufhin an das für solche Meinungsverschiedenheiten zuständige Gericht, die Strafvollstreckungskammer Diez. Der damals noch sehr junge Richter kam zu einem für die Vollzugspraktiker überraschenden Ergebnis. Er führte in seinem Beschluss aus, der großzügige Beamte habe aufgrund der Aushändigung der drei Mon Chéri einen Vertrauensschutz zugunsten des Gefangenen begründet. Somit sei ihm auch der beachtliche Rest auszuhändigen. Der Inhaftierte erhielt die Pralinen daraufhin in Etappen. Er hatte allerdings einen Pyrrhussieg errungen, denn nun wurde ihm der Empfang der Mon-Chéri-Pakete für die Zukunft untersagt.

Kapitel 21: Der alte Lebenslange und der Brief der Staatsanwaltschaft

Das Lesen der Eingangspost gehörte zu meinen täglichen Aufgaben. Diesmal war ich etwas spät dran. Gegen 11.30 Uhr lag die schon etwas abgegriffene schwarze Mappe mit der üblichen Papierflut auf meinem Schreibtisch. Um Zeit zu sparen, überflog ich vieles nur oberflächlich. Schriftstücke, bei denen ich den Eindruck hatte, mich genauer damit beschäftigen zu müssen, widmete ich mehr Aufmerksamkeit.

An diesem Vormittag fiel mir ein Schreiben der Staatsanwaltschaft ins Auge, dem der Brief eines Gefangenen beigefügt war. Eine halbwegs leserliche Schrift ohne charakteristische Merkmale. Von einem Mann, der vorher nicht häufig zur Feder gegriffen hatte. Bei dem Verfasser handelte es sich um einen älteren Lebenslangen, der uns anhaltend mit Beschwerdeschreiben beschäftigte. Mal schoss er seine Pfeile gegen die Anstalt, ein anderes Mal zielte er auf das Justizministerium. Ab und zu wandte er sich an den rheinland-pfälzischen Bürgerbeauftragten. *„Ach, diesmal ist es der Abwechslung halber die Staatsanwaltschaft Koblenz"*, murmelte ich ein wenig genervt mit bemühter Gelassenheit vor mich hin. Die handschriftlich gefertigten Pamphlete waren stets regelrecht gespickt mit Beschimpfungen und oft auch übelsten Beleidigungen. Gerne bezeichnete er die Gefängnismitarbeiter als Nazi-Schergen. Der Gefangene hatte die lebenslange Freiheitsstrafe erst im Alter von etwa 65 Jahren angetreten. Opfer war seine Ehefrau. Er hatte sie aus einem nichtigen Anlass getötet. Offenbar haderte der Inhaftierte weniger mit dem Schicksal seiner ermordeten Partnerin als mit dem eigenen. Angesichts seines fortgeschrittenen Alters rechnete er damit, bis zum Lebensende im Gefängnis bleiben zu müssen. Diese Perspektive machte ihn verbittert und aggressiv. Mit den Schreiben reagierte er sich ab. Er behauptete zwar nicht, dass er unschuldig sei. Jedoch hielt er das „Lebenslang" für zu hoch und deshalb ungerecht. Schließlich – so seine Auffassung – habe er ja im Affekt gehandelt und daher nur einen Totschlag und keinen Mord begangen. Er verstand die Wertung der Richter nicht, die das Mordmerkmal der Heimtücke bejahen mussten. Das bedeutet nach der Rechtsprechung, dass der Täter „unter Ausnutzung der Arg- und Wehrlosigkeit in feindseliger Willensrichtung" getötet hat. Eine der üblichen sperrigen Juristendefinitionen, die ich mir während meines Studiums eintrichtern musste. Der mürrische Lebenslange hatte seine Frau ohne Vorwarnung von hinten erschossen. Ein klarer Heimtückefall also. Aus der Sicht des Gefangenen war die allzu strenge Justitia die Böse. Da wir dazugehörten, waren wir ein Teil seines Feindbildes. Mit der Straftat und seiner Schuld beschäftigte sich der Inhaftierte dagegen kaum. Je älter ein Mensch wird, umso weniger ist er in der Lage und bereit, sich zu ändern, noch weniger sich mit persönlichem Versagen und Gründen für das Scheitern seines Lebensentwurfes zu beschäftigen. Alte Sünden werfen lange Schatten, vor denen man nicht weglaufen kann. Ebenso wie der betagte Häftling versuchen manche Inhaftierte den Blick von den dunklen Flecken ihres Lebens abzuwenden. Verdrängte Aggressionen gegen die eigene Person werden nach außen auf andere Menschen oder Institutionen wie die Justiz verlagert. Der Strafvollzug und seine Repräsentanten werden zur Zielscheibe. Die Mitarbeiter, die ihnen Tag für Tag das hinter Mauern eingezwängte Leben vermeintlich absichtlich schwermachen. Schon ein allzu pampig geratener Kartoffelbrei kann Stein des Anstoßes und Gegenstand einer wütenden Beschwerde werden. Gegen den Küchenbeamten, der für die misslungene Beilage verantwortlich war, als habe der Koch speziell ihn im

Visier gehabt, als er die breiige Masse anrührte. Wenn man mit dem Stift in der Hand auf den Schreibblock schaut, kann man nicht zugleich in den Spiegel blicken und womöglich vor sich selbst erschrecken. In der JVA Diez mit ihren langen Freiheitsstrafen waren es vor allem Gewalttäter, die ein Ventil für ihre Aggressionen suchten. Oft handelte es sich nur um eine Handvoll Hobbyschriftsteller, die für mehr als die Hälfte des Beschwerdeaufkommens sorgten. Das Schreiben von Eingaben als Verdrängungsmethode ist auf Dauer auch für die Verfasser ein anstrengendes Unterfangen, das viel Energie bindet. Überwiegend legt sich die Aktivität nach einigen Jahren. Selten hält dies jemand bis zum Entlassungsende durch. Manchmal atmet ein Mitarbeiter, der für einen Gefangenen mit querulatorischen Neigungen zuständig ist, auf, wenn dieser entlassen wird. Wie beim Fußball sitzen jedoch stets einige Ersatzspieler auf der Bank, jederzeit bereit, sich selbst einzuwechseln.

So überflog ich den Brief des Gefangenen in der Erwartung, die üblichen Schimpfkanonaden zu finden. Ich hatte es mir angewöhnt, trotz des oberflächlichen Lesens auf bestimmte Reizworte zu achten. Alarmsignale, auf die ich reagieren musste. Am Ende des Schreibens, das die üblichen Beleidigungen und Drohungen enthielt, fiel mir ein Satz ins Auge. Er versetzte mich zum auslaufenden Vormittag, als sich bereits die Mittagspause mit Riesenschritten ankündigte, in Habachtstellung.

„Wenn sich nicht bald etwas ändert, hänge ich mich auf“, war die unmissverständliche Botschaft des Lebenslangen. Mir fiel auf, dass das Datum des Briefes bereits vierzehn Tage alt war. Die Staatsanwaltschaft hatte die Beschwerde offenbar nicht sonderlich ernst genommen. Man ging wohl davon aus, das Schreiben des grantelnden Inhaftierten diene wie immer dazu, seiner Verbitterung Luft zu machen.

Die Ankündigung des Gefangenen erzeugte bei mir dennoch ein mulmiges Gefühl, das ich nicht recht einordnen konnte. Ich spürte, wie so oft während meines Berufslebens, dass sich irgendetwas Bedrohliches zusammenbraute, dem ich zu begegnen hatte. Vielleicht hatte der ältere Gefangene eine negative Bilanz seines Lebens gezogen und ernsthaft seinen Suizid angekündigt? Während meiner Diezer Dienstzeit nahm sich jährlich durchschnittlich ein Inhaftierter das Leben. Eine traurige Statistik. Mehr als die Hälfte dieser verzweifelten Menschen hatte eine lebenslange Freiheitsstrafe zu verbüßen.

Ich nahm mir vor, baldmöglichst den zuständigen Psychologen zu informieren. Anschließend wollte ich das Gespräch mit dem Gefangenen suchen, um mir selbst ein Bild von ihm zu machen. Bislang war ich ihm noch nicht begegnet. Üblicherweise führte ich in der JVA Diez mit jedem neu in die Anstalt gekommenen Häftling ein sogenanntes Zugangsgespräch in den ersten Hafttagen. In einer Anstalt ist es von Vorteil, wenn der Leiter seinen Laden wie seine Westentasche kennt. Die Gefangenen wie auch die Mitarbeiter. Doch war mir der ältere Lebenslange kein Begriff. Er war in das Diezer Gefängnis gekommen, als ich noch als Anstaltsleiter in der JVA Koblenz tätig war.

Etwa eine halbe Stunde war seit dem Lesen des Briefes vergangen und die Mittagspause näherte sich. Unmittelbar danach wollte ich den Mitarbeiter des psychologischen Dienstes informieren und mich nach der psychischen Verfassung des Gefangenen erkundigen. Doch gegen 12.30 Uhr schreckte mich das hohe dröhnende Geräusch der Alarmsirene auf. Irgendetwas war im Hafthaus geschehen. Ich wartete eine halbe Minute, ging dann aber zur Zentrale, dem optischen Mittelpunkt der Anstalt. Von dort aus kann man die drei sternförmig abzweigenden Hafthausflügel einsehen, wo die meisten Gefangenen untergebracht sind. An diesem Platz hält sich der Schichtleiter auf, bei dem im Alarmfall die Fäden zusammenlaufen. Schrillt die Sirene auf, hallen die Schritte der zur Zentrale eilenden Mitarbeiter des allgemeinen Verzugsdienstes über die Flure. Ich entdeckte im Erdgeschoss einen auf dem Boden liegenden Gefangenen, um den sich zwei Sanitätsbeamte bemühten. Der Mann war offenbar von einem der oberen Geschosse nach unten gesprungen, um seinem Leben ein Ende zu setzen. Trotz der Fangnetze, die man bereits vor vielen Jahren zwischen die Galeriegänge gespannt hatte, die an den Zellen vorbeiführten, hatte er eine Lücke gefunden. Dem recht beleibten Mann war es gelungen, auf ein Geländer zu klettern, um sich dann durch einen Spalt zwischen Netz und Treppenhaus fallen zu lassen. Ich erkannte mit Schrecken den Gefangenen, dessen Brief ich gerade vor etwa einer Stunde gelesen hatte. Seine Drohung hatte er ernst gemeint. Glücklicherweise hatte er sich bei dem Sprung nur wenig verletzt. Er war flach auf dem Boden mit einem dumpfen Geräusch aufgeschlagen, sodass es bei Prellungen und einer Gehirnerschütterung geblieben war. Seit diesem Tag habe ich ausnahmslos sofort gehandelt und keine einzige Minute mehr zugewartet, wenn es alarmierende Hinweise auf Gefährdungslagen gab, seien es Suizidankündigungen, Anhaltspunkte für Ausbruchsplanungen oder andere vergleichbare Situationen. Dem ein oder anderen Mitarbeiter erschien dies bisweilen zu hektisch bis zur Grenze des Aktivismus. Doch sollte mein zögerliches oder sorgloses Vorgehen nicht schuld daran sein, dass Menschen zu Schaden kommen oder sich andere Gefahren verwirklichen.

Der Gefangene fing sich im Laufe der Zeit wieder und gelangte schließlich auch in den offenen Vollzug. Als er bereits auf das 80. Lebensjahr zuging, rutschte er erneut in ein seelisches Tief. Er versuchte, sich im Wasser der Lahn das Leben zu nehmen, die unweit der Außenmauer dahinfloss. Bei Hochwasser drängte der Fluss sich manchmal einige Meter unter der Mauer durch. Offenbar war der Gefangene sich seines Entschlusses nicht so ganz sicher, denn er trieb in Rückenlage an der Oberfläche des Gewässers, als ein Spaziergänger ihn entdeckte und noch rechtzeitig genug die Polizei informieren konnte. Der Gefangene konnte gerettet werden. Gelegentlich begegnete ich dem alten Mann, der später entlassen wurde, im Freigängerhaus. Dort saß er häufig im Flur des Gebäudes. Ähnlich wie dies in Seniorenheimen der Fall ist, wenn Bewohner nur noch eingeschränkt mobil sind und möglichst viel vom Tagesgeschehen mitbekommen möchten. Bei meinen gelegentlichen Besuchen im Freigängerhaus entwickelte sich stets ein kurzes Gespräch. Auf meine Frage *„Und? Wie geht's?"* grinste der Senior, der sich offenbar freute, von mir angesprochen zu werden, und antwortete zumeist mit: *„Muss ja."* Oft genügt es einem Menschen, wenn er mit wenigen Worten und einem freundlichen Blick erfährt, dass er noch wahrgenommen wird. Notwendige Wertschätzung. Auch und gerade im Gefängnis.

Kapitel 22: Was das Mainzer Gutenbergdenkmal mit dem Diezer Zuchthaus im früheren Grafenschloss zu tun hat und die Haftbedingungen im 19. Jahrhundert

An zentraler Stelle in Mainz befindet sich seit 1837 das Denkmal des größten Sohnes der Stadt, wie es gerne formuliert wird. Gemeint ist Johannes Gutenberg, der Erfinder der Buchdruckkunst mit beweglichen Lettern. Der dänische Künstler Thorvaldsen gestaltete ein imposantes Bronzedenkmal für ihn. Der Sockel wurde aus dem sogenannten Lahnmarmor im Diezer Zucht- und Arbeitshaus gefertigt.[29] Über dem mittelalterlichen Städtchen Diez thront noch heute die ausgezeichnet erhaltene Höhenburg, das Grafenschloss Diez, heute Jugendherberge und Museum. 1785 wurde dort das Zucht- und Arbeitshaus in Betrieb genommen. Ab 1811 handelte es sich ausschließlich noch um ein Zuchthaus für Straftäter, während dort zuvor auch sogenannte Polizeigefangene zwangsweise untergebracht waren. Hierzu zählte man Bettler, Landstreicher und als *arbeitsscheu* betrachtete Menschen. Das Diezer Zuchthaus wurde zunächst bis 1927 genutzt, obwohl bereits 1912 das neue Preußische Zentralgefängnis Freiendiez – heute Justizvollzugsanstalt Diez – fertiggestellt war. Nach dem Zweiten Weltkrieg wurde die Burg ein letztes Mal als Haftanstalt genutzt. Bis 1949 wurde dort ein Frauengefängnis von der Verwaltung der französischen Besatzungszone betrieben.[30]

Eigentlich handelt es sich bei Lahnmarmor nicht um echten Marmor, sondern nur um polierbaren Kalkstein mit einer marmorähnlichen Struktur. Als Lahnmarmor wird die Gesteinsart bezeichnet, weil die Steinbrüche im Umkreis des Flusses Lahn lagen. So war zum Beispiel der kleine, an der Lahn gelegene Marktflecken Villmar ein Zentrum des Marmoranbaus, wovon dort noch ein Museum kündet.

In der Diezer Zuchthausburg wurde eine Marmorschleiferei eingerichtet, in der die Inhaftierten arbeiten mussten.[31] 1811 wurde das Zucht- und Arbeitshaus in Weilburg aufgelöst. Die Marmorfabrik, die dort betrieben wurde, wurde in die Diezer Burg verlegt.[32] Sie erlangte hierdurch eine marktbeherrschende Stellung im Lahnmarmorgewerbe.[33] Das Material wurde aus einem Steinbruch am Rand von Diez bezogen. Die großen Steinblöcke wurden von Gefangenen aus den Felsen herausgelöst. Unter Anleitung von freien Steinmetzmeistern wurde das Material im Burghof von den Häftlingen weiterverarbeitet.[34] Der Staub, der beim Schleifen entstand, belastete die Gesundheit der Häftlinge sehr.

Daneben gab es noch eine Wollspinnerei, die jedoch unwirtschaftlich war und eine untergeordnete Rolle bei der Beschäftigung der Gefangenen besaß. Auch bei diesem Gewerbe handelte es sich um eine äußerst ungesunde Arbeit, die zu Erkrankungen der Lunge und schweren Hautausschlägen führte. Neben der stickigen und feuchten Luft war die Behandlung der Wolle mit ranzigem Öl hierfür ursächlich. Zudem wurden die Fenster des Zucht- und Arbeitshauses fast immer geschlossen gehalten.[35]

Die allgemeine Sterblichkeit der Diezer Gefangenen betrug schätzungsweise zwischen 5 bis 10 %, wenn man sich an den Zahlen anderer deutscher Einrichtungen Anfang des 19. Jahrhunderts orientiert.[36] Die Todesrate basierte auf den ungünstigen Arbeitsbedingungen und den Haftumständen. In Diez standen für ca. 40 Gefangene nur 16 Zellen zur Verfügung, von denen lediglich die Hälfte einschließlich der Krankenstube beheizbar war. Bei zwei weiteren heizbaren Zellen handelte es sich um Arbeitsräume.[37]

Eine für die Biedermeierzeit charakteristische Verniedlichung der harten Zuchthausbedingungen kommt in dem 1837 von Ludwig Fay gemalten Aquarell zum Ausdruck (Archiv des Hessischen Landesmuseums Wiesbaden). Unter einem blauen mit weißen Wolken verzierten Himmel sieht man zweifarbig gewandete Häftlinge. Die Farben Orange und Blau findet man im Wappen des Herzogtums Nassau, zu dem das Diezer Zuchthaus damals gehörte. Einige Gefangene auf dem Gemälde arbeiten für die Marmorfabrik, andere scheinen nur durch den mittelalterlichen Burghof zu spazieren. Lässig hängt bei manchen Gefangenen die am Fuß festgeschmiedete Kette mit der Eisenkugel über der Schulter. Im Burgmuseum ist noch ein Exemplar der Fessel zu besichtigen. Uniformierte Gardisten und der Unteroffizier stehen mehr oder weniger aufmerksam im Hof. Auch eine Besuchergruppe mit zwei Damen und einem Herrn, allesamt wie vornehme Bürger in der Mode der Biedermeierzeit gekleidet, ist zu sehen. Sie flanieren wie bei einem Sonntagsspaziergang an den Inhaftierten vorbei.

Doch war die Realität in der Gefängnisburg weniger beschaulich. In einer 1821 erlassenen Hausordnung für die „Zuchtanstalt zu Diez", wie es damals hieß, gab es gemäß § 18 folgende Regelung:[38]

„Nach vollzogener Untersuchung wird dem Züchtling die (...) vorgeschriebene Kleidung angelegt und, wenn er von männlichem Geschlecht ist, eine Kette an seinem Fuß befestigt, bei deren andern Ende eine eiserne Kugel befestigt wird."

Der Strafzweck der Vergeltung war in der Geschichte der Justiz nach Ablösungen der Körper- und Leibstrafen durch die Freiheitsstrafen noch viele Jahre in anderer Form präsent. Im 18. und zum Teil auch 19. Jahrhundert gab es in vielen Gefängnissen noch das sogenannte Willkommen, die „Begrüßung“ des Gefangenen am ersten Hafttag, bei der er ausgepeitscht wurde. Kurz vor der Eröffnung der Zuchthausburg im Jahre 1784 hatte die Regierung des Fürstentums Nassau-Weilburg die Justizkanzlei angewiesen, in den Einweisungsverfügungen unbedingt jedes Mal anzugeben, „ob und in welchem Maße das sogenannte Willkommen und der Abschied mit der Peitsche, geschärft oder gemäßigt“, verabreicht und ob dem Delinquenten Fußeisen oder Fußhölzer angelegt werden sollen.[39]

Der bronzene Gutenberg stellte seinen linken Fuß ein wenig über den Rand des Zuchthaussockels, als wolle er von dem Sockel heruntersteigen, nachdem er erfahren hatte, unter welchen Bedingungen sein Podest hergestellt wurde.

Kapitel 23: Wenn Mitarbeiter des Justizministeriums in die Gefängnisse kommen

Mitunter führt es zu Schwierigkeiten, wenn Menschen miteinander sprechen. Gerade in Partnerbeziehungen kann dies nachteilig sein, wie lebenserfahrene Personen bestätigen werden. Aber auch die Alternative, beharrlich zu schweigen, ist nicht geeignet, um Konflikten vorzubeugen. Gerade in Justizvollzugsanstalten nehmen Menschen – Gefangene wie Mitarbeiter – Gesprochenes oft sehr sensibel wahr. Hinter Gittern gibt es unzählige Fettnäpfchen, die man angesichts der räumlichen Enge einer Justizvollzugsanstalt nur mit Mühe umgehen kann. Zumeist ist der gute Wille vorhanden, seine Mitmenschen nicht unnötig zu verletzen. Bekanntlich ist „gut gemeint" nicht immer „gut gemacht". Selbst Vertreter des Justizministeriums können hier an ihre Grenzen stoßen. Die regelmäßigen Besuche eines dieser Beamten, des sogenannten Bezugsreferenten der JVA, gehörten zu den jährlichen Highlights im Alltag des Anstaltsleiters. Der ansonsten in Mainz residierende Mitarbeiter der Aufsichtsbehörde soll sich regelmäßig ein Bild von Funktionsfähigkeit der Einrichtung machen. Zugleich sollte er die Anstalt bei der Wahrnehmung ihrer Aufgaben unterstützen. Lange Zeit beehrten die Mainzer Beamten die Gefängnisse überwiegend ohne Vorwarnung des Anstaltsleiters, der mitunter recht überrascht reagierte. Eines friedlichen Morgens saß ich gemütlich an meinem Schreibtisch. Die erste Tasse Kaffee dampfte vor sich hin, mein Gehirn fing gemächlich an zu arbeiten. Mit Störungen rechnete ich noch nicht. Meine Aufwachphase wurde jedoch jäh unterbrochen, als der Pfortenbeamte anrief und mir kurz und ein wenig süffisant mitteilte: *„Das Ministerium ist da."* Ich antwortete spontan: *„Wir geben nichts."* Ich ging dem Beamten der Aufsichtsbehörde im Flur entgegen, um ihn und seinen Mitarbeiter zu begrüßen. Der durchaus humorvolle und freundliche Vertreter des Justizministeriums lächelte mir nicht wie ansonsten zu. Vielmehr zeigte er ein breites Grinsen, bei dem die Mundwinkel nahezu die Ohrläppchen berührten. Ich bin mir sicher, dass der Pfortenbeamte für diese Mimik gesorgt hat, indem er meine etwas dämliche Bemerkung weitergegeben hat, die manche Menschen schroff Spendensammlern entgegenschleudern.

Zu den Bereichen, die der Mitarbeiter des Ministeriums gemeinsam mit mir und meinem Begleiter, dem Vollzugsdienstleiter, betrat, gehörte auch der Sanitätstrakt. Der Beamte der Aufsichtsbehörde sprach dort wie üblich alle im Lazarett untergebrachten Gefangenen an und erkundigte sich nach deren Befinden. Er formulierte gerne auch einmal locker und flapsig, um den Gefangenen die Befangenheit zu nehmen. Den meisten Inhaftierten gefiel dies, sodass sie bereitwillig Auskunft gaben. Einen etwas älteren Mann fragte er: *„Na, wie läuft's?"* Der Gefangene antwortete treuherzig: *„So weit ganz gut. Ich hab' halt dess Problem beim Wasserlasse. Die Prostata halt. Mer werd' net jünger."* Somit lief es im wahrsten Sinne des Wortes eben nicht so gut. Die Beamten der Anstalt, die den Mitarbeiter des Ministeriums begleiteten, hatten größte Mühe zu verhindern, dass ihre Gesichtszüge entglitten.

Die von einer gewissen Väterlichkeit geprägten Umgangsformen des ministerialen Besuchers stießen allerdings nicht ausnahmslos auf die Gegenliebe der Inhaftierten. Bei einem Rundgang durch die Hafträume traf er einen Mann an, der sich ein illegales Einkommen durch den Handel mit Drogen gesucht hatte und nun mit anhaltendem Missmut seine Freiheitsstrafe verbüßte. Er besaß während der Zeit seiner kriminellen Aktivität ein luxuriöses Fahrzeug einer bayrischen Automarke. Zu seinem Leidwesen hatte es die Justiz eingezogen und ließ es als Dienstfahrzeug nutzen. Das Auto besaß präparierte Hohlräume, die als Drogenversteck dienten. Ein Mitglied der Anstaltsleitung äußerte mir gegenüber einmal hämisch grinsend: *„Wenn der Gefangene wüsste, dass jetzt Beamte mit seiner Karre durch die Gegend fahren ...“*

Der Mitarbeiter des Ministeriums versuchte vergebens, ein Gespräch mit dem ehemaligen Fahrzeugeigentümer zu führen. Der Gefangene saß auf seinem Bett, hielt eine Müslischale in der Hand und verspeiste schmatzend deren Inhalt. Den Fragesteller würdigte er dagegen keines Blickes. Unverrichteter Dinge verließ die Beamtengruppe wieder das Refugium des abweisenden Gefangenen.

Der Bezugsreferent aus der Landeshauptstadt gab allen Gefangenen der JVA Diez, die sich bei ihm vorgemeldet hatten, Gelegenheit, ihr Anliegen vorzutragen. Er tat dies mit einer himmlischen Geduld, die bisweilen den Beginn meines Feierabends ein wenig verzögerte. Mit den Gefangenen kommunizierte er klar und deutlich. Die meisten gaben sich damit zufrieden. Naturgemäß aber nicht alle. Ein Inhaftierter, der eine lebenslange Freiheitsstrafe verbüßte, erschien regelmäßig in der Sprechstunde des Ministerialbeamten und beschwerte sich unter anderem darüber, dass eine bestimmte Bohnensorte seines Heimatlandes noch immer nicht vom Anstaltskaufmann angeboten werde. In seinen Wortbeiträgen holte der Gefahrene in einem ermüdenden Umfang aus. Irgendwann wurde es auch dem geduldigen Mitarbeiter des Ministeriums zu viel. Bei späteren Besuchen der Anstalt zog er stets seine Armbanduhr aus, bevor der Gefangene den Besprechungsraum betrat, und legte sie demonstrativ auf den Tisch. Bevor der Gefangene den ersten Satz gesprochen hatte, sagte sein Zuhörer: *„Herr (...), Sie haben 10 Minuten Zeit.“* Dann lehnte sich der Beamte in seinem Stuhl weit zurück, als wolle er es sich angesichts des anstrengenden Vortrags des Inhaftierten möglichst gemütlich machen. Hatte der Gefangene die zeitliche Audienzgrenze erreicht, wurde das Gespräch konsequent abgebrochen. Doch auch beim Hinausgehen beendete der Inhaftierte nicht seinen Redefluss. Ich hatte den Eindruck, die Besuche des Ministerialbeamten waren für den Gefangenen ein Spielchen mit Unterhaltungswert. Es war zu vermuten, dass er sich bei den Mitinhaftierten mit seinen Sprechstundenerlebnissen brüstete.

Einen anderen Lebenslangen erlebte der Bedienstete des Ministeriums in der Sprechstunde als äußerst aggressiv. Nachdem der Gefangene sein Anliegen vorgetragen hatte, an dessen Thema ich mich nicht mehr erinnern kann, gab der Ministerialbeamte dem Inhaftierten eine Auskunft, die ihn offenbar nicht zufriedenstellte. Wütend schmiss der Häftling hierauf seinen mitgebrachten Kugelschreiber mit einer solchen Wucht auf die Tischplatte, dass er nahezu einen Meter in die Luft sprang. Er verbüßte die lebenslange Freiheitsstrafe wegen Mordes und hatte bereits einen Mitarbeiter angegriffen und zusammengeschlagen. Das schnelle Eingreifen eines Kollegen, der damals Ausbilder für Selbstverteidigung war, konnte Schlimmeres verhindern.

Viele Jahre zuvor hatte ein Vertreter des Justizministeriums bei einer Anstaltsrevision ein unangenehmes Erlebnis. Ein Gefangener hatte sich offenbar auf den ministerialen Besuch eingestellt und war entsprechend vorbereitet. Ihm war nicht daran gelegen, ein Gespräch mit dem Beamten zu führen. Als dieser den Haftraum betreten wollte, stand bereits der Häftling mit einem gut gefüllten Eimer vor ihm und übergoss ihn kräftig mit einem Schwall Wasser. Später wandelte sich die für den Betroffenen unerfreuliche Begegnung mit dem Inhaftierten zu einer Anekdote um, die in vertrauter Runde gerne erzählt wurde. Es ist nicht auszuschließen, dass ein wenig Schadenfreude mitschwang, musste der Ministerialbeamte doch auch einmal erfahren, dass die Arbeit an der Front der Justiz kein Zuckerschlecken ist.

Während meiner Dienstzeit in der JVA Koblenz um die Jahrtausendwende beehrte mich ein Bezugsreferent des Ministeriums, der seine Revisionsbesuche stets knackig kurzhielt. Manchmal sprachen wir auch über Themen, die nichts mit dem Gefängnis zu tun hatten, wie zum Beispiel Gartenarbeit, Autos und Fußball. Aufgrund seiner mir ebenfalls nicht fremden Interessengebiete war es ein Leichtes, ihn von seiner eigentlichen Aufgabe abzulenken. Gelegentlich bemühte er sich fürsorglich, meinen Bildungsstand zu verbessern. So hatte er festgestellt, dass mir das literarische Meisterwerk „Mümmelmann" unbekannt war. Der Dichter Hermann Löns beschreibt den Hasen Mümmelmann, der auf einer Treibjagd den Jäger durch geschicktes Hakenschlagen schier zur Verzweiflung bringt, sodass er versehentlich statt des Hasen einen Jagdgenossen erlegt. Wie der Ministerialbeamte auf dieses Thema kam, erinnere ich nicht mehr. Vielleicht hat er sich mit dem verzweifelten Jäger identifiziert. Ich hoffe, dass er mich nicht in der Rolle des Hasen sah, der sich vor Blattschüssen ministerialer Jäger in Acht nehmen musste. Da ich dem Vorgesetzten gegenüber bezweifelte, dass es die literarische Figur des Mümmelmanns gibt, sandte der Beamte der Aufsichtsbehörde mir alsbald einen Textauszug zu.

Ebendieser Bedienstete bewies seine positive Grundeinstellung gegenüber den Anstaltsbediensteten durch kleine Zuwendungen in Form von Eukalyptusbonbons. Stets führte er eine Tüte mit den Rachenputzern mit sich. Mehrfach an einem Revisionstag bot er mir jeweils mindestens zwei

Bonbons an, die ich höflich annahm, ein Exemplar in den Mund und das zweite als Reserve in die Hosentasche steckte. Vielleicht wollte er mich so zum Schweigen bringen oder jedenfalls seine Gesprächsanteile vergrößern.

Dass Revisionsbesuche von Mitarbeitern des Ministeriums auch eine besondere Bedeutung für die uniformierten Mitarbeiter des allgemeinen Vollzugsdienstes besitzen, wurde mir bei einem eher traurigen Anlass deutlich. Vor dem Begräbnis eines ehemaligen Kollegen standen viele aktive Mitarbeiter und Ruheständler vor der Trauerhalle. Der damals für den Arbeitsschutz zuständige Kollege, der mit einer gesunden Portion Humor ausgestattet war, sprach unvermittelt einen älteren Pensionär an: *„Ich soll dich freundlich von Herrn (...) grüßen."* Der vorher noch neutrale Gesichtsausdruck des Ruheständlers verwandelte sich in eine missmutige Grimasse. Es entfuhr ihm ein an Deutlichkeit nicht zu überbietender Satz, mit dem er zum Ausdruck brachte, dass er nicht unbedingt an diesen Mitarbeiter aus Mainz erinnert werden wollte. Hintergrund dieser Szene war, dass der Vertreter des Ministeriums vor vielen Jahren einmal die Diezer Anstaltsgärtnerei besucht hatte. Dort bemühte er sich, einen Eindruck von der Wirtschaftlichkeit der Betriebsführung zu erhalten. Als Besitzer eines kleinen Hausgartens war er sich sicher, das notwendige Fachwissen zu besitzen. Stichprobenartig wühlte er maulwurfgleich in den Büchern dieses Betriebs und stieß auf einen eklatanten Widerspruch. Die Mitarbeiter der Gärtnerei kauften Setzlinge ein, die sich in der Nähe der Gefängnismauern zu ausgewachsenen Pflanzen entwickeln sollten. Nach meiner Erinnerung ging es um Stiefmütterchen. Der Ministerialbeamte monierte mit seiner markanten Stimme, dass die Anzahl der Setzlinge nicht mit der der verkauften Pflanzen identisch sei. Ein Gärtner weiß, dass nicht jeder Setzling das

Erwachsenenalter erreicht und in den Verkauf gelangt. Diese Kenntnis fehlte offenbar dem Ministerialbeamten, weshalb es einiger Anstrengung bedurfte, ihm die Gesetze der Natur zu vermitteln. Offenbar war der Besuch der Gärtnerei ein traumatisches Erlebnis für den Ruhestandsbeamten, an das er nur ungern erinnert werden wollte.

Kapitel 24: Der Mann aus Vietnam und andere isoliert lebende Gefangene

Er hatte ein Gewaltdelikt begangen und musste deshalb eine lange Freiheitsstrafe wegen Totschlags verbüßen. Der Tat war ein Konflikt mit einem männlichen Opfer vorausgegangen. Der mittelgroße, nahezu mager wirkende Mann, der aus Vietnam stammte, litt merklich unter der Haft. Nicht nur, weil ihm die Freiheit genommen wurde, sondern vielmehr, weil er ein Außenseiter in der Zwangsgemeinschaft der Diezer Gefangenen war. Um seine außergewöhnlichen körperlichen Fähigkeiten, die auch Kampfsporttechniken einschlossen, wussten die anderen Häftlinge nicht. Den in gebrochenem Deutsch sprechenden Mann, der entsprechend seiner asiatischen Herkunft auch die Tonhöhe variierte, nahmen sie immer wieder auf die Schippe.

„Einmal die Nr. 35" als Anspielung auf die übliche Art, eine Speise in einem asiatischen Restaurant zu bestellen, waren noch die weniger beleidigenden Sprüche, die die Mitgefangene absonderten, wenn sie den Mann aus Fernost ärgern wollten. Er hatte wenig Kontakt zu anderen Häftlingen. Häufig suchte er mich in meiner Sprechstunde auf, um mir sein Leid zu klagen. Dabei führte er manchmal eine große Pappe mit. Auf ihr befanden sich ausgeschnittene Katalogbilder, Zeichnungen, viele Pfeile und Linien. Aufgeregt legte er mir die Collage auf meinen Schreibtisch. Ein Pädagoge würde von einem Soziogramm sprechen. Der gepeinigte Mann wollte mir damit vermitteln, welche Strukturen es zwischen ihm und seinen Quälgeistern gibt. Manchmal steigerte sich der Gefangene in meiner Sprechstunde in eine regelrechte Wut hinein. Dann stand er auf und lief wild gestikulierend einige Schritte in meinem Büro hin und her. Da er keine Namen nannte und nur andeutete, was ihm widerfahren sei, kam ich mir etwas hilflos vor. Es blieb mir nur, ihm zu versprechen, die Mitarbeiter seines Haftbereiches zu informieren. Sie sollten seine Situation besonders im Auge behalten. Der Sprechstundenbesucher zeigte sich mit meiner Zusage halbwegs zufrieden, entspannte sich merklich am Ende und verließ mein Büro vielmals dankend. Dabei ging er die ersten Schritte rückwärts Richtung Tür, oft von einigen Verbeugungen begleitet. Ich befürchtete, eines Tages würde die Situation mit den anderen Häftlingen eskalieren. Doch es blieb bei den vielen Gesprächen, die er auch mit der Leiterin der Vollzugsabteilung führte, in der er untergebracht war. Die ehemalige Kollegin, eine sehr emphatische und freundliche Mitarbeiterin, hatte noch einen größeren Beitrag als ich zum Frieden hinter den Mauern geleistet. Mehrfach wurde sie von dem später entlassenen Mann aus seinem Heimatland angerufen. Er teilte ihr freudig mit, er komme draußen gut zurecht.

Der Mann aus Asien besaß einige erstaunliche Fähigkeiten, die ihn von anderen Inhaftierten abhoben. In der Sprechstunde wandte er einmal unvermittelt den Blick von mir ab und schaute interessiert auf die linke Seite der Schreibtischplatte. Er visierte einen dekorativen Baumpilz an, den ich bei einem Waldspaziergang gefunden hatte. Der offenbar sehr naturverbundene Mann erklärte mir unvermittelt, bei welchen medizinischen Leiden man den Pilz als Heilmittel einsetzen könne. Er helfe insbesondere gegen eine Krebserkrankung. Da ich zuvor selbst über die Pflanze recherchiert hatte, wusste ich, dass die Ausführungen des Gefangenen zutreffend waren. Ein Beamter berichtete mir, der Inhaftierte sei während der Freistunde im Gefängnishof zielgerichtet auf eine bestimmte Stelle in der Wiesenfläche des Geländes zugesteuert, habe sich gebückt und ein vierblättriges Kleeblatt gepflückt, das ansonsten dort nicht zu finden sei. Ein weiterer Mitarbeiter berichtete, der Gefangene habe wie ein asiatischer Actionstar nach kurzem Anlauf mit einem einzigen Sprung die Holztreppe zwischen zwei Geschossen des Hafthauses überwunden. Dies hätten jedoch nur Bedienstete gesehen. Offenbar wollte der sportliche Mann seine Fähigkeiten vor den Mithäftlingen verstecken.

Gefangene erleben die Haftzeit sehr unterschiedlich. Manche wie der Mann aus Asien leiden regelrecht. Jeder Hafttag zieht sich für sie übermäßig in die Länge. Einige Hafterfahrene zeigen sich äußerlich locker, sind es aber nicht unbedingt. Sie behaupten großkotzig: *„Die paar Jahre sitze ich auf einer Backe ab.“*

Nicht wenige Inhaftierte erleben Haft als anhaltende psychische Belastung. Dies gilt für Inhaftierte, die von anderen unterdrückt werden oder sich von vornherein in einer Außenseiterposition befinden wie Sexualstraftäter. Die Zeit hinter Gittern ist eine besonders hart für ältere Gefangene, Kranke und schwerbehinderte Menschen. Häufig verfügen die Anstalten nicht über eine ausreichend behindertengerechte Ausstattung. Viele Inhaftierte besitzen keinerlei Deutschkenntnisse. Kommen Sie aus einem Staat, von dem eher selten weitere Vertreter hinter die JVA-Mauern gelangen, fristen sie ihre Zeit isoliert ohne Gesprächspartner, bis sie sich mühevoll die ersten Brocken unserer Sprache angeeignet haben.

Einige Gefangene befinden sich daher in einer mehr oder weniger ausgeprägten Isolation während der Haftzeit. Vor allem, wenn sie wie etwa 40 % der Inhaftierten keinen Gefängnisjob haben. Im Diezer Gefängnis habe ich für einige Wochen die im Hafthaus arbeitenden Beamten gebeten, aufzulisten, in welchem Umfang die Inhaftierten ihre Zelle verlassen und Kontakt zu Mitgefangenen haben. Das erschreckende Ergebnis war, dass etwa ein Fünftel der

Gefangenen kaum den Haftraum verließ. Manche nie. Das Ergebnis dieser Ermittlungen war Anlass für die Mitarbeiter, vermehrt auf die zurückgezogen lebenden Inhaftierten zuzugehen.

Einer von vielen Faktoren, die Isolation begünstigen, ist die sehr unterschiedliche bauliche Struktur der Justizvollzugseinrichtungen. Gerade ältere Einrichtungen wie die JVA Diez, die vor mehr als 100 Jahren erbaut wurden, sind im geschlossenen Vollzug überwiegend nicht in kleinere Wohneinheiten untergliedert. Statt offener Zellentüren gibt es in den alten Gebäudetrakten, wo die Mehrzahl der Inhaftierten untergebracht ist, nur den Umschluss während der abendlichen Freizeit. Damit ist ein Treffen mehrerer Gefangener in verschlossenen Räumen, entweder bis zu drei Personen in einer Zelle oder einem der wenigen Freizeiträume, gemeint. In den Freizeiträumen, in denen oft die Gefangenen mit den dicksten Oberarmen das Sagen haben, dürfen sich je nach Größe des Raumes 9 bis 12 Gefangene aufhalten.

Vor Beginn der Freizeit müssen sich die Gefangenen melden, wollen sie am Umschluss teilnehmen. Manche Inhaftierte haben Angst davor, weil sie Erpressung oder Schikanen, womöglich auch sexuelle Übergriffe befürchten, und bleiben lieber allein. Sofern sich ein Gefangener nicht meldet oder beschwert, bekommen die Bediensteten letztlich nicht mit, was in den verschlossenen Hafträumen geschieht. Wenn der Betroffene schweigt, weil er Restriktionen seiner Peiniger befürchtet, bleibt es bei der selbstgewählten Isolation oder allenfalls wenigen Kontakten zu einzelnen Mitgefangenen. Selten gelingt es, Straftaten aufzuklären, die während des Umschlusses begangen wurden. Ein Häftling hatte im Beisein eines weiteren Gefangenen einen Inhaftierten mit Schlägen traktiert und ihm mehrere Prellungen zugefügt. Das Opfer meldete dies einer Vertrauensperson.

Ich befragte daraufhin den Gefangenen, der nicht an den Misshandlungen beteiligt war, ein Inhaftierter mit einer lebenslangen Freiheitsstrafe, der sich erst wenige Wochen in der Anstalt befand und die Regeln der Subkultur nicht kannte. Hierzu gehört es, dass man keinesfalls einen Mitgefangenen verpfeift. Der Lebenslange berichtete freimütig über das, was er beobachtet hatte. Daraufhin wurde Strafanzeige erstattet und der Schläger in eine andere Justizvollzugsanstalt verlegt. Im Strafverfahren versuchte der Zeuge allerdings einen Rückzieher von seiner Aussage zu machen, da er offensichtlich Angst vor Mitgefangenen und nachteiligen Konsequenzen hatte. In der Zwischenzeit war der haftunerfahrene Mann höchstwahrscheinlich gebrieft worden. Er wollte nicht als „Ratte" gelten und in eine Außenseiterposition geraten. Aufgrund der verwertbaren Äußerungen, die er mir gegenüber gemacht hatte, konnte der Aggressor dennoch zu einer mehrmonatigen Freiheitsstrafe verurteilt werden. Gegenüber dem Gefangenen, den ich wider Willen zum Zeugen gemacht hatte, fühlte ich mich nicht gut und hoffte, dass sich seine Situation in der Anstalt nicht zu seinem Nachteil verändert hatte.

Bei solchen Verdachtslagen habe ich häufig nicht unmittelbar, nachdem ich davon erfahren hatte, Strafanzeige bei der Polizei oder Staatsanwaltschaft erstattet, sondern bin zunächst selbst oder ein beauftragter Mitarbeiter als Vernehmer tätig geworden. Die Gefahr, dass Zeugen aus Angst umfallen, bevor die Polizei übernimmt, war mir zu groß. Allerdings hätte ich mich der Kritik der Ermittlungsbehörden ausgesetzt, hätte der Zeuge auch in der Anstalt von vornherein blockiert. Dieses Risiko glaubte ich, eingehen zu müssen. Eine der vielen Gratwanderungen, die man im Strafvollzug macht.

Kapitel 25: Warum Welttrainer Thomas Tuchel und der Weltmeister von 1954 Fritz Walter im Gefängnis waren und ein verschossener Elfmeter

Thomas Tuchel wurde 2021 zum FIFA-Welttrainer des Jahres gewählt. Nachdem er überraschend mit dem englischen Verein Chelsea 2021 Champions-League-Sieger geworden war, wurde ihm diese Ehrung zuteil. Seine erste Station als Bundesliga-Chefcoach hatte er bei meinem Heimatverein Mainz 05. Auch dort war er bereits recht erfolgreich und erreichte mit seinem Team einstellige Tabellenplätze. Jedoch fällt auf diese Zeit ein dunkler Schatten. Nur wenige wissen, dass er 2010 kurze Zeit in der JVA Rohrbach, dem rheinhessischen Gefängnis, verbrachte. Man könnte annehmen, dies habe mit dem Temperament des Coaches zu tun. Weit gefehlt. Vielmehr besuchte er mit den 05-Profis die Insassen der Anstalt.

Nachdem der rot-weiße Mannschaftsbus der 05er in den Gefängnishof hineingefahren war, stiegen Spieler und Offizielle aus und gingen auf das Eingangsgebäude zu. Dort stand ich nicht ganz unbefangen vor der Eingangstür, um einige Begrüßungsworte an die illustre Gruppe zu richten. Etwas umständlich ging ich mit vorsichtigen Schritten auf die Spieler zu und begrüßte viele mit Handschlag unter Nennung des Namens. Hiervon beeindruckt sagte der damals in der Verteidigung spielende Malik Fathi, der es immerhin zu zwei Spielen in der Nationalmannschaft gebracht hatte: *„Aah. Kennt sich aus."* Auch der damals erst 19-jährige André Schürrle gehörte zu den Besuchern. Er reifte in Mainz zum Nationalspieler mit 57 Spielen und immerhin 22 Toren. 2014 im Endspiel der Fußballweltmeisterschaft gab er den entscheidenden Pass zum Siegtor von Mario Götze gegen

Argentinien. Hätte ich dies damals geahnt, hätte ich mir möglicherweise meine rechte Hand eine Zeitlang nicht mehr gewaschen.

Noch während der Begrüßungsphase fand parallel eine Gegenveranstaltung aus dem ersten Stock des Verwaltungsgebäudes heraus statt. Ein aus der Pfalz stammender Mitarbeiter hatte das Fenster weit geöffnet und gut sichtbar eine Fahne des 1. FC Kaiserslautern herausgehängt. Mehrfach rief er den Mainzer Spielern den Schlachtruf zu: *„Hier regiert der FCK."* Die Gäste ertrugen diesen humorvoll gemeinten Beitrag mit Fassung. Schließlich standen auch einige Mitarbeiter mit 05-Trikots zur Begrüßung vor dem Eingang zum Gebäude und lauerten auf Selfies. So wurde diese parallele Begrüßung nicht zu einem traumatischen Ereignis für die Kicker.

Auf dem Sportplatzgelände der JVA, wo die Gefangenen Fußballtennis spielten und sich einige der Profis beteiligten, erfolgte ein reger Austausch. Die Berührungsängste der Gäste nahmen schnell ab. Beim anschließenden Rundgang durch das Hafthaus fragte mich Thomas Tuchel, ob sich denn die Gefangenen in den Zellen auch besuchen dürften. Damals konnten sie sich ausschließlich bei verschlossener Tür im Freizeitraum treffen. Ich hatte insgeheim vor, dies zu ändern. Bei möglichst vielen Inhaftierten sollten bald während der abendlichen Freizeit die Türen der Freizeit- und Haftraumräume für gegenseitige Besuche offen bleiben. Kurze Zeit später setzte ich meinen Plan um. Möglicherweise hat Thomas Tuchel ein ganz klein wenig dazu beigetragen, dass dies etwas zügiger geschah. Ein kleiner Teil der Führungskräfte, die ausschließlich die abends verschlossenen Zellen neben dem offenen Freizeitraum und die letztlich unnatürliche Ruhe gewohnt waren, begegneten meinem Vorhaben mit einer gewissen Skepsis. Jemand befürchtete sogar, man werde wohl irgendwann einen toten Gefangenen in einer Zelle finden. Doch wichen diese Ängste bald und machten überwiegend einer Akzeptanz Platz.

Christian Wetklo, einer der Mainzer Torhüter, sagte halb im Scherz, halb im Ernst zu einem Mitspieler, einem blondgelockten Stürmer, der mit gelegentlichen Temperamentsausbrüchen auf sich aufmerksam gemacht hatte: *„Pass auf und bleib schön brav! Sonst musst du hierher!"* Der Angesprochene drehte leicht seinen Kopf zu dem aus dem Ruhrpott stammenden Keeper, ohne seine Miene zu verziehen. Spieler und Trainer gewannen entgegen oft leichtfertigen Urteilen in unserer Gesellschaft den Eindruck, dass Haft alles andere als ein Zuckerschlecken ist. Thomas Tuchel schilderte hierzu seinen Eindruck:[40] *„Es ist grundsätzlich schon schwer, sich in die Leute hier reinzuversetzen. Wir wissen, dass wir nach diesem Besuch wieder raus in die Freiheit können, aber wenn man wie Patrick 21 Stunden am Tag über 5 Jahre in diesen kleinen Zellen verbringen muss – und das in so jungen Jahren – das ist schon krass."* Auch der Spieler Eugen Polanski empfand die kleinen Zellen als sehr bedrückend. Ihm fielen bei dem Rundgang durch das Hafthaus die Fotos von der Familie und Kindern über den Betten der Häftlinge auf. Er sagte, er könne es sich kaum vorstellen, einige Tage von seiner Frau und seinem Kind getrennt zu sein. Berührt bemerkte er:[41] *„Aber 3 bis 4 Jahre – das ist schon echt hart."*

Zum Abschluss des Besuches hatten etwa 80 Häftlinge im großen fußballgerecht verzierten Mehrzweckraum die Gelegenheit, an einer Fragestunde mit den kickenden Besuchern teilzunehmen. Es entwickelte sich ein lebhaftes Gespräch.

Im Stadionmagazin wurde ein Bericht über den Besuch der 05er mit *„Ab von der Spur"* übertitelt.[42] Einleitend heißt es in dem Artikel: *„Der 1. FSV Mainz 05 und seine Fans* *sind dafür bekannt, auch mal links und rechts zu schauen und nicht immer der Konvention zu folgen. Links und rechts vom geraden Weg sind die Insassen der JVA Rohrbach im rheinhessischen Wöllstein abgekommen und sitzen dafür ihre Gefängnisstrafen ab. Die 05-Profis haben ihnen in der vergangenen Woche einen Besuch abgestattet. Gewinner gab es am Ende des Tages auf beiden Seiten. Vor und hinter den hohen Zäunen der JVA.*" Das trifft es auf den Punkt.

Eine persönliche Begegnung hatte ich mit Fritz Walter, dem Spielführer der Fußballweltmeistermannschaft von 1954, als die neu erbaute Sporthalle der JVA Diez Ende 1997 in Betrieb genommen wurde. Er kam als Ehrengast und zugleich Repräsentant der Sepp-Herberger-Stiftung, die sich unter anderem für die Resozialisierung von Strafgefangenen einsetzt. Vor den offiziellen Feierlichkeiten saßen wir im Büro des damaligen Anstaltsleiters, meines Vorgängers Dr. Dieter Bandell, und genossen ein Glas Fritz-Walter-Sekt. Eine Sektkellerei aus Deidesheim in der Pfalz benutzt den Namen des Weltmeisters, der so gerne in Maßen das sprudelnde Getränk bei erfreulichen Anlässen genoss. Bei dem Gespräch in kleiner Runde ging es natürlich auch um Fußball, insbesondere den Weltmeistertitel 1954. Ich erwähnte überflüssigerweise die WM von 1958 in Schweden. Damals erreichte Deutschland mit Fritz Walter, der damals bereits 37 Jahre alt war, immerhin den vierten Platz. Ich wollte zum Ausdruck bringen, dass der Sieg vier Jahre zuvor keine Eintagsfliege war, und ging davon aus, Fritz Walter würde sich über meine Anmerkung freuen. Dies ging leider voll daneben. Ich hatte nicht mit dem ausgeprägten Ehrgeiz des Ehrenspielführers der deutschen Nationalmannschaft gerechnet, für den die Niederlage im Halbfinale gegen Schweden ein nahezu traumatisches Erlebnis war. Der Deutsche Fußballbund sprach von einem Skandalspiel. Der

Schiedsrichter bevorteilte die Gastmannschaft Schweden, ein deutscher Verteidiger flog nach einem Revanchefoul vom Platz und Fritz Walter verletzte sich zu guter Letzt. Leider las ich mir dies erst nach dem Besuch von Fritz Walter in dessen Biografie an. Auf meine gut gemeinte Bemerkung sagte Fritz Walter nur kurz: *„Erinnern Sie mich bloß nicht daran!"* Ich beendete das Thema, bevor es richtig begonnen hatte, um den prominenten Gast nicht zu verärgern. Zum Zeitpunkt der Austragung der WM 58 war ich schließlich erst ein Jahr alt. Mein Unwissen sei mir deshalb verziehen.

Im Sommer 2000 während meiner Zeit als Anstaltsleiter der JVA Koblenz hatte ich Kontakt zu Horst Eckel, dem wieselflinken rechten Außenläufer, der 1954 im erfolgreichen Endspiel gegen die Ungarn deren Spielgestalter Hidegkuti ausschaltete. In Koblenz wurde jährlich ein Fußballturnier für die Justizbehörden veranstaltet, zu dem auch einige Prominente aus dem Fußballbereich als Ehrengäste hinzustießen. Damit die regelmäßig nicht mehr ganz so jungen Behördenleiter auch einen aktiven sportlichen Beitrag leisten konnten, durfte jeder zwei Elfmeter schießen. Um es vorwegzunehmen, den zweiten Elfmeter versenkte ich flach unten links. Unhaltbar. Dies war auch notwendig, um mich nicht völlig zu blamieren. Beim ersten Elfer war ich derart vom Lampenfieber blockiert, dass ich den Ball nicht richtig getroffen habe, der etwa 10 m am Tor vorbeiflog. Ich war froh, dass er nicht die Eckfahne erreichte. Horst Eckel, der zu den eingeladenen Prominenten gehörte, ging lachend einige Schritte auf mich zu und sagte: *„Jetzt kann es nur besser werden!"* Damit hatte er ja glücklicherweise recht. Zu den Ehrengästen gehörten außerdem Wolfgang Overath, der Weltmeister von 1974, Ottmar Walter, der als Mittelstürmer Teil der Weltmeistermannschaft von 1954 war, und der ehemalige Schiedsrichter Markus Merk, der dreimal zum besten

Unparteiischen der Welt gewählt worden war. Ottmar Walter stand in der Öffentlichkeit immer ein wenig im Schatten seines Bruders Fritz Walter, der als genialer Spielführer mit ihm gemeinsam den Weltmeistertitel errungen hatte. In den gemütlichen Kaffeerunden zwischen den Turnierspielen in Koblenz sagte der 2013 verstorbene Ottmar Walter, sein Bruder Fritz habe unter den insgesamt fünf Kindern eine besondere Stellung innegehabt und von der Mutter die meiste Zuwendung erhalten. Ottmar Walter machte einen deutlich ernsteren Eindruck im Vergleich zu seinem Bruder. Einige Zeit nach der erfolgreichen WM geriet er in eine schwere persönliche Krise, die er erfreulicherweise überwinden konnte.

Kapitel 26: Die Bedeutung der Telefone

Als Handys noch eine beeindruckende Größe besaßen, war es schwierig, sie in ein Gefängnis einzuschleusen. Im Laufe der Jahre wurde dies einfacher, weil die Geräte deutlich kleiner wurden.

In der JVA Koblenz ging der aufgeregte Anruf einer Frau ein. Sie schimpfte entrüstet: *„Ich werde von meinem Ex-Partner bedroht. Er ist bei Ihnen, weil er mich übel zugerichtet hat. Ich hab ihn angezeigt. Jetzt will er, dass ich meine Aussage zurücknehme. Andernfalls könnt ich was erleben, wenn er rauskommt. Wie kann das sein, dass er vom Gefängnis aus anrufen kann?"*

Polizeibeamte hatten den Gefangenen kurz zuvor in die JVA gebracht. Er saß in einem Warteraum der JVA. Zwischen den Beinen hatte er eine Tasche abgestellt. Die Polizisten hatten bei der Festnahme zugestimmt, dass er einige Habseligkeiten einpackte. Offenbar wurde das Mobiltelefon übersehen. In den nächsten Minuten sollte der Gefangene von JVA-Beamten abgeholt werden, um die Aufnahmeformalitäten abzuwickeln und ihn gründlich zu durchsuchen. Dieses knappe Zeitfenster nutzte der Neuzugang für den Anruf aus.

Mobiltelefone gelten als erhebliche Gefahr für die Sicherheit eines Gefängnisses und sind dort strikt verboten. Auch Bedienstete müssen sie vor den Mauern lassen. Hätten Gefangene Handys im Besitz, könnten ansonsten Absprachen mit Kontaktpersonen außerhalb der Anstalt getroffen werden. Es wäre möglich, eine Flucht vorzubereiten oder den Handel mit Drogen zu organisieren. Die Mobiltelefone werden auch benutzt, um mit Bezugspersonen zu plaudern. Die Geräte werden zu diesem Zweck wie bei einem Staffellauf von Zelle zu Zelle weitergereicht.

Die Nutzer müssen dem Eigentümer eine Knastgebühr in Gestalt von Naturalien wie Tabak zahlen. Zweifellos fragt der mehr oder weniger unbefangene Betrachter, wie diese Kommunikationsmittel samt Ladegerät in die Anstalten gelangen. Leider haben während meiner Dienstzeit auch Mitarbeiter Mobiltelefone an Gefangene weitergegeben. Bei diesen schwarzen Schafen im Personalkörper handelt es sich um seltene Ausnahmefälle, wie sie in jedem Tätigkeitsbereich anzutreffen sind. Hat sich ein Bediensteter einmal in die Fänge eines Inhaftierten begeben, gibt es kaum noch ein Zurück. Die Gefangenen haben ihn dann in der Hand.

Im Regelfall gelangen Mobiltelefone über Außenstehende in die Anstalt. Hierfür gibt es eine Reihe geeigneter Einfallstore. Besucher, Lieferanten, Handwerksfirmen gehören hierzu, um nur einige zu nennen. Selten gelingt es, die Quelle zu orten. Am ehesten ist dies noch bei einem misslungenen Überwurf, wie es im Vollzugsdeutsch heißt, möglich. Damit ist gemeint, dass ein Gegenstand über die Mauer geworfen wird.

Etwa 2005 flog ein in Papier und eine Plastiktüte eingewickeltes Handy über die Außenmauer der JVA Diez und landete in einem Gefängnishof, der unmittelbar an einen Hafthausflügel grenzte. Der Werfer hatte einige Tage zuvor einen inhaftierten Kumpel besucht und versprochen, ihm ein Mobiltelefon zukommen zu lassen. Er werde es zu einem bestimmten Zeitpunkt so über die Mauer werfen, dass es unterhalb des Haftraumfensters zum Liegen komme. Die Zelle des Empfängers lag im ersten Obergeschoss. Es wäre daher eigentlich ein Leichtes gewesen, mit Hilfe einer Schur und einem Drahthaken sich das Geschenk zu angeln. Doch hatte der spendable Besucher kein Zielwasser getrunken. Das Mobiltelefon fand seinen Platz unterhalb eines Flurfensters. Nun geriet der Adressat des Flugobjektes, der den

Aufprall wahrgenommen hatte, mächtig unter Druck. Er befürchtete, ein Bediensteter würde auf das Corpus Delicti aufmerksam. Dann würden die Daten ausgewertet und Hinweise auf ihn und strafbare Handlungen finden. *„Glück gehabt"*, sagte er zu sich. Denn wenige Minuten nach der Bruchlandung wurden die Zellentüren der Gefangenen geöffnet, die zum Sport in die Halle wollten. Der Adressat des Handys tat so, als wolle er sich den anderen Inhaftierten anschließen. Im Flur im Erdgeschoss wimmelte es nur so von sportinteressierten Inhaftierten. Gut gelaunt, laut redend und lachend bewegten sich die Häftlinge auf den Ausgang des Haftgebäudes zu. Statt sich den anderen anzuschließen, blieb der Gefangene in seinem Haftraum zurück und legte die Zellentür bei. In einem günstigen Moment rannte er schnurstracks aus seinem Haftraum und zum Flurfenster. Er öffnete es und ließ wie ein Preisangler eine Schnur hinunter, die er mit einem Haken versehen hatte. Dem Gefangenen gelang es, an die Tüte mit dem Mobiltelefon zu kommen, und versuchte sie zu sich hochzuziehen. In halber Höhe löste sich das Geschenkpaket und plumpste eigenwillig auf den harten Boden des Gefängnishofes. Das Gerät wurde einige Stunden später von einem Beamten bei einer der üblichen Kontrolle der Höfe gefunden. Es konnte nach Auswertung der Daten dem Empfänger zugeordnet werden.

Seit einiger Zeit verfügen die meisten Anstalten über Handyfinder, mit denen sie Mobiltelefone orten können. Teilweise werden auch Störsender eingesetzt. Dennoch bleiben die Geräte oft unentdeckt. Üblicherweise wird nachts telefoniert, wenn das Personal knapp ist und keine Zeit für Sonderaktionen mit dem Handyfinder ist.

Internetfähige Smartphones gehören oft bereits im Kindesalter zum allgemeinen Lebensstandard und werden schon lange nicht mehr als Luxusobjekt begriffen. Für Inhaftierte, die in Freiheit wie immer mehr Mitbürger nahezu suchtartig ihr Smartphone mit all seinen Möglichkeiten genutzt haben, wird der Entzug in Haft als zusätzliche Strafe empfunden.

Die rheinland-pfälzischen Justizvollzugseinrichtungen verfügen regelmäßig über stationäre Telefonapparate in den Haftbereichen. In einer Einrichtung befindet sich sogar in den einzelnen Hafträumen ein stationärer Telefonanschluss. Dies hat den Vorteil, dass die Gefangenen ihre Bezugspersonen zu Tageszeiten anrufen können, zu denen sie am besten zu erreichen sind. Sie sind somit nicht auf die regelmäßig festen Telefonzeiten angewiesen.

Den meisten Gefangenen wird eine allgemeine Telefoniergenehmigung erteilt. Damit haben sie neben dem Besuch eine weitere gute Möglichkeit, die Bindungen zu Familienmitgliedern oder anderen Bezugspersonen aufrechtzuerhalten. Stabile und tragfähige Beziehungen sind ein wesentlicher Faktor der Wiedereingliederung.

Es heißt in den meisten Landesjustizvollzugsgesetzen (zum Beispiel § 37 Absatz 1 LJVollzG Rheinland-Pfalz) zwar einschränkend, dass Telefongespräche gestattet werden „können". Die Gefangenen haben daher keinen Anspruch auf das Telefonieren, sondern lediglich einen Anspruch auf ermessensfehlerfreie Entscheidung. In der Gesetzesbegründung wurde jedoch ein deutliches Signal für die Telefonie gesetzt: *„Sie sind wesentlich für die Kommunikation der Gefangenen mit der Außenwelt und tragen dazu bei, dass sie ihre sozialen Kontakte über Besuch hinaus aufrechterhalten können."*[43] In Einrichtungen, in denen man sich wie ausnahmslos in allen rheinland-pfälzischen Anstalten dazu entschlossen hat, Fernsprechgeräte in den Haftbereichen zu installieren, ist die Telefonie Standard geworden.

Die Kosten für die Telefonate müssen von Ausnahmen abgesehen die Gefangenen tragen. Die Abwicklung erfolgt bargeldlos. Die Gefangenen erhalten eine PIN, die sie vor dem Gespräch eingeben. Beantragt ein Gefangener, ihn regelmäßig Telefonate führen zu lassen, erfolgt ein Sicherheitscheck. Die Kontaktpersonen werden, soweit möglich, überprüft. Daraufhin wird eine begrenzte Anzahl von Rufnummern zugelassen, die bestimmten Bezugspersonen zugeordnet werden können. Dass der Sicherheitscheck Grenzen hat, kann man sich vorstellen. Ein Austausch des Gesprächspartners während des Telefonates kann kaum verhindert werden. Einerseits ist eine Missbrauchsgefahr nicht von der Hand zu weisen. Die Gespräche dürfen nur im Einzelfall akustisch überwacht werden. Die Rechtsprechung lässt eine Telefonüberwachung ausschließlich zu, wenn konkrete Verdachtsmomente bestehen. Gefangene aus dem Bereich der organisierten Kriminalität oder mit einer erheblichen Suchtgefahr dürfen – wenn überhaupt – nur telefonieren, wenn ein Beamter zuhört. Die Möglichkeit, in Verbindung mit den Bezugspersonen wie Familienmitgliedern zu bleiben, dient andererseits der Resozialisierung. Das Telefonieren hat außerdem in den Justizvollzugsanstalten zu einer entspannteren und besseren Atmosphäre geführt. Auch dies trägt letztlich zur Sicherheit bei.

Kapitel 27: Feedbacks der Interessenvertretung der Gefangenen und anderer Inhaftierter

Zu Hause fiel mir beim Aufräumen eine Postkarte in die Hände, die ich längst aus den Augen verloren hatte. Das kurze Schreiben trug das Datum 01.11.2002 und war an mich als Anstaltsleiter der JVA Diez gerichtet. Der Text lautete:

„Hallo Herr Henke!

Hier nun endlich angekommen musste ich feststellen, dass hier alles noch viel schlechter ist. Soeben erfuhr ich, dass ich heute wieder zurück nach Diez muss. Ohne Angabe von Gründen. Tja, dann sehen wir uns ja bald wieder!

Mit freundlichem Gruß ...“

Es folgt als Abschluss noch *„Gruß ihr IVG-Mitglied“*.

Der Gefangene war kurzzeitig in einer anderen rheinland-pfälzischen Anstalt untergebracht. Wenn ein Inhaftierter angibt, dass es in einer anderen Einrichtung noch viel schlechter ist, kann dies bereits als Lob begriffen werden. Zumal, wenn sich ein IVG-Mitglied dergestalt äußert. IVG ist die Abkürzung für Interessenvertretung der Gefangenen. Alle Landesstrafvollzugsgesetze sehen dieses Institut vor. Ein von allen Inhaftierten gewähltes Gremium, das die Belange der Mitgefangenen vertritt.[44] Die IVG hat zwar keine Entscheidungsbefugnisse. Sie kann und soll aber in Angelegenheiten von gemeinsamem Interesse Vorschläge und Anregungen an die Anstalt herantragen. Ich habe mich regelmäßig mindestens alle zwei Monate mit den IVG-Vertretern getroffen. Die Gespräche können zu einem guten Klima in der Anstalt beitragen. Allerdings kann auch das Gegenteil der Fall sein, wenn die Gefangenen auf Konfrontation eingestellt sind. Dies habe ich sehr selten erlebt. Viele Inhaftierte sind vernünftiger und konstruktiver, als man gemeinhin außerhalb der Mauern annimmt. Sofern die IVG-Sitzungen gut verlaufen und es sich bei den Gefangenen um Personen mit einem halbwegs gesunden Menschenverstand handelt, geben sie die Besprechungsergebnisse in angemessener Form an die anderen Inhaftierten weiter.

Die Wähler der IVG-Vertreter haben dagegen oft falsche Vorstellungen von den Aufgaben dieses Gremiums. Sie besitzen überzogene Erwartungen an den Einfluss der IVG und halten sie nahezu für ein parlamentarisches Organ. Manche Interessenvertreter halten diesen Erwartungsdruck nicht aus und verlieren die Motivation. So gibt es nicht selten während der „Amtsperiode“ Rücktritte. Ich habe mich darum bemüht, der Interessenvertretung der Gefangenen wenigstens kleine Erfolgserlebnisse zu vermitteln. Die Ausgestaltung des Speiseplans und der Freizeit eignen sich dazu. In der JVA Rohrbach bat mich die IVG der Frauenabteilung zum Beispiel darum, eine preisgünstige Karaoke-Anlage anzuschaffen. Dem konnte ich entsprechen, sodass bald fröhliche Frauenstimmen und Gelächter in den Nachmittags- und Abendstunden zu hören waren. IVG-Vertreter der JVA Diez schlugen die Einführung eines Sportangebotes für Senioren vor. Auch diesem Vorschlag konnte ich Rechnung tragen.

2003 erhielt ich von der Gefangeneninteressenvertretung der JVA Diez ein Foto als Weihnachtskarte. Dies blieb allerdings ein einmaliges Ereignis:

„Hallo Herr Henke,

hiermit bedankt sich die (Ihre) GMV bei Ihnen für die gute Zusammenarbeit und wünscht der gesamten Anstaltsleitung ein frohes Fest sowie einen guten Rutsch ins neue Jahr 2003!“

Die Rückmeldung war wohl ernst gemeint und basierte auf vielen guten Gesprächen mit dieser Interessenvertretung, die ein realistisches Bild von ihren Einflussmöglichkeiten besaß. Das Foto der Weihnachtskarte zeigte alle fünf Mitglieder. Vier hatten unterzeichnet, ein Fünfter stattdessen drei Kreuze gemacht, weil er anonym bleiben wollte. Bei einem der Abgelichteten, der sich in einer anderen Anstalt befand, als die Karte abgesendet wurde, war das Gesicht unkenntlich gemacht. Die Gefangenenvertreter hatten sich bei dem jährlichen Sportfest als Gruppe fotografieren lassen. Damals war es noch üblich, dass ein Fotograf aus der Ortsgemeinde Diez zu dem Event in die Anstalt kam und auf Wunsch Fotografien von Gefangenen machte. Bei Gruppenfotos mussten alle Abgelichteten damit einverstanden sein. Schnappschüsse waren daher ausgeschlossen. Die Bilder konnten später von den Gefangenen gekauft werden. Viele Inhaftierte nutzten dies, um ihren Bezugspersonen ein Foto zukommen zu lassen. Nachdem das Thema Datenschutz immer mehr Gewicht erhalten hatte, verlor der Diezer Fotograf sein exklusives Schaffensgebiet. Ein Gefangener, ein begeisterter Motorradfahrer, schickte einmal ohne Zustimmung der anderen ein Gruppenfoto an ein Biker-Magazin. In der Zeitschrift war unter anderem ein Mitgefangener zu sehen, der alles andere als erfreut war, nachdem er dies mitbekommen hatte.

Ein IVG-Mitglied wurde neben einigen weiteren Diezer Häftlingen von einem Radiosender interviewt. Erwartungsgemäß wurde viel Kritik am Strafvollzug geübt. Doch mehr an den Gefängnissen im Allgemeinen als an der JVA Diez. Überraschend fand ein recht selbstbewusster und mit Tadel ansonsten nicht geizender Vertreter der Interessenvertretung auch lobende Worte (O-Ton): *„Hat auch, das muss ich auch ganz deutlich sagen, gekämpft darum, damit wir, die wir die einzigen noch in Rheinland-Pfalz sind mit der offenen Tischordnung, das heißt, die Besucher können frei mit den Gefangenen am Tisch sitzen und nicht hinter Trennvorrichtungen, was also ganz wichtig ist für die sozialen Kontakte.“*

Was der Inhaftierte recht spontan äußerte, traf zu. Es waren dicke Bretter, die ich bohren musste, um in dem Neubau des Diezer Besucherbereiches akzeptable Bedingungen für Gefangene und Besucher zu gewährleisten. 2006 wurden die neuen Besuchsräume ihrer Bestimmung übergeben. Das Justizministerium hatte ursprünglich vorgegeben, dass sich der Gefangene und seine Besucher strikt voneinander getrennt gegenübersitzen. In der Mitte der Tischplatte sollte sich eine 30 Zentimeter hohe Ordnungsscheibe befinden. Die Aufsichtsbehörde akzeptierte erst nach mehreren Gesprächen und schriftlichen Berichten, dass zumindest für einen Teil der Besuche die bisherige offene Tischordnung beibehalten und bei dieser Besuchsform auf die Ordnungsscheibe verzichtet wurde. Gefangene und Besucher, die zu den engeren Bezugspersonen wie Familienmitglieder oder Partner gehörten, durften sich weiterhin frei um einen Tisch gruppieren. Meine Bemühungen hatten die Inhaftierten der hellhörigen Diezer Einrichtung offenbar mitbekommen. Sie wussten, dass ich mich für sie eingesetzt hatte.[45] Gefangene haben nur geringe Möglichkeiten, Dinge in ihrem Sinne zu beeinflussen. Die Inhaftierten sollten den Eindruck haben, dass der Anstaltsleiter die Hand über sie hält und sich für menschliche Haftbedingungen einsetzt. Dies dient zweifellos einer besseren Atmosphäre hinter den Mauern.

2009, zufälligerweise an meinem Geburtstag, schrieb mich ein Strafgefangener der JVA Diez an. Ich stand kurz vor meinem Wechsel in die JVA Rohrbach. Dies hatte er zum Anlass genommen, mich mit ein paar Abschiedsworten zu bedenken. Er erinnerte mich an ein bereits einige Zeit zurückliegendes Ereignis. Der Gefangene hatte einen sehr ausführlich begründeten Antrag auf eine Ausführung gestellt. Er leitete ihn unmittelbar an mich. Der Inhaftierte wollte außerhalb der Anstalt an einem kulturellen Ereignis teilnehmen und hatte hierfür eine persönliche Einladung erhalten. Der zuständige Vollzugsabteilungsleiter, an den ich den Antrag weitergeleitet hatte, lehnte ihn ab. Der Gefangene teilte mir in seinem Schreiben mit, er hätte es besser gefunden, wenn ich persönlich mit ihm gesprochen hätte. Schließlich habe er an mich geschrieben und nicht an den Leiter seines Zellentraktes. Er habe dies als Botschaft empfunden *„Dein Wort, dein Bemühen ist uninteressant und interessiert nicht."* Diese Mitteilung hat mich nachdenklich gemacht. Formal war zwar der Vollzugsabteilungsleiter und nicht unmittelbar der Anstaltsleiter für die Entscheidung über den Ausführungsantrag zuständig. Dennoch ist es manchmal sinnvoll, einen Antrag selbst aufzugreifen und dem Gefangenen persönlich zu erläutern, warum man seinem Anliegen nicht Rechnung tragen möchte. Der Verfasser des Schreibens gab mir jedoch auch eine positive Rückmeldung zum Abschied: *„In Anlehnung daran möchte ich Sie an etwas erinnern, das mir positiv in Erinnerung geblieben ist. Als es mal wieder Probleme mit jemandem im Haus gab, haben Sie mich von sich aus zu einem Gespräch geholt. Innerhalb von 5 Minuten war die Sache aus der Welt. Ich habe Ihnen mal gesagt, dass es besser wäre, anstelle über mich, mit mir zu reden. Ich wünsche mir, dass Sie das Motto verallgemeinert mit auf den Weg nehmen."* Da ich den Gefangenen während seiner langen Haftzeit stets als sehr authentisch erlebt hatte, nahm ich sein Schreiben ernst und wertete dies nicht als Versuch, sich einzuschmeicheln. Zudem war ich ja im Begriff die Anstalt zu verlassen, sodass er weder etwas zu verlieren noch zu gewinnen hatte.

In manchen Fällen sollte man die Kommunikation mit Gefangenen zur Chefsache machen. Dass dies bei einer Inhaftiertenanzahl von 400 bis 500 Gefangenen in den größeren Anstalten an Grenzen stößt, mag sein. Dessen ungeachtet sollte der Anstaltsleiter oder ein Mitglied der Anstaltsleitung für die Inhaftierten ansprechbar sein und vor allem ein Gespür dafür besitzen, wann er persönlich gefragt ist.

Ab und zu erfährt man von Gefangenen, dass man auf dem richtigen oder auch falschen Weg ist. Viele Inhaftierte sind misstrauisch gegenüber den Mitarbeitern der Anstalt, insbesondere wenn es sich um Entscheidungsträger wie die Vollzugsabteilungsleiter oder den Anstaltsleiter handelt. Ich vermute, dass dies sehr viel mit negativen Erfahrungen in der Familie zu tun hat. Die engsten Bezugspersonen, die in Kindheit und Jugend Macht über einen Menschen haben, der sich in der Entwicklung befindet, sind prägend. Die Fähigkeit, Vertrauen in andere zu entwickeln, ist entscheidend davon abhängig. Im März 1995 in meiner Zeit als stellvertretender Anstaltsleiter schrieb ein Gefangener einen Brief an meinen damaligen Vorgesetzten Dr. Dieter Bandell:

„… komisch! Am 22. des Monats ließ mich Herr Henke gegen 19 Uhr rufen. Wegen Kopfschmerzen, schlechter Laune und unrasiertem Aussehen wollte ich eigentlich gar nicht hingehen, aber im Nachhinein hat sich gezeigt, dass erstmalig ein Mitglied der Anstaltsleitung, wenn er nicht gerade der perfekte Schauspieler ist und mir etwas vorgemacht hat, wovon ich eigentlich nicht ausgehe, sondern von der Ernsthaftigkeit überzeugt bin (obgleich man einen Restverdacht hier wohl automatisch immer mit sich herumträgt …) vorurteilsfrei und interessiert zugehört hat, offen gefragt und geantwortet hat.“

Dann erwähnt der Gefangene mehrere Mitarbeiter, die er ähnlich erlebt habe. Einen Abteilungsdienstleiter aus dem allgemeinen Vollzugsdienst, den Vollzugsabteilungsleiter seiner Abteilung, einen Psychologen, einen Sozialarbeiter und die beiden Seelsorger.

Der Brief schließt mit dem Satz: *„Ich werde die gewonnenen Eindrücke weiter auf mich wirken lassen und möchte Ihnen hier nur mitteilen, dass ich positiv überrascht war … und bin vielleicht sogar bleibe."*

Leider hielt die positive Einstellung des Gefangenen gegenüber der Anstaltsleitung nicht dauerhaft an. Nachdem er sich wieder einmal über irgendetwas geärgert hatte, schrieb er einen aggressiven und sehr beleidigenden Brief an meinen Chef, den damaligen Anstaltsleiter Dieter Bandell. Wir gönnten dem Gefangenen daraufhin eine Luftveränderung in einer anderen rheinland-pfälzischen Anstalt. In Diez hatte sich offenbar etwas festgezurrt. Der Anstaltswechsel hatte Erfolg. Dem Inhaftierten gelang es, je näher der Entlassungszeitpunkt rückte, wieder gelassener zu werden und ablehnende Entscheidungen der Mitarbeiter nicht allzu persönlich zu nehmen. Vielleicht hatte der Gefangene dennoch das Positive aus Diez trotz des abschließenden Tiefs mit in die neue JVA genommen. Möglicherweise hat ihm dies den Neustart erleichtert.

Ein Mitarbeiter sollte sich von den Aufs und Abs im Verhalten vieler Gefangener nicht beirren lassen und geduldig immer wieder versuchen, auch schwierige Gefangene zu erreichen. Dies gelingt nur, indem man respektvoll und menschlich mit ihnen umgeht, authentisch und ehrlich auftritt sowie verlässlich erscheint.

Kapitel 28: Die Betrüger und Grenzen der Resozialisierung

Ein Rollstuhlfahrer war in der JVA Rohrbach aufgenommen worden. Die Mitarbeiter waren zuversichtlich, mit dem Neuzugang zurechtzukommen und seiner Behinderung Rechnung tragen zu können. Manchmal leisteten Mitgefangene Unterstützung. Gegenüber Menschen mit Handicap gibt es hinter den Gefängnismauern häufig Solidarität. Doch bald stellte sich eine nachhaltige menschliche Enttäuschung bei den Helfern ein. Die Sympathiewerte verringerten sich deutlich und tendierten gegen null.

Eines Tages betraten zwei Polizisten die Anstalt und erkundigten sich nach dem Gefangenen. Die Nachfrage bezog sich weniger auf den Gesundheitszustand des Inhaftierten als auf dessen persönlichen Besitz. Die Beamten wollten von dem Vollzugsabteilungsleiter, der für den behinderten Inhaftierten verantwortlich war, wissen, ob der Häftling denn einen Rollstuhl im Besitz hätte. Von dieser Frage überrascht, bejahte dies der Mitarbeiter mit dem Hinweis *„Natürlich. Der Mann kann ja nicht laufen."* *„Dann wollen wir mal gemeinsam zu ihm gehen"*, sagte einer der Polizisten vielsagend. Im Haftraum des behinderten Häftlings angekommen raunzte einer der Besucher ihn forsch an *„Wo haben Sie denn den Rollstuhl her? Der gehört ihnen doch gar nicht!"* Der Gefangene war zunächst sprachlos, erkannte jedoch seine Niederlage und antwortete widerwillig *„Dann geb ich ihn halt zurück."* Der Abteilungsleiter wunderte sich jetzt noch viel mehr. Vor allem, als der sich Gefangene ohne Schwierigkeiten aus seinem Gefährt erhob und zwei Schritte zur Seite trat. Der Ex-Rollstuhlfahrer war übrigens wegen Betruges in Haft und liebäugelte offenbar damit, alsbald ins Freigängerhaus verlegt zu werden. Als Inhaftierter mit Handicap könne er ja keine Gefahr mehr darstellen, hoffte er.

Für Betrugsdelikte ist nach einer bundesweiten Untersuchung in den ersten drei Jahren nach dem Entlassungsjahr von einer 30-prozentigen allgemeinen Rückfallquote auszugehen. Die allgemeine Rückfallquote erfasst anders als die einschlägige jede Art von Straftaten.[46] Zu berücksichtigen ist darüber hinaus eine vergleichsweise hohe Dunkelziffer. Bei vielen Delikten kommt es nicht zu einer Anzeige. Insbesondere bei organisiertem bandenmäßigen Vorgehen wie dem Telefonbetrug werden die Tatbeteiligten überwiegend nicht ermittelt. Zur Rückfallrate kann daher nicht mit verlässlichen Zahlen aufgewartet werden.

Eine Gruppe, die sich dem Zugriff der staatlichen Instanzen sehr häufig entziehen kann, sind die Weiße-Kragen-Täter, die sich in höheren gesellschaftlichen Regionen bewegen. Sie werden selten erwischt und haben ihre Schäfchen zumeist im Trockenen. Staatsanwaltschaft und Polizei fehlen oft ausreichend Spezialkräfte für die Aufklärung dieser Delikte. Die Täter sind den Ermittlungsbehörden nicht selten einen Schritt voraus. Ohne Deals mit den angeklagten Wirtschaftsdelinquenten, die regelmäßig über hochbezahlte Verteidiger verfügen, ziehen sich die Prozesse in die Länge und belasten die Gerichte über Gebühr. So kommen die Täter trotz der teilweise millionenschweren Schäden mit relativ milden Freiheitsstrafen davon.

Betrügereien geringerer Größenordnung werden eher von Menschen verübt, die ihre finanzielle Situation nicht in den Griff bekommen und alltäglichen Versuchungen erliegen. Hierzu gehören Internetbestellungen. Ein paar schnelle Klicks und schon hat man ein positives Gefühl. Bisweilen sind es auch Suchtkranke, die mit Hilfe von Betrügereien ihren Konsum finanzieren.

Ich erinnere mich an einen Gefangenen der JVA Diez, einen eher untypischen Betrüger, der sich immer wieder zu Straftaten hinreißen ließ. Der Inhaftierte war ein eher introvertierter Mensch, dem es nicht gelang, engere Bindungen zu seinen Mitmenschen zu begründen. Immer wieder durchlebte er depressive Phasen. Wenn er in ein besonders tiefes Loch fiel, wurde er rückfällig. Dann war ihm alles gleich. Zum Ende der Haft wurde er in den offenen Vollzug verlegt und ging einer Beschäftigung bei einem externen Arbeitgeber nach. Leider geriet er erneut in eine Krise und tauchte längere Zeit unter, bis er wieder gefasst werden konnte.

Von diesen Tätern mit einer eher schwachen Persönlichkeit sind hochmanipulative und soziopathische Straftäter zu unterscheiden. Bis sie auffallen, gelingt es ihnen, mit großem Geschick und oft ausgeprägter Intelligenz ein größeres Vermögen zu bilden. Häufig finden sie sich auch hinter Gittern zurecht, weil sie sich gut auf ihre Mitmenschen einstellen können. Zugenommen hat ein organisiertes bandenmäßiges Vorgehen. Hierzu gehören zum Beispiel Delinquenten, die, ohne mit der Wimper zu zucken, vorzugsweise ältere Menschen um ihr Erspartes bringen. Wenige können überführt werden. Die Ermittlungen gestalten sich ungeheuer schwierig. Besonders schäbig gehen Betrüger vor, die gegenüber den Angerufenen behaupten, ein Familienmitglied sei in Untersuchungshaft genommen worden. Erst wenn eine Kaution bezahlt werde, komme der Angehörige wieder frei. Leider ist dieses Vorgehen häufig von Erfolg gekrönt.

Einer aus der Gruppe der hochintelligenten Täter, der mit Wirtschaftsbetrügereien größere Summen erbeutet hatte, schien eine positive Entwicklung genommen zu haben. Doch wurde er bereits im Freigängerhaus wieder rückfällig. Nachdem er bei einem Ausgang untergetaucht war, wandte es sich mit einem Antrag an die Strafvollstreckungskammer. Dieses Gericht ist zuständig, wenn Inhaftierte sich gegen Entscheidungen der Anstalt wenden. Der Flüchtige hatte zunächst einen Brief an die Anstalt geschickt, mit dem er erfolglos um die Herausgabe seines CD-Players gebeten hatte. Das Gerät befinde sich noch im Freigängerhaus. Man möge es bei seinem Vater abgeben. Ich konnte das Gericht in einer Stellungnahme davon überzeugen, dass er das Gerät in der Justizvollzugsanstalt gerne innerhalb der JVA-Mauern wieder erhalten könnte. Dass der Gefangene an diesem Angebot weniger Interesse hatte, erscheint nicht überraschend.

Ein ehemaliger Kollege in der Anstaltsleitung der JVA Diez vermisste nach einem Gespräch mit einem Gefangenen sein Schreibgerät, einen sehr hochwertigen Kugelschreiber. Vor dem Kontakt mit dem Gefangenen hatte er jedenfalls noch auf seiner Schreibtischplatte gelegen. Daher lag es nahe, dass der Gesprächspartner lange Finger gemacht hatte. Der Bestohlene nahm unmittelbar Kontakt zu dem Beamten auf, der den Gefangenen zum Gespräch begleitet hatte. Er bat ihn, sein Eigentum zu sichern und zurückzubringen. Nach wenigen Minuten schrillte das Telefon und der Mitarbeiter meldete sich mit den Worten: *„Der Gefangene behauptet steif und fest, es handele sich um sein Eigentum.“ „Ach was“,* entgegnete der Eigentümer des vermissten Schreibgerätes. *„Bringen Sie mir bitte meinen Kuli zurück!“* Der Beamte brachte den Kugelschreiber mit dem Hinweis zu seinem Besitzer zurück. *„Der Gefangene beschwert sich jetzt, dass Sie ihn bestohlen hätten.“*

Der Eigentümer des Schreibgerätes rechnete damit, dass der Gefangene eine Strafanzeige erstattet. Zur allgemeinen Überraschung trieb es der Inhaftierte, der wegen Betruges eine mehrjährige Freiheitsstrafe absaß, nicht auf die Spitze. Man kann sich vorstellen, dass er sich mit dem Versuch, den

Kugelschreiber einzuheimsen, keine Pluspunkte für seine Kriminalprognose einhandelte.

In der JVA Diez brachte uns die Staatsanwaltschaft einmal die Strafanzeige eines Gefangenen zur Kenntnis, die beim ersten Lesen einen gewissen Unterhaltungswert besaß. Beschuldigt wurde ein Mitgefangener wegen eines angeblichen Betruges. Der Anzeigeerstatter hatte übrigens selbst einige Vorstrafen wegen derartiger Delikte. Die Staatsanwaltschaft bat uns um Stellungnahme. In der Anzeige behauptete der Inhaftierte, er habe einem Mitgefangenen 2.000 DM zukommen lassen. Dieser habe einen Vorschuss dafür erhalten, dass er ihm bei der Flucht aus der Anstalt behilflich sei. Die Leistung sei aber nicht erbracht worden. Ein seltsames und zugleich amüsantes Schreiben. Schließlich teilte der Verfasser mit, er wolle das Gefängnis auf einem eher unüblichen Weg verlassen. Als hafterfahrener Gefangener wusste er, dass sein ungewöhnliches Schreiben auf meinem Schreibtisch landen würde. Wollte der Inhaftierte etwa einen Scherz machen, um mich zum Arbeiten zu bringen? Ich rätselte über das Motiv.

Der Anzeigeerstatter war mir ein Begriff, da er häufig meine Sprechstunde aufsuchte. Ich bat ihn zu mir und fragte ihn, ob das Schreiben ernst gemeint sei. Wie ein Honigkuchenpferd grinsend bestätigte er, dass die Strafanzeige durchaus einen ernsthaften Hintergrund habe und er eben sein Geld wiederhaben möchte. Meine Rückmeldung, dass er wohl ein Späßchen machen wolle, wies er immer noch lächelnd zurück. Ich entschloss mich daher, so zu tun, als nähme ich den Anzeigeerstatter ernst und beim Wort. Ich ordnete besondere Sicherungsmaßnahmen an, wie man es üblicherweise handhabt, wenn man Gefangene daran hindern muss, Fluchtpläne in die Tat umzusetzen. Der Häftling ertrug dies jedoch stoisch, obwohl er mit einer Korrektur der abenteuerlichen Geschichte jederzeit die Sicherungsmaßnahmen losgeworden wäre. Offenbar wollte er sein Gesicht nicht verlieren. Nach wenigen Tagen beendete ich das Spielchen. Ich hob die letztlich unnötigen Sicherungsmaßnahmen auf und es erfolgte die Rückkehr zum Alltag.

In der Diezer Chronik wird die Eröffnung des Zucht- und Arbeitshauses am 22. August 1785 in der hoch über der Stadt aufragenden Burg nur mit einem Satz erwähnt. Dem Chronisten erschien es vielmehr interessanter, von einem nicht alltäglichen Betrugsfall zu berichten, der sich 1779 ereignet hatte:[47]

„Gegen Ende dieses Jahres machte eine Geisterbeschwörung in Diez im ganzen Fürstentum viel von sich reden. Ein gewisser A. Brunnquell erschien als katholischer Priester verkleidet bei einem Diezer Bäcker und bat ihn, einen Schatz, der in seinem Hause verborgen wäre, heben zu dürfen. Der Bäcker ging auf den Schwindel ein. Nachdem Brunnquell unter furchtbarem Getöse, das er mit einem schweren Stein, den er durch Zimmer rollte, hervorbrachte, zweimal die Geister beschworen hatte, ohne dass er in den Besitz des angeblichen Schatzes gelangt war, ließ ihn die Obrigkeit festnehmen. Der Schwindler erbot sich nun, die Beschwörung zum dritten Mal vorzunehmen, auf welchen Vorschlag die Regierung einging. Sie ließ aber vorsichtshalber das Gespensterhaus von Soldaten umstellen, die den Beschwörer in dem Augenblick festnahmen, als er durch das Fenster des Aborts entweichen wollte. Vor dem Gericht gestand er dann reumütig ein, dass er ein Betrüger und die vorgegebene Beschwörung ein Schwindel sei. Er wurde zu zwei Jahren Zwangsarbeit verurteilt und an drei Festtagen hintereinander an den Pranger gestellt.“

Während meiner ersten Berufsjahre in der JVA Diez begegnete ich einem ähnlichen Täter. Das fünfzigste Lebensjahr bereits überschritten, besaß er ein äußeres Erscheinungsbild und Auftreten, das Vertrauen einflößte. Er war von eher kräftiger Statur, trug eine dünnrandige Brille und einen gepflegten kurzgeschnittenen Bart. Ausgestattet mit einer ausgeprägten Eloquenz und vor allem einer Mönchskutte gelang es ihm, sich in Pfarrhäuser einzuschleichen. Den örtlichen Würdenträger band er den Bären auf, er sei Ordensangehöriger und Priester. Er sei gerade aus einem afrikanischen Missionsgebiet zurückgekehrt, um Spenden für seine Schäfchen zu sammeln. So durfte er vor der Pfarrgemeinde eindrucksvolle Predigten abhalten und den Klingelbeutel gut gefüllt – allerdings für private Zwecke – zu sich nehmen.

Kapitel 29: Von der Wirtschaftsverwaltung, der täglichen Kostprobe, der gerechten Verteilung des Gulaschs und der Rumfordschen Suppe

Zum Ende des Haushaltsjahres forderte die Wirtschaftsverwaltung die Bediensteten auf, in ein Wunschkonzert einzustimmen. Als wäre bald Weihnachten, durfte man mitteilen, was man gerne haben möchte. Da ich als Anstaltsleiter eine gewisse Sparsamkeit vorleben musste, übte ich mich zumeist in Zurückhaltung. Eine Ausnahme machte ich jedoch in der JVA Rohrbach. Dies hing mit der Lage meines Büros zusammen. Der Raum befand sich im ersten Stock und grenzte an einen kleinen Hof, der zum Mitarbeitersozialraum gehörte. Da ich ihn täglich nutzte, teilte ich der Finanzchefin mit, ich wolle den Zeitaufwand für den Hinweg ein wenig verkürzen. Mein Weihnachtswunsch sei deshalb eine Röhrenrutschbahn, durch die ich elegant von meinem Büro in den Hof zum Sozialraum hinuntergleiten könne. Dies behauptete ich jedenfalls übermütig in meinem schriftlichen Antrag. Wieder einmal musste ich allerdings die Erfahrung machen, dass nicht alle Bediensteten ihren Chef ernst nehmen. Die Mitarbeiterin warnte mich, sie würde meine Bedarfsmeldung dem Ministerium vorlegen. Ich machte einen Rückzieher. Für meine alternativ vorgetragene Bitte, sie möge mir zum Trost wenigstens einen schönen Keramikzimmerspringbrunnen beschaffen, hatte sie nur ein respektloses Grinsen übrig.

Für circa eine halbe Stunde täglich war ich als Mitarbeiter der Wirtschaftsverwaltung tätig. Es ging um eine besonders wichtige Aufgabe, der ich täglich mit großer Ernsthaftigkeit und Engagement nachkam. Die Verwaltungsvorschriften über die Wirtschaftsverwaltung sehen vor, dass der Anstaltsleiter neben anderen Mitarbeitern regelmäßig die Anstaltsverpflegung kostet. Er soll deren Qualität überprüfen und sich selbst ein Bild machen. So ging ich zu diesem Zweck täglich in den Sozialraum. Ein Hineinrutschen wurde mir ja, wie beschrieben, nicht ermöglicht. Man sollte es mir hoch anrechnen, dass ich sogar in der Mittagspause arbeitete, indem ich die sogenannte Kostprobe zu mir nahm. Ein Anstaltsleiter muss eben Vorbild sein. Nachdem ich diese anspruchsvolle Aufgabe erledigt hatte, war ich gehalten, einen schriftlichen Eintrag im Kostprobenbuch zu fertigen. Meine Anmerkungen wurden regelmäßig von der Leiterin der Wirtschaftsverwaltung und auch den Köchen gelesen. Da ich möglichst niemanden verletzen wollte und zudem die Qualität der Verpflegung durchaus gut war, hatte ich es mir angewöhnt, mich für eine von drei Bewertungsstufen zu entscheiden: sehr gut, gut und ordentlich. Wenn „ordentlich" zu lesen war, hatte es mir nicht sonderlich gut geschmeckt. Dies waren allerdings Ausnahmefälle. Trotz des überschaubaren Verpflegungssatzes von damals etwa vier bis fünf Euro täglich pro Gefangenem gelang es den Köchen fast immer, ein schmackhaftes Essen anzubieten. Da man mich zu Recht als Suppenkasper bezeichnen darf, freute ich mich über die besonders leckeren Eintöpfe, die einmal wöchentlich gereicht wurden.

Die Küchenbeamten streuten immer wieder einige Highlights bei der Gestaltung des Speiseplans ein. Verpflegungswochen, die unter einem bestimmten Motto liefen und in denen Gerichte aus einer bestimmten Region oder einem Land angeboten wurden. So gab es zum Beispiel eine bayerische Woche, außerdem eine asiatische sowie eine italienische. Ein kleines Signal an die Inhaftierten, dass man sich um sie bemüht. Jeder, der regelmäßig in einer Kantine gegessen hat, weiß, wie wichtig ein ordentliches Mittagessen für die Zufriedenheit ist. In einer Justizvollzugsanstalt ist dies nicht anders. Es hat in Gefängnissen schon Unruhen wegen der Verpflegung gegeben. Daher haben die Anstaltsköche auch Einfluss auf die Sicherheit der Anstalt. Ich wollte nicht bei einem Rundgang durch das Gefängnis mit Klößen beworfen werden.

Es gab allerdings ein Mittagsgericht, mit dem ich nicht zufrieden war. Dies soll nicht verschwiegen werden. Etwa einmal monatlich gab es als Hauptgericht eine Süßspeise wie Gries- oder Reisbrei mit Obst, Zucker und Zimt. Dies ist für mich kein Mittagessen, sondern eher ein Nachtisch. In den ersten Jahren in der Justizvollzugsanstalt Rohrbach nervte ich die Leiterin der Wirtschaftsverwaltung mit meiner egozentrischen Bitte, doch möglichst auf solche Gerichte zu verzichten. Schließlich gehöre die Einnahme der Kostprobe zu meinen anspruchsvollsten Aufgaben und solle nicht unnötig erschwert werden, argumentierte ich. Die Hüterin des Budgets und auch der Küchenchef entgegneten im Chor, die Gefangenen würden durchaus diese süßen Speisen mögen. Zugegebenermaßen war ich davon nicht überzeugt, bis mir ein Anstaltspsychologe erklärte, für viele Gefangene mit Suchtproblemen seien zuckerhaltige Gerichte ein wenig ein Ersatz für Drogen. Schließlich hätten mehr als 60 % der Inhaftierten dieses Problem. Ich war mir nicht sicher, ob der Psychologe von der Leiterin der Wirtschaftsverwaltung mit einem Steak, das ich mir als Alternative zur Breikost gewünscht hätte, bestochen wurde. Sie ist eben zu einer gewissen Sparsamkeit gezwungen und muss auch kostengünstige Gerichte anbieten. Letztlich habe ich dies akzeptiert, jedoch die Süßspeisen weiterhin verschmäht. Mit der Kostprobe habe ich an diesen düsteren Tagen andere Mitarbeiter beauftragt.

Während meiner Dienstzeit in der JVA Diez gab es häufig Beschwerden von Inhaftierten wegen der Verteilung des

Mittagessens. Es wurde vorgetragen, einige Gefangene erhielten im Vergleich zu den Mitinhaftierten größere Mengen gerade von den besonders beliebten Gerichten wie Gulasch mit Nudeln. *„Die Benachteiligten erhalten überwiegend Soße, in der wenige Fleischstückchen einsam umherschwimmen“*, hatte ein Gefangener schriftlich moniert. Damals wurde das Essen noch mit Kellen von den Ausspeisern, den Gefangenenhilfskräften, verteilt. Ein Trupp von ungefähr vier Gefangenen schob die Essenswagen von Zelle zu Zelle. Ein Beamter ging vorneweg und schloss die Haftraumtür auf, der zweite ging hinter der Gruppe und verschloss die Zelle wieder. Die Bediensteten beaufsichtigten die Verteilung des Essens, so gut es ging. Dass dies angesichts der engen galerieartigen Flure des Diezer Gefängnisses Grenzen hatte, kann man sich vorstellen. Nachdem sich die Beschwerden nach Gulaschtagen häuften, hatte Dr. Dieter Bandell, dessen Stellvertreter ich damals war, die Nase gestrichen voll. Er ordnete an, das Fleisch solle künftig „geschreddert“ werden. Vorübergehend solle es ausschließlich Haschee geben. Mit einem gewissen Druck sollten die Gefangenen veranlasst werden, das Problem selbständig zu lösen. Doch die optimistischen Erwartungen erfüllten sich nicht. Nachdem das beliebte Gulaschgericht nicht mehr pulverisiert, sondern versuchsweise wieder mit sichtbaren Fleischstückchen ausgegeben wurde, lebte das Beschwerdeaufkommen wieder auf. Da ich damals als Mitglied der Anstaltsleitung auch für die Wirtschaftsverwaltung verantwortlich war, wollte ich mir selbst ein Bild von der Essensverteilung machen. Mit einer Kollegin und einem Kollegen postierte ich mich an einem Gulaschtag in der Nähe des Ausspeisertrupps und durfte interessante Beobachtungen machen. So tauchte der Gefangene, der den Gulaschkübel vor sich herfuhr, seine Kelle bei einigen Gefangenen tiefer ein als bei anderen.

Bei einigen Auserwählten landeten daher deutlich größere Mengen Fleisch auf dem Teller. Ein Inhaftierter hielt seinen Teller, nachdem er bereits eine Kelle mit dem begehrten Speise erhalten hatte, nochmals zu dem Ausspeiser hin in der Erwartung, er erhalte die doppelte Menge. Doch der Gefangene mit der Kelle drehte demonstrativ seinen Kopf nach hinten zu mir und deutete vielsagend in meine Richtung. Der hungrige Inhaftierte, der offenbar eine höhere Stellung in der Gefangenensubkultur innehatte oder auch nur ein Kumpel des Ausspeisers war, verzog sein Gesicht zu einer missmutigen Grimasse und ging mit dem Teller enttäuscht in seine Zelle zurück. Vorübergehend erfolgte die Verteilung des Mittagessens an den Tagen, an denen es diese Verpflegungshighlights gab, gerechter. Doch war dies wenig überraschend nicht von Dauer. Daher war es ein Segen, dass die JVA Diez mit einer neuen Anstaltsküche ausgestattet wurde und es möglich war, das Essen vorportioniert in gleichen Mengen auf Tabletts auszugeben.

Ein Rückblick in die Geschichte des Strafvollzuges zeigt, dass man in Zeiten, in denen das Resozialisierungsziel eine geringe Bedeutung hatte, teilweise eine gezielte Mangelernährung als Faktor der Abschreckung der Häftlinge und der Allgemeinheit, Straftaten zu begehen, betrachtete. Zum Beispiel wurde der Speiseplan des Bayerischen Arbeitshauses zu Amberg 1780 öffentlich bekannt gemacht, *„damit jedermann vor der Zuchthausstrafe und dem Gefängnis sich desto mehr hüten möge“*.[48]

Bereits 1779, somit 6 Jahre vor der Inbetriebnahme des Zuchthauses in der hoch über der Kleinstadt Diez thronenden mittelalterlichen Burg, machte man sich Gedanken über die Verpflegung der Insassen. Die zuständige Behörde beschäftigte sich mit der Frage, ob man den Gefangenen denn nur Brot und Wasser verabreichen solle. Man kam zu dem Ergebnis, dass ein Häftling vor allem bei schwerer körperlicher Arbeit von Brot allein nicht lange leben werde. Der Speiseplan sollte daher zwei warme Mahlzeiten täglich und einen wöchentlichen Fleischtag enthalten.[49] Anders als im späteren Strafvollzug war die Ausgabe von Alkohol nicht verpönt. Wie ein Bericht der Zuchthauskommission vom Juni 1786 ausführt, haben die Zuchthausgefangenen abends nur flüssige Nahrung in Form eines „Schoppen" guten Bieres erhalten.[50] Der Zusammenhang zwischen Alkoholismus und insbesondere Gewaltstraftaten wurde damals offenbar kaum beachtet.

In der Zuchthausburg beging man einen gravierenden Fehler bei der Zubereitung des Essens, der beinahe fatale Folgen gehabt hätte. 1805 machte die Zuchthausverwaltung Versuche mit der sogenannten Rumfordschen Suppe, einer Armenspeise, in die unter anderem Gerste, Erbsen und Kartoffeln kamen. Die Suppe musste erstaunliche drei Stunden kochen, bevor man in die Flüssigkeit noch kleine Brotstücke hineingab. Die Gefangenen klagten allerdings, der Eintopf liege ihnen im Magen wie unreifes Obst. Um die Suppe zu verbessern, besorgte sich ein wohlmeinender Justizrat das Rezept für eine Knochen-Gallerte, die eine weitere und wesentliche Zutat der Suppe werden sollte. Rinderknochen wurden in gesalzenem Wasser eingekocht. Die Brühe kühlte über Nacht zu einer braunen Gallerte ab. Am darauffolgenden Tag wurde es dann ernst. Man verwendete abweichend von der üblichen Praxis einen Messingkessel, da der ansonsten zum Kochen benutzte eiserne Kessel gerade nicht zur Verfügung stand. Er wurde nämlich zum Reinigen der Wäsche benötigt. *„Guten Appetit"*, entfährt es manchem Leser jetzt wohl. Nach dem Verzehr der Suppe stellten sich bei den Zuchthausgefangenen heftige Magen- und Kopfschmerzen ein. Viele mussten sich übergeben. Da Messing bekanntlich neben Zink zu einem erheblichen Teil aus Kupfer besteht, ging man zunächst von einer Grünspanvergiftung aus. Deshalb wurden für die nächsten Kochexperimente der Eisenkessel benutzt, ohne dass sich jedoch eine Besserung einstellte. Die gleichen Symptome stellten sich erneut bei den Häftlingen ein. Dies bedeutete das unrühmliche Ende der Rumfordschen Suppe.[51]

Kapitel 30: Der Bundesbahnattentäter Monsieur X und Unschuldsbeteuerungen

Der großgewachsene hagere Mann war in den vielen Jahren der Haft sichtlich gealtert, als ich ihm erstmals in der Anstaltsgärtnerei der JVA Diez begegnete. Bei meinem Rundgang wirkte der Mann mit dem schmalen Oberlippenbart und dem grauen Haarschopf mürrisch und distanziert. Ich hatte den Eindruck, er wollte nicht von mir, dem damals noch recht jungen Mitglied der Diezer Anstaltsleitung, angesprochen werden. Viele Gefangene betrachten die Bediensteten und noch viel mehr die Anstaltsleitung als Teil der Justiz, die sie bestraft hat. Andere sehen die Rolle des Personals eher sportlich in dem Sinne, dass alle nur ihren Job machen, und wissen einen menschlichen und respektvollen Umgang mit ihnen zu schätzen.

Dass der distanzierte Freigänger eine lebenslange Freiheitsstrafe wegen mehrfachen versuchten Mordes verbüßte, aber beteuerte, er sei unschuldig, wusste ich. Monsieur X, der Bundesbahnerpresser, der dreizehn Anschläge auf Züge und Bahnanlagen begangen hatte, sei ein anderer gewesen, behauptete er konsequent bis zum letzten Hafttag. Seine Einlassung, er habe nur Botendienste für einen Detektiv geleistet, der ihm gesagt habe, es gehe um die Jagd nach Verbrechern, wurde in dem Indizienprozess als unglaubhaft bewertet. Unter dem von dem Angeklagten angegebenen Namen war kein Detektiv auffindbar. Der Täter, der sich selbst Monsieur X nannte und 250.000 DM erpressen wollte, hatte es auf die Bahnstrecke zwischen Bruchsal und Freiburg abgesehen. Nachdem er einen Güterzug zum Entgleisen gebracht hatte, wurde es bitterernst. 1977 entgleiste ein Personenzug. Monsieur X hatte in einer Kurve mehr als 100 Schrauben einer Schiene gelöst und sie verbogen. Der

Zug entgleiste bei Tempo 140 bei Riegel am Kaiserstuhl. 19 Fahrgäste wurden zum Teil schwer verletzt. Ein aufmerksamer Zuschauer, der die ZDF-Sendung „Aktenzeichen XY" gesehen hatte, konnte den entscheidenden Tipp geben, der zur Festnahme führte. Er erhielt eine Belohnung von 110.000 DM; 10.000 hatte die Staatsanwaltschaft, 100.000 die Deutsche Bundesbahn ausgesetzt.

Mehrfacher versuchter Mord befand das Gericht und verhängte eine lebenslange Freiheitsstrafe. Habgier zur Finanzierung der Spielleidenschaft wurde als Tatmotiv gesehen. Monsieur X glaubte ein Gewinnsystem für Roulette entwickelt zu haben. Um es in den Casinos einzusetzen, wäre der Einsatz großer Summen erforderlich gewesen. Mit seinem Versuch, 250.000 DM von der Bahn zu erpressen, wollte er sich das notwendige Kapital hierfür beschaffen.

Der Gefangene verhielt sich während der Haftzeit beanstandungsfrei. Die Beamten des allgemeinen Vollzugsdienstes, die tagtäglich mit ihm zu tun hatten, gewannen den Eindruck, er wolle sich mit seinem seriösen Auftreten bewusst von den anderen Gefangenen unterscheiden. Mit den Bediensteten seines Haftbereiches suchte er sporadisch den Gesprächskontakt. Insbesondere, wenn er zum Beispiel nach einem Schreiben seines Rechtsanwaltes eine Enttäuschung erfahren hatte, wollte er sich Luft machen. Wie jeder Mensch benötigte er einen anderen, bei dem er seine Sorgen abladen konnte; jemanden, der ihm einfach einmal zuhörte. Bis zum letzten Hafttag sprach er davon, dass er ein Opfer der Justiz sei.

Im September 1993 nutzte der Gefangene seinen Status als Freigänger in der Anstaltsgärtnerei aus und floh. Anlass war, dass das Gericht eine bedingte Entlassung nach sechzehn Haftjahren abgelehnt hatte. Er sandte aus seinem Versteck einen Brief an die JVA Diez, in dem er wiederum seine Unschuld beteuerte. Drei Jahre später stellte er sich in der Freiburger Justizvollzugsanstalt und wurde wieder nach Diez gebracht. Ende der 1990er Jahre wurde der verbitterte Gefangene schließlich entlassen. Er fertigte ein Manuskript über seinen Fall an und sandte es an mehrere Literaturverlage. Doch keiner zeigte Interesse an seiner Tatversion. 2015 verstarb Monsieur X.

Bei einer lebenslangen Freiheitsstrafe hätte ein Justizirrtum die soziale Existenz eines Menschen vernichtet. Wenn Gefangene mit dieser Sanktion hartnäckig ihre Unschuld beteuern, verschlechtert dies erheblich ihre Chancen, irgendwann auf Bewährung entlassen zu werden. Ohne ein Geständnis scheidet eine Tataufarbeitung aus. Eine positive Kriminalprognose ist dann schwer zu begründen. Ich bin dankbar dafür, dass ich nicht in der Situation eines Richters war, der in einem Indizienprozess entscheiden musste, ob ein Angeklagter schuldig war. Als Mitarbeiter im Strafvollzug war es müßig, sich Gedanken darüber zu machen, ob womöglich ein Unschuldiger hinter Gitter gebracht wurde. Wenn ein Gefangener dies mir gegenüber behauptet hat, konnte ich ihm nur entgegnen, dass ich stets von dem Urteil des Gerichts ausgehen müsse. Die Richtigkeit eines Richterspruchs könne ausschließlich im Rahmen eines Wiederaufnahmeverfahrens überprüft werden. Eine förmliche Antwort wie die des Pförtners einer Behörde, der einem Bürger mitteilt, die Bürozeiten seien gerade zu Ende. Mehr als Sachlichkeit konnte ich nicht bieten. Ich vermied es zu sagen, dass ich ihm die Unschuldsversion nicht abnehme. Menschen können Fehler machen. Auch Richter. Ich hoffe, sehr selten. Einem bin ich jedoch begegnet, der Zeit seines Lebens in einem Mordverfahren unsicher war, ob er die Richtige verurteilt hatte.

Die JVA Zweibrücken ist für Frauen mit lebenslanger Freiheitsstrafe zuständig. Am Ende meiner Referendarzeit musste ich einen Abschlusslehrgang in Bad Münster besuchen. Der Richter, etwa sechzig, ein recht großer Mann mit Glatze, der zumeist einen etwas zu weiten roten Pullover trug, versuchte uns vor dem bald drohenden zweiten Staatsexamen den letzten Schliff im Strafrecht zu vermitteln. Einmal wich er unvermittelt von dem Examensstoff ab und erzählte uns von Zweifeln, die ihn noch viele Jahre nach einem Urteil bewegten. Nach meiner Erinnerung gab es keinen Anlass für sein Abschweifen. Der Richter hatte eine lebenslange Freiheitsstrafe über eine Frau ausgesprochen, die nach dem Urteil ihre beiden Kinder ermordet hatte. Er berichtete uns, die Täterin sei unmittelbar nach den Morden von einem Taxi abgeholt worden. Entscheidendes Indiz sei gewesen, dass der Fahrer in der Wohnung der Frau im Obergeschoss einen Feuerschein wahrgenommen habe. Auch sein Fahrgast habe kurz hochgeschaut. Die Täterin habe Feuer gelegt, um die Tat zu vertuschen. Man spürte, dass der Richter sich im Nachhinein nicht hundertprozentig sicher war. Ich fragte mich damals, wie fatal es wäre, hätte sich unser Lehrer tatsächlich geirrt. Lebenslang oder Freispruch. Extrem auseinanderliegende Alternativen.

Kapitel 31: Uniformen, Krawattennadeln, Vollzugslockerungen mit Pressevertretern und ein gefesselter Anstaltsleiter

Der allgemeine Vollzugsdienst trägt von Ausnahmen abgesehen im Dienst Uniform, unter anderem damit Gefangene eindeutig optisch von Bediensteten unterschieden werden können. In Gefahrensituationen kann dies hilfreich sein.

Ein zu einer lebenslangen Freiheitsstrafe verurteilter Inhaftierter, der eine ausgeprägte Neigung zu Gewalttätigkeiten hatte, wurde von einem jüngeren Gefangenen provoziert. Der Lebenslange mit der kurzen Zündschnur hatte bereits mehr als 15 Jahre abgesessen. Er stand unter besonderer Beobachtung und konnte sich nur wenig erlauben. Dies wusste der jüngere Häftling. Beide Männer verrichteten in einem Arbeitsbetrieb eine Knochenarbeit, die im Akkordlohn bezahlt wurde. Dort wurden Kehrbesen für Straßenreinigungsmaschinen hergestellt. Wer zügig arbeitete, konnte einen deutlich höheren Lohn erhalten. Aufgrund der ständigen Schikanen lief das Fass für den älteren Lebenslangen irgendwann über. Nach einer weiteren Stichelei würgte der schmächtige und eher kleine Mann seinen Peiniger. Er hätte den von dem Angriff überraschten Inhaftierten womöglich getötet, hätte der Betriebsbeamte den Vorfall nicht rechtzeitig wahrgenommen. Der Mitarbeiter hastete zu den Kontrahenten. Als der vor Wut schnaubende Angreifer den zu ihm eilenden Beamten wahrnahm, löste er augenblicklich seine Hände vom Hals des nach Luft ringenden Gefangenen. Der Mitarbeiter war davon überzeugt, dass die damals noch grüne Uniform wie ein Stoppschild auf den Angreifer gewirkt hatte.

Der Beamte besaß wie die meisten Bediensteten eine pragmatische Einstellung zur Uniform. Die von der Justiz gestellte Kleidung wird zudem als angenehme Möglichkeit angesehen, sich das Geld für Arbeitskleidung zu sparen. Zudem muss man sich morgens keine Gedanken über das tägliche Outfit machen. Nachdem die Uniformen früher grün waren, erfolgte später ein Wechsel zum europagerechten Blauton, der die Dienstkleidung deutlich ansehnlicher machte.

Die Uniformen sollten nicht mit Utensilien verziert sein, die irgendwelche fraglichen Botschaften zum Ausdruck bringen. Vor vielen Jahren fiel mir bei einem Anstaltsrundgang ein Mitarbeiter des allgemeinen Vollzugsdienstes ins Auge. Er trug eine Krawattennadel, die mit einer Handfessel verziert war. Wenige Tage danach trug ein Gefangener in meiner Anstaltsleitersprechstunde vor, es störe ihn, wenn ein Bediensteter ein solches Accessoire nutze. Gefangene erwarten, dass die Bediensteten ihnen respektvoll und auf Augenhöhe begegnen. Die Handfessel symbolisiert hingegen ausschließlich die restriktiven Elemente des Strafvollzuges. Sie wird insbesondere bei Fahrten zu Gerichtsterminen oder externen Ärzten bei Gefangenen des geschlossenen Vollzuges eingesetzt, sofern von einer Fluchtgefahr ausgegangen wird. Innerhalb der Gefängnismauern erfolgt eine Fesselung ausschließlich bei extrem gewalttätigen Inhaftierten, solange diese sich außerhalb des Haftraumes aufhalten. Nach einem Gespräch verzichtete der Beamte auf die Krawattennadel.

Bei den Auswahlrunden für den allgemeinen Vollzugsdienst fragte ich regelmäßig die Interessenten, was sie von Uniformen hielten. Mein Ziel war es, Bewerber herauszufiltern, für die das Tragen einer Uniform eine übermäßig große Bedeutung hatte. Dies kann darauf hinweisen, dass die Uniform als Gerüst für eine eher schwache Persönlichkeit dienen soll. Die meisten Bewerber, die mit dieser Frage konfrontiert wurden, rochen den Braten und antworteten regelmäßig, das Tragen von Uniformen gehöre eben dazu. Sie hätten damit kein Problem. Einige wenige äußerten allerdings, dass sie gerne Uniform tragen würden. Dies *„macht etwas her"*. Eine solche Antwort ließ mich an der Eignung des Bewerbers für den Strafvollzug zweifeln.

Bei manchen Aufgaben wird auf die Uniform verzichtet. Dies gilt zum Beispiel für Ausführungen von Gefangenen, die der Wiedereingliederung und Vorbereitung auf die Entlassung dienen. Würden die Beamten, die den Gefangenen begleiten, eine Uniform tragen, wäre der Gefangene, obwohl er bei solchen Ausführungen seine eigene Kleidung tragen darf, unmittelbar als solcher zu erkennen. Dann könnte man ihm auch gleich ein Schild mit der Aufschrift „Gefangener" umhängen. Dem Ziel dieser Ausführungen, einen Inhaftierten vorsichtig mit der Freiheit in Berührung zu bringen, würden Uniformen entgegenstehen.

Mit Hilfe dieser ersten vorsichtigen Vollzugslockerungsart werden Gefangene mit lebenslangen oder langen zeitlichen Freiheitsstrafen vor einer Verlegung in den offenen Vollzug erprobt. Bei Inhaftierten, für die weitergehende Lockerungen noch in weiter Ferne liegen, erfolgen die Ausführungen, um schädlichen Folgen des Freiheitsentzugs vorzubeugen. Der Gefangene soll Berührung zum normalen Leben bekommen und zu einer Mitwirkung bei Behandlungsmaßnahmen motiviert werden. Bei den Diezer Gefangenen führt der Weg zumeist in eine der nahe gelegenen Städte Limburg oder Diez. Die Inhaftierten gehen einkaufen und besuchen ein Restaurant. Einmal ermöglichte ich es einer Journalistin, eine Ausführung zu begleiten. Sie fertigte zur Untermalung ihres Artikels ein Farbfoto an, das die Mitarbeiter des Gefängnisses und etwas verdeckt den Gefangenen beim Mittagessen zeigten. Mittelpunkt dieses Schnappschusses war ein gefülltes Bierglas, das vor einem der Bediensteten prangte. Ob es ein alkoholfreies Getränk war, mag dahingestellt bleiben. Jedenfalls musste der durstige Mitarbeiter einige Lästereien ertragen, nachdem der Zeitungsartikel publik geworden war. Ein Gefängnispsychologe, der die Journalistin persönlich kannte, steckte mir, das Foto sei wohl eine Retourkutsche gewesen. Die Medienmitarbeiterin habe erfolglos versucht, die beiden Beamten zum Besuch eines ihr genehmen Lokals zu drängen, das eher ihren kulinarischen Vorlieben entsprochen hätte. Die beiden Mitarbeiter bevorzugten dagegen stets ein bestimmtes Restaurant, weil dessen Räumlichkeiten ihnen vertraut und daher gut überwachbar waren. Man sollte zum Beispiel wissen, ob die Toilette in dem Gasthaus über ein Fenster verfügt.

Üblicherweise werden Presseberichte an das Ministerium der Justiz verschickt, da man schließlich in der Aufsichtsbehörde wahrnehmen soll, was die Anstalten an Bemerkenswertem treiben. In diesem Fall vermied ich es allerdings, eine Farbkopie nach Mainz zu versenden, sondern beließ es bei dem Schwarz-Weiß-Format. So fiel die gelborange Farbe des Gerstengetränks nicht ins Auge. Unangenehme Nachfragen der Aufsichtsbehörde konnte ich mir so ersparen.

Viele Bedienstete nehmen gerne an solchen Ausführungen teil, weil es sich um eine Aufgabe handelt, die vom üblichen Alltag in der Justizvollzugsanstalt abweicht. Sie erleben die Gefangenen für mehrere Stunden in einer gänzlich anderen Atmosphäre. Einerseits zeigen sich die Inhaftierten entspannter und eher gutgelaunt, andererseits kann die Begegnung mit der Freiheit einen Menschen, der lange nur auf Gefängnismauern geblickt hat, übermäßig belasten. Plötzlich stürmt eine Unmenge ungewohnter Außenreize auf den Gefangenen ein. Allein der Straßenverkehr oder ein Fahrkartenautomat können überfordern.

Die Beamten gewinnen bei dem mehrstündigen Kontakt mit dem Gefangenen einen eingehenderen Einblick in seine Persönlichkeit. Hinter den Wänden des geschlossenen Vollzuges spielen manche Männer innerhalb der Gefangenengemeinschaft die Rolle des durch nichts zu beeindruckenden Coolen.

Auf den Mitarbeiterinnen und Mitarbeiter lastet bei Ausführungen eine große Verantwortung, da damit viele Risiken verbunden sind. Immer wieder gibt es günstige Situationen, die ein Gefangener zur Flucht nutzen könnte. Momente, in denen bei den mehrstündigen Ausführungen die Konzentration eines Beamten kurzzeitig nachlassen kann. Manche Mitarbeiter vermeiden es, an Ausführungen teilzunehmen. Sie befürchten, dass ein Gefangener ihnen von der Fahne geht und dies nachteilige Konsequenzen für sie hat.

Bei der Auswahl der Beamten, die den Gefangenen begleiten sollen, sind weniger die sportlichen Fähigkeiten bedeutsam als vielmehr, ob sie den Gefangenen gut kennen und daher einschätzen können. Günstig ist, wenn ein gewisses Vertrauensverhältnis besteht, das der Inhaftierte nicht missbrauchen möchte. Während der fast 8 Jahre als Anstaltsleiter der JVA Diez gab es unzählige Ausführungen von Inhaftierten mit teilweise sehr langen Freiheitsstrafen. Mit und ohne Fesselung. In diesem Zeitraum gelang es keinem einzigen Gefangenen, das Weite zu suchen. Dies war nicht nur mein persönliches Glück, sondern ist als Spitzenleistung der Mitarbeiter zu verbuchen, für die ich auch heute noch sehr dankbar bin.

Auch einige Sicherungsverwahrte erhielten regelmäßig Ausführungen. Bevor sie nach Diez kamen, waren viele aufgrund eines Verwaltungsabkommens in der JVA Werl in Nordrhein-Westfalen untergebracht. Nachdem die Anzahl der Verwahrten bundesweit erheblich angestiegen und die Werler Einrichtung aus allen Nähten geplatzt war, kehrten die rheinland-pfälzischen Sicherungsverwahrten nach Diez zurück. Einigen waren in der Werler Anstalt jährlich zwei bis drei Ausführungen gewährt worden, die in Diez fortgeführt werden sollten. Eine der Hauptaufgaben dieser Lockerungsform war es, Haftschäden vorzubeugen. Der Verwahrte sollte an der Freiheit schnuppern dürfen und eine vorsichtige Berührung mit der Außenwelt haben. Anders als bei Strafgefangenen wurde im Werler Gefängnis bei einzelnen Sicherungsverwahrten die sogenannte Hamburger Fessel eingesetzt, um das Fluchtrisiko zu minimieren. Sie ist für Außenstehende nicht sichtbar, da sie von der Kleidung verdeckt wird. An dem Gelenk einer Hand und eines Fußes befindet sich jeweils ein Fesselring. Die Ringe sind mit einer Kette verbunden, die sich unter der Kleidung befindet. Der Gefangene steckt die Hand, an der sich der Fesselungsring befindet, in die Hosentasche. In ihr befindet sich ein Loch für die zum Fuß führende Kette. So nimmt man nicht wahr, dass der Inhaftierte gefesselt ist. Diese Fesselungsart belastet am wenigsten und minimiert zugleich das Fluchtrisiko bei Ausführungen. Sie gewährleistet das Gehen in normalem Tempo, jedoch kein schnelles Laufen und damit Wegrennen. Dies war jedenfalls die Information aus Werl. Da diese Fesselungsart in Rheinland-Pfalz damals noch nicht genutzt wurde und deshalb keine Erfahrungswerte vorhanden waren, wollte ich mir selbst einen persönlichen Eindruck verschaffen. In der Diezer Anstaltskirche ließ ich mir eine Hamburger Fessel anlegen. Da ich mir in meine Hosentasche kein Loch schneiden wollte, zog ich eine Jogginghose aus dem Bestand der Gefangenenkleidung an und versuchte zu rennen, was mir aber nicht gelang. Die Mitarbeiter, die dieses kleine Schauspiel beobachteten, petzten teilweise krampfhaft ihre Lippen zusammen, um ein Grinsen zu verbergen. Ich hoffe, dass damals niemand heimlich ein Foto geschossen hat. Ergebnis des Experimentes war, dass nach Rücksprache mit dem Justizministerium die Fesselungsart eingesetzt werden konnte. Mein Argument des gelungenen Selbsttestes war wohl überzeugend. Die Kollegen haben mich übrigens wieder von der Hamburger Fessel befreit.

Kapitel 32: Wenn der Amtsschimmel wiehert

Bereits vor langer Zeit galoppierte der Amtsschimmel auch hinter die Gefängnismauern und behauptet seitdem dort hartnäckig und anhaltend wiehernd seinen Platz. Ein besonders eindrucksvolles Beispiel hierfür ist das Rundschreiben „Erscheinungsbild des Justizvollzuges und Tragen von Dienstkleidung". Ohne solche Schriftstücke würde der Strafvollzug wahrscheinlich kläglich scheitern.[52] Unmissverständlich wird dort ein gepflegtes Erscheinungsbild von den Mitarbeitern eingefordert. Auch Vorgesetzte hätten insoweit Vorbild zu sein, heißt es in diesem Meisterwerk ministerialen Schaffens. Die Anstaltsleiter haben „im Rahmen ihrer Dienstaufsicht" für die Einhaltung der in dem Rundschreiben aufgestellten „Leit- und Grundsätze" zu sorgen. Erfreulicherweise sind in dem Schriftstück nicht alle Details geregelt. Die Mitarbeiter dürfen zum Beispiel noch selbst entscheiden, wie häufig sie sich duschen.

Das Rundschreiben über das „gewünschte" äußere Erscheinungsbild legt einem Anstaltsleiter eine besonders wichtige Entscheidung auf. Ich möchte nicht versäumen, dies zu erwähnen. Nr. 2.3 der Vorschrift regelt, dass die Träger von Dienstkleidung ausschließlich dienstlich zugelassene Klamotten tragen dürfen. Eine Ausnahme gibt es jedoch insoweit: Der mit der blauen Uniform ausgestattete allgemeine Vollzugsdienst darf private Schuhe tragen, *„sofern sie in Eignung und Aussehen dem dienstlich gelieferten Schuhwerk entsprechen"*. Nun kommt nach dem sehr durchdachten Rundschreiben endlich wieder der Anstaltsleiter ins Spiel. Er trägt hier eine besondere Verantwortung, die der Bedeutung seines Amtes entspricht. In Zweifelsfällen muss er darüber entscheiden, ob die privaten Schuhe diesen Vorgaben entsprechen. In zwei Fällen während meines recht langen

Berufslebens wurde ich aktiv. Es ging um Sandalenträger. Die römischen Heere machten sich ohne festes Schuhwerk die damalige halbe Welt untertan. Auch diese Soldaten trugen Uniform. *„Was also spricht gegen Sandalen hinter Gittern?"*, fragten sich möglicherweise die optisch aus dem Rahmen fallenden Mitarbeiter. Vielleicht litten sie unter Schweißfüßen und wollten mit diesem sommerlichen Schuhwerk für eine ausreichende Belüftung der Füße sorgen. Ein solches Motiv wäre nachvollziehbar. Doch bieten die offenen Schuhe keinen ausreichenden Halt und sind ungeeignet, um zum Beispiel schnellen Schrittes dem von einem Gefangenen angegriffenen Kollegen zu Hilfe zu eilen. Warum Sandalen optisch nicht zu einer Uniform passen, muss man wohl nicht erklären, zudem die beamteten Sandalenträger anders als die römischen Soldaten regelmäßig Socken trugen. Ein No-Go nach heutigen ästhetischen Maßstäben. Einer der beiden Mitarbeiter akzeptierte meine eindringliche Bitte, die Sandalen gegen geschlossene Schuhe auszutauschen, ohne Weiteres. Der zweite versuchte mich dagegen in Diskussionen darüber zu verwickeln, ob es sich bei seinen Schuhen um Sandalen handele. Seine Schuhe waren zwar überwiegend geschlossen, besaßen aber eine Vielzahl von „Lüftungsschlitzen". Der spitzfindige Mitarbeiter hatte sich somit mit einem Grenzfall zwischen Sandale und geschlossenem Schuh ausgestattet. Daher war das Rundschreiben nicht konkret genug. Hier hatten die Verfasser des Schriftstücks offenbar geschlampt. Salopp gesagt, wurde mir das Ganze nun zu blöd. „Zudem handelt es sich um einen Einzelfall", sagte ich mir. Verzweifelt legte ich das Ganze gedanklich zu meinen Akten. Eine gerichtliche Entscheidung wahrscheinlich sogar erst in der zweiten Instanz durch das Oberverwaltungsgericht wollte ich nicht riskieren. Womöglich hätten die Richter erst ein kostspieliges Sachverständigengutachten einholen müssen.

Ein Anstaltsleiter sollte nicht der Versuchung unterliegen, alles regeln zu wollen. Vor allem, wenn ein Behördenleiter viele Jahre in einem Gefängnis sein Unwesen getrieben hat, wird er nach und nach eine Vielzahl schriftlicher Hausverfügungen erlassen haben. Irgendwann verliert auch der Autor den Überblick. Zum Teil versäumt man es, eine alte nicht mehr geltende Regelung aufzuheben, zum Teil widersprechen sich Verfügungen. Wenn der Chef und andere Führungskräfte dazu neigen, detaillierte schriftliche Vorgaben für alle erdenklichen Fälle des Gefängnisalltags zu machen, ist Behördenchaos vorprogrammiert.

Ein rheinland-pfälzischer Gefängnisdirektor hatte ein Mitglied der Anstaltsleitung beauftragt, Ordnung in die Vielzahl der von ihm erlassenen Behördenleiterfügungen zu bringen. Eine Fleißaufgabe für den damals jungen Juristen, der gelegentlich, wenn er eine unangenehme Aufgabe zu erledigen hatte, stöhnend äußerte: *„Das ist eine Arbeit für jemand, der Vater und Mutter erschlagen hat.“* Ich vermute, dass er diesen Spruch auch bei dieser Aufgabe losgelassen hat. Zunächst sammelte er in den damals noch EDV-armen Zeiten einige Wochen lang alle irgendwo im Gefängnis kursierenden schriftlichen Verfügungen ein. Es kam ein Stapel mit einer Dicke von etwa 40 Zentimetern zusammen. Mit dem Bündel ging er wortlos zum Anstaltsleiter und ließ es aus einer nicht ganz unbeträchtlichen Höhe auf dessen Schreibtisch plumpsen. Dann sagte er noch ebenso verzweifelt wie ärgerlich: *„Das ist dem Chef seine gesammelte Sch…“* Sein Vorgesetzter ertrug diesen Auftritt mit Humor. Er wusste, sein Mitarbeiter würde bald Ordnung in das Verfügungsunwesen bringen.

Manche Verfügungen des Anstaltsleiters führen zu Missverständnissen, bisweilen auch zu Eulenspiegeleien der Mitarbeiter. In einem Fall hatte dies eine unwillkommene Folge.

Eigentlich ist den Mitarbeitern, die in den Werkhallen tätig sind und die dort arbeitenden Gefangenen beaufsichtigen müssen, bewusst, dass alle Waren sorgfältig kontrolliert werden müssen, bevor sie das Gefängnis verlassen. Es soll vermieden werden, dass ein Gefangener sich in einer Kiste verpacken lässt, um sich dann gemütlich auf der Ladefläche eines LKW aus der Anstalt fahren zu lassen. Irgendwann kam ein Anstaltsleiter auf die Idee, die durchzuführenden Kontrollen näher zu beschreiben. Dies wurde schriftlich in die Form einer Verfügung gegossen. Dort war angeordnet, dass alle Kisten mit Arbeitsmaterialien, bevor sie die Werkhalle verlassen, mit einem dünnen, leicht abgestumpften Metallstab zu „durchstechen" seien. Nun gab es allerdings abseits der großen Werkhallen noch einen weiteren kleinen Betrieb, der ebenfalls regelmäßig von Transportfahrzeugen angefahren wurde. Die Mitarbeiter dieses Betriebes lasen die Verfügung Wort für Wort sorgfältig durch und kamen zu einem eigenwilligen Ergebnis. Nach dem Wortlaut der Verfügung galt die Vorgabe, die Materialkisten mit einem Stab zu kontrollieren, ausschließlich für die beiden großen Werkhallen. Es kam, wie es kommen musste. Einige Wochen nach Erlass der Hausverfügung saß ein Gefangener des kleinen Betriebes verpackt in einer Kiste und gelangte so in die Freiheit. Bei dem Ausbrecher handelte es sich eher um ein Leichtgewicht. Der Gefängnischef holte sich die zuständigen Mitarbeiter, um ihnen einen Rüffel zu erteilen. Kess beriefen sie sich auf die unpräzise Regelung ihres Chefs. Der Anstaltsleiter ließ dies jedoch nicht gelten und wies die spitzfindigen Bediensteten darauf hin, dass es durchaus erlaubt sei, den Verstand einzuschalten oder einfach bei ihm als Schöpfer der Verfügung nachzufragen.

Kapitel 33: Hygiene, Sauberkeit und optische Probleme

In alten Gefängnisordnungen wie der preußischen von 1898 wird der hohe Stellenwert von Sauberkeit und Hygiene hervorgehoben.[53] Das Zentralgefängnis Freiendiez, später JVA Diez, lag in der damals noch selbständigen Gemeinde Freiendiez, die zu Preußen gehörte. Nach § 63 der alten Gefängnisordnung waren die Unterwäsche, die damals als „Leibwäsche" bezeichnet wurde, das Handtuch wöchentlich und die Bettwäsche monatlich zu wechseln. Dies entsprach dem damaligen Standard. Carl Fliegenschmidt, ein Gefängnisdirektor in Preußen, hob in seinem Lehrbuch von 1901 als einen der Grundsätze des Strafvollzuges hervor, es müsse *„peinliche Reinlichkeit"* herrschen.[54] Der Verfasser wies auf die Bedeutung der *„Reinhaltung der Räume, der Gegenstände, der Kleidung"* für die *„Gesundheitspflege"* hin. Krankheiten, die zuvor nicht selten dazu geführt hatten, dass Gefangene die Haftzeit nicht überlebten, sollten weitestgehend verbannt werden. Fliegenschmidt sprach insoweit von *„eigentümlichen Kerkerkrankheiten"*. Er führte aus, die *„Forderung größter Sauberkeit"* ziele *„aber auch auf die sittliche Hebung der Gefangenen"*.[55] Der Autor argumentierte optimistisch: *„Ein Mensch, der zum Wohlgefallen an äußere Reinlichkeit erzogen wurde, weist Mahnung und Einwirkung zur inneren Reinigung wohl nicht mehr so schroff ab."*[56] Eine den damaligen Verhältnissen geschuldete steile These. Schon lange sind Sauberkeit und Hygiene kein Problemthema mehr in den Anstalten. Die meisten Gefangenen sind bestrebt, sich ein möglichst gutes äußeres Erscheinungsbild zu bewahren.

Fliegenschmidt erwähnt wie selbstverständlich, dass Spucknäpfe *„allenthalben"* standen. Das Ausspucken war damals noch kein Verstoß gegen geltende Benimmregeln.

Wenn ich Besuchergruppen durch die Anstalten führte, gewannen sie zumeist einen positiven Eindruck vom äußeren Erscheinungsbild der JVA und teilten dies oft auch anerkennend mit. Äußerlich erschien ihnen alles sehr geordnet. Sie blickten auf tadellos gestrichene Wände und glänzende Böden. Die Mittagsverpflegung duftete angenehm, wenn eine Besuchergruppe am späten Vormittag über die Flure zog. Irgendwie erinnerten mich die Reaktionen der Besucher an die Beschreibung eines Gefängnisses in dem Roman „Justiz" von Friedrich Dürrenmatt. Der zentrale Protagonist, ein junger Rechtsanwalt, besucht seinen Mandanten. Erstaunt stellt er fest*: „(...) der Gesundheitszustand der Insassen ist vortrefflich, die klösterliche, regelmäßige Lebensweise, das frühe Lichterlöschen, die einfache Nahrung wirken wahre Wunder." „Dazu durchzieht ein warmer Brotgeruch das Haus, die Bäckerei ist berühmt, ihre Wurstwecken staunenswert (die Würste werden geliefert)." „(...) und nicht ohne Neid dämmert es einem auf, dass diese Welt in Ordnung ist, nicht die unsre."*[57] Nachdem ich diese Zeilen gelesen hatte, geriet ich ein wenig ins Nachdenken. Besuchergruppen nehmen oft nur das Positive und Angenehme wahr. Das äußere Erscheinungsbild des Gefängnisses, Freizeitangebote wie Sport, eine passable Verpflegung und nicht zuletzt Mitarbeiter, die die Besucher freundlich grüßen. Der eine oder andere könnte an ein Sanatorium erinnert werden, befürchtete ich. Immerhin weisen die Uniformen die Besuchergruppen darauf hin, dass sich hier nicht Kurgäste in einer beschaulichen Welt versammelt haben. Ich habe mich deshalb darum bemüht, Besucher auf die vielen Beschränkungen hinzuweisen, denen die Inhaftierten ausgesetzt sind: die langen Zeiten des Eingesperrtseins in einer kleinen Zelle, die geringen Kontakte zu den Bezugspersonen, auf wenige Stunden im Monat begrenzt.

Die Körperhygiene war in den Justizvollzugsanstalten lange Zeit unzureichend. Noch in den 1990er-Jahren wurden den Gefangenen in den meisten Anstalten etwa drei Unterhosen pro Woche zur Verfügung gestellt. Dies hatte damals insbesondere mit Kapazitätsproblemen der Anstaltswäscherei, aber auch den knappen Wäschebeständen zu tun, die den Anstalten vom Justizministerium zugestanden wurden. Seit einigen Jahren gehört dieser Missstand erfreulicherweise der Vergangenheit an.

Zwar kommt die Anstaltskleidung in gründlich gereinigtem Zustand von den Gefängniswäschereien zurück, teilweise lässt das äußere Erscheinungsbild jedoch zu wünschen übrig. Die T-Shirts, die als Sommeroberbekleidung ausgegeben werden, werden nicht gebügelt und sind, nachdem sie einen Trockner über sich ergehen lassen mussten, sehr zerknittert. Bügeleisen könnten als Waffe missbraucht werden. Sie dürfen deshalb ausschließlich in den wenigen Wohngruppen und Freigängerabteilungen in einem Hauswirtschaftsraum genutzt werden. Die T-Shirts werden daher von einem Großteil der Gefangenen in diesem wenig gesellschaftsfähigen Zustand getragen. Wer keinen Zugang zu Bügeleisen hat, behilft sich mit Tricks. Insbesondere vor Besuchen ihrer Bezugspersonen legen die Gefangenen Wert auf ein ansehnliches äußeres Erscheinungsbild. Manche bestreichen das T-Shirt mit heißem Wasser, legen es auf den Zellentisch, streichen es halbwegs glatt und hängen es in der Nähe des Fensters zum Trocknen auf.

Die Häftlinge konnten sich früher in vielen rheinland-pfälzischen Anstalten wie der JVA Rohrbach dreimal wöchentlich duschen. Ein Hautarzt würde wahrscheinlich sagen, dies genüge. Doch sind die Gefangenen dieser Einrichtung ansonsten auf das sehr kleine Waschbecken des Haftraumes angewiesen und einen dünnen Kaltwasserstrahl, der sich durch den Hahn zwängt. Eine Ganzkörperhygiene ist daher allenfalls mit größter Mühe gewährleistet. Haarewaschen ist nahezu ausgeschlossen. Manches kahlgeschorene Haupt im Männervollzug ist wohl diesem Umstand geschuldet. Vor einigen Jahren wurden die Duschintervalle auf sechs pro Woche erhöht. Lediglich der Sonntag – so unter anderem in der JVA Rohrbach – ist wegen des engen Zeitfensters an diesem Tag ausgenommen. Gottesdienstbesucher treten somit nur mit der Restfrische des Vortages in den Kirchenraum.

Die Justizvollzugsanstalten verfügen in Rheinland-Pfalz zumeist über kleine Duschräume, „Etagenduschen", die innerhalb der Haftraumbereiche untergebracht sind. In der JVA Diez gab es noch bis etwa 2000 eine zentrale Duschhalle etwa 100 Meter vom Hafthaus entfernt. Sommers wie winters kehrten die gesäuberten Inhaftierten über den Gefängnishof in ihren Wohnbereich zurück. Im Winter mit dem Parker, die Kapuze tief über den Kopf gezogen. Im Duschgebäude konnten etwa 60 Gefangene zeitgleich duschen. Eine Überwachung der von Wasserdampf umhüllten Gefangenen war kaum möglich. Übergriffe waren daher nicht auszuschließen, sei es sexueller Art oder auch Gewalttätigkeiten. Hinweise von Gefangenen hierüber gab es kaum. Möglicherweise kam es eher selten zu Vorfällen, auch weil die Gefahr der Entdeckung wegen der vielen der im Duschhaus zeitgleich anwesenden Inhaftierten zu groß war. Es kommt hinzu, dass Betroffene kaum bereit waren, sich den Anstaltsbediensteten mitzuteilen. Sie wollen nicht als Verräter gebrandmarkt werden und hatten Angst davor, dass die restliche Haftzeit zur Hölle wird, sollte dies herauskommen.

Die heutigen Etagenduschen verfügen über etwa sechs Plätze. Die Tür des Raumes ist verschlossen. Eine Beaufsichtigung ist auch dort kaum möglich. Einzelduschen wird auf einen begründeten Antrag hin genehmigt. Argumente sind nachvollziehbare Ängste vor Mitgefangenen, aber auch körperliche und sichtbare Gebrechen. Gefangene mit rechtsradikalen oder anderen provokanten Tattoos dürfen nicht zusammen mit anderen Inhaftierten den Duschraum benutzen.

Kapitel 34: Die alten Gefängnisse in Mainz und Kaiserslautern, die Suche nach einem anderen Platz und Reste einer Biogasanlage

Ende 2002 wurden die veralteten Gefängnisse in Mainz und Kaiserslautern aufgegeben. Die Gefangenen wurden in die JVA Rohrbach verlegt, die im Bereich der Ortsgemeinde Wöllstein liegt. Eine deutliche Verbesserung der Haftbedingungen war die Folge. Vor allem die Bediensteten der maroden Mainzer Einrichtung erlebten die neue Arbeitsumgebung als Gewinn. Ihren alten Dienstort bezeichneten manche als „Drecksloch". Die Gebäude blieben als dunkel, eng und heruntergekommen in Erinnerung. Der Kammerjäger war wegen einer dauerhaften Rattenplage regelmäßig zu Gast. Im Keller fühlten sich Kakerlaken wohl. Wenigstens durfte das Mainzer Gefängnis als Kulisse für die ZDF-Krimiserie „Ein Fall für zwei" herhalten. Einer der beiden Protagonisten, der Rechtsanwalt, nutzte hauptsächlich die Besuchsräume, wenn er einem Mandanten die Ehre gab. So war zum Beispiel Günter Strack einer der Schauspieler, die in den schäbigen Zimmern der JVA Mainz diese Rolle verkörpern durften. Der Mime durfte immerhin einmal in dem Hitchcock-Film „Der zerrissene Vorhang" eine Nebenrolle spielen.

Dass die Anstalt regelmäßig als Drehort diente, begünstigte in den 1980er-Jahren die Flucht eines Gefangenen. Ein Gefangener, der als Reinigungskraft eingesetzt war, gelangte über ein Personalbüro aus dem Haftgebäude. Er griff sich einen Feuerlöschschlauch und seilte sich an der Gefängnismauer ab. Zwar geriet er ins Blickfeld eines Beamten des Finanzministeriums. Doch dieser ging offenbar davon aus, es werde wieder einmal ein Film für den Serienklassiker gedreht. Zudem waren die Staatsdiener der Nachbarbehörde nicht für die Gefangenen zuständig. Ein Beamter hat nämlich, bevor er aktiv wird, stets zunächst zu prüfen, ob er zuständig ist. Dadurch soll unnötige doppelte Arbeit vermieden werden.

Lange wurde um den Standort der Ersatzanstalt gerungen. Angefragt wurde zunächst bei der Stadt Mainz. Nach einem Gespräch der Mainzer Anstaltsleitung mit dem zuständigen Beigeordneten der Stadtverwaltung im Dezember 1997 kam im März des Folgejahres die schriftliche Absage. Man habe festgestellt, dass derzeit leider kein Standort in Mainz angeboten werden könne, hieß es. Die abschließende Anmerkung lautete: *„Zu meinem großen Bedauern kann ich Ihnen keine positivere Nachricht zukommen lassen (...).“* Man sieht förmlich die Krokodilstränen, die im Wirtschaftsdezernat geweint wurden.[58]

Auch die rheinhessische Kleinstadt Alzey wurde als Standort ins Auge gefasst. Die Begeisterung dieser Kommune hielt sich ebenfalls in Grenzen, wird doch dort bereits eine große überregional bekannte psychiatrische Einrichtung beherbergt. Man wollte nicht noch zusätzlich mit einem Gefängnis in Verbindung gebracht werden. Schließlich entschied man sich, die JVA im Bereich der rheinhessischen Gemeinde Wöllstein zu platzieren. Während der Planungsphase kommentierte eine gern gelesene gut bebilderte Tageszeitung den geplanten Neubau mit einem ironischen Unterton:

„Als Standort für die neue JVA hat die Landesregierung die Rheinhessengemeinde Wöllstein (4000 Einwohner) ausgeguckt. Kreis und Ortspolitiker haben den Vorhaben zugestimmt. Sie hoffen auf lukrative Aufträge für heimische Baufirmen und auf zusätzliche Arbeitsplätze.

Auch der anfängliche Widerstand einer örtlichen Bürgerinitiative ist inzwischen eingeschlafen. Der Hinweis der

Landesregierung, man könne statt des Gefängnisses hier auch eine Sondermülldeponie mit Verbrennungsofen bauen, hatte Wunder gewirkt."

Doch eine solche Drohung der Landesregierung, man könne ja statt der JVA eine Sondermülldeponie bauen, gab es entgegen der reißerischen Behauptung in dem Artikel nicht. Zwar stand als Plan A tatsächlich der Bau einer solchen Anlage im Raum. Gegen die Giftmülldeponie zog allerdings bereits eine Bürgerinitiative mit zeitweise über 1000 Mitgliedern zu Felde. Aber auch Plan B, stattdessen ein Gefängnis in Wöllstein zu bauen, stieß bei einem Teil der Bevölkerung nur auf geringe Begeisterung. Man wollte sich nicht vorstellen, Tür an Tür mit „Verbrechern" zu leben. Schließlich könnten Häftlinge ja ausbrechen und die Umgebung unsicher machen. Bei einer Bürgerbeteiligung stimmten nur 20 % der Einwohner ab, von denen allerdings knapp 74 % gegen die JVA waren. Man zog aus diesem Ergebnis den kühnen Schluss, die schweigenden 80 % seien mit dem Gefängnis einverstanden. Schließlich lockte auch ein zusätzliches Gewerbegebiet unmittelbar neben der Justizvollzugsanstalt mit zusätzlichen Arbeitsplätzen und Aufträgen für örtliche Unternehmer. Die ursprüngliche Skepsis der Bevölkerung wich bald einer erfreulichen Akzeptanz.

Nicht mit Sondermüll, sondern Abfällen aus der Lebensmittelproduktion bekam ich es viele Jahre später zu tun. Ich wurde mit dem Vorhaben eines örtlichen Unternehmers konfrontiert, keine 100 Meter von der Anstaltsmauer der JVA Rohrbach entfernt eine Biogasanlage zu errichten. Wenngleich es wünschenswert ist, weitestgehend regenerative Energien zu nutzen, begrüßte ich eine solche Anlage nicht in unmittelbarer Nähe der Anstalt. Ich hatte vor allem Bedenken, weil die Konstruktion der Haftraumfenster nicht geeignet ist, ein zügiges Durchlüften der Zellen zu gewährleisten. Das Fenster, das nur eine Fläche von einem Quadratmeter besitzt, besteht aus einem größeren Fensterflügel, der etwa zwei Drittel der Fläche ausmacht und sich nicht öffnen lässt. Der kleinere Flügel kann zwar geöffnet werden. Hinter diesem Flügel befindet sich jedoch Lochblech. Ausschließlich durch die kleinen kreisförmigen Öffnungen des Bleches ist eine Belüftung des Haftraumes möglich. Erfahrungsgemäß ist der Umfang der Geruchsemissionen zudem sehr von dem Engagement des Betreibers abhängig. Mit Händen und Füßen beziehungsweise einem seitenlangen Schriftsatz wehrte ich mich bei den zuständigen Behörden gegen die Biogasanlage. Es gelang mir, den Bau der Anlage zu verhindern. Der selbstbewusste Unternehmer hatte offenbar nicht mit einem solchen Ergebnis gerechnet und bereits einen kleinen Hügel auf der Fläche als Rampe für die Biogasanlage errichten lassen. Später weideten zeitweise auf dem Gelände Schafe, die die Aussicht auf dem Hügel genießen durften.

Das unter Denkmalschutz stehende Mainzer Gefängnis wurde unter Erhaltung der Außenfassade in ein Bürogebäude umgestaltet. Aus zwei ehemaligen Zellen wurde jeweils ein Büro gemacht. Insbesondere die Staatsanwaltschaft ist dort untergebracht. Die Räume haben allerdings keinen Haftraumcharakter mehr. Selbst die Gitter wurden entfernt, da bei den Mitarbeitern der Staatsanwaltschaft nur eine geringe Fluchtgefahr besteht. Einen Haftraum hat man als Anschauungsobjekt für die Vergangenheit des Hauses erhalten.

Eine etwas andere Entwicklung als die Mainzer Anstalt hat das ehemalige Gefängnis in Kaiserslautern genommen. Benannt nach der gleichnamigen legendären amerikanischen Gefängnisinsel firmiert das Hotel Alcatraz in dem alten Gemäuer. Mit meiner langjährigen Berufserfahrung hinter Gittern hätte ich mich dem Hotelbesitzer durchaus als Mitarbeiter andienen können, um meine Pension aufzubessern. Die skurrile Unterkunft wird damit beworben, dass sowohl Zimmer im Stil einer Zelle als auch konventionelle Räume angeboten würden. Man weist darauf hin, man könne als Gast hinter vergitterten Fenstern Gefängnisluft schnuppern und auf authentischen Knastbetten schlafen. Auf Wunsch werde das Frühstück durch die Luke der ursprünglichen Zellentür serviert. Einen erlebnisreichen Tag könne man in der Bar „Hinter Gittern" mit Getränken ausklingen lassen. Was hätten sich die Gefangenen gefreut, hätte es während ihrer Haftzeit schon eine solche Möglichkeit gegeben.

Ein Gast des Alcatraz erwähnt in seiner positiven Rezension *„WC im Zimmer zwar ungewohnt, aber gehört für eine Zelle natürlich dazu."*

Soweit mir bekannt ist, werden die Hotelzellen jedoch nicht abgeschlossen. Wie stets ist alles auch ein wenig Geschmackssache.

Kapitel 35: Misslungene Ausführungen und Beamte, die Verantwortung übernehmen

Anfang der 1990er Jahre. Ein Gefangener der JVA Diez wurde zu einem Orthopäden ausgeführt. Im Unterschied zu einem Ausgang wird der Gefangene bei einer Ausführung von Bediensteten begleitet und ununterbrochen beaufsichtigt. Mal einer, mal zwei. Bei Inhaftierten, die als Wackelkandidaten gelten, auch drei Beamte. Der recht kleine, nahezu zierlich wirkende Mann, etwa Ende dreißig, hatte „Rücken". Er musste eine mehrjährige Freiheitsstrafe verbüßen, da er einen Banküberfall begangen hatte. Wie immer war er recht wortkarg. Sein Gesichtsausdruck wies auf eine mäßige Laune hin. Zudem wirkte er an diesem Tag nervös. Geradezu zappelig. Wie zumeist, wenn Gefangene des geschlossenen Vollzuges zu Ärzten oder einem Gericht gebracht werden, wurden ihm Handfesseln angelegt. Neben den Handschellen wurde, wie bei allen Ausführungen mit Fesselung üblich, zusätzlich eine Führfessel benutzt. Ein Fesselring am Handgelenk des Inhaftierten ist über eine längere Kette mit dem Ring verbunden, den einer der Bediensteten an seinem Handgelenk angelegt hat. Während meiner Dienstzeit in der JVA Koblenz erklärte mir ein älterer Bediensteter: *„Ich befestige den Ring der Führfessel nicht an meinem Handgelenk, sondern greife durch den geschlossenen, aber weit gestellten Ring zur Kette. Die Kette umfasse ich dann."* So könne ihn ein Gefangener weniger überraschen und er notfalls auch die Führfessel loslassen, argumentierte er. Dies verstieß zwar gegen die damaligen anstaltsinternen Vorgaben. Ich habe dies jedoch bei dem erfahrenen Bediensteten toleriert, weil seine Erklärung plausibel war. Mit dieser zusätzlichen Fessel kann eigentlich nichts mehr passieren. Eigentlich. Anders im Fall des schmächtigen Diezer Inhaftierten. Zur Überraschung der beiden Beamten, die den Inhaftierten begleiteten, rannte ihr Schützling trotz einer überschaubaren Beinlänge wie Speedy Gonzales plötzlich los und erarbeitete sich schnell einen beachtlichen Vorsprung.[59] Bald geriet er außer Sichtweite seiner Begleiter. Bei dem sportlichen Mann handelte es sich keineswegs um einen Entfesselungskünstler. Er hatte es sich schlichtweg zunutze gemacht, dass er ungewöhnlich schmale Handgelenke besaß. Mit einiger Anstrengung war es ihm gelungen, seine Hände aus den Fesseln herauszuwinden. Seine Abwesenheit war allerdings nur von kurzer Dauer. In der Nähe eines Bahndammes stieß er auf einen Mitarbeiter der mittleren Führungsebene, einen erfahrenen Vollzugsabteilungsleiter. Pech gehabt. Der sportliche Kollege hielt den unbewaffneten und körperlich unterlegenen Inhaftierten fest. Er konnte ihn überzeugen, mit den zwischenzeitlich herbeigeeilten beiden Begleitbeamten in die Anstalt zurückzukehren. Nach seinem Motiv für die Flucht gefragt, sagte der Gefangene: *„Ich hatte das eigentlich nicht vor. Nachdem ich bemerkt hatte, dass die Fesseln nicht sehr eng waren, wollte ich einfach nicht mehr in den Knast zurück. Ich bin jetzt fast 3 Jahre hier und habe noch einiges offen. Mir hat es einfach gereicht. Eine spontane Sache. Es gab keinen Plan.“*

Ein wenig bedröppelt saßen die zurückgekehrten Beamten vor dem damaligen Anstaltsleiter Dr. Dieter Bandell. Einer der beiden, ein etwas älterer, grauhaariger Mitarbeiter, ließ schuldbewusst und leicht nach vorne gebeugt die Nachfragen seines Chefs über sich ergehen. Dem erfahrenen Behördenleiter war bewusst, dass seine Mitarbeiter zwar angehalten sind, die Handfessel möglichst eng anzulegen. Andererseits sollten sie es auch nicht übertreiben und vor allem dem Inhaftierten keine Schmerzen zufügen. Schließlich war auch nichts passiert. Auch hatten die Öffentlichkeit und die Medien nichts von dem Vorfall mitbekommen. So blieb es bei dem Gespräch, ohne dass dies Konsequenzen für die Bediensteten hatte. Der Gefängnischef wusste, welch große Verantwortung seine Mitarbeiter bei Ausführungen tragen, wenn sich die Gefangenen außerhalb der hohen, mit Stacheldraht bewehrten Mauern aufhalten.

Dr. Bandell sagte in den seltenen Fällen, in denen in seiner Anstalt etwas misslang und er zum Telefonhörer greifen musste, um das Justizministerium zu informieren: *„Dann dreht man die Kapp' in der Hand."* Er meinte damit, dass einem manchmal die Argumente ausgehen können, wenn man etwas rechtfertigen möchte. Als Anstaltsleiter begrüßt man es, wenn die Person am anderen Ende der Leitung mit der notwendigen Gelassenheit reagiert. Zumeist war dies der Fall.

Es kann nie ganz ausgeschlossen werden, dass sich ein Häftling unbemerkt bei einer Ausführung bewaffnen kann, weil bei den Kontrollen etwas durch die Lappen geht. Ende der 1990er-Jahre gelang es einem Gefangenen einer rheinland-pfälzischen Einrichtung, einen spitzen Gegenstand versteckt am Körper bei einer Ausführung zum Gericht mitzunehmen. Er hatte einen verkürzten Zahnbürstenstiel mit einem klingenartigen Einsatz versehen und unbemerkt mitgenommen. Bei einer körperlichen Kontrolle des Gefangenen in der JVA wurde dies übersehen. Der Inhaftierte hielt im Gerichtsgebäude einem der Bediensteten die Klinge an den Hals und drohte die Halsschlagader durchzuschneiden, wenn man seine Fessel nicht aufschließe. Der zweite Beamte öffnete die Fessel, um seinen Kollegen nicht zu gefährden. Der Gefangene floh, wurde aber bald wieder gefasst.

Besonders brisant sind Ausführungen in das private Umfeld eines Inhaftierten, sei es gefesselt oder ungefesselt. In vielen Gefängnissen ließ man früher die Gefangene des geschlossenen Vollzuges beim Tod naher Angehörigen am Begräbnis teilnehmen. Seit einem Vorfall bleibt es bei einer späteren Ausführung zum Grab.

Einem Strafgefangenen erlaubte man, zur Bestattung seines Vaters zu gehen. Der Inhaftierte hatte noch einige Jahre Haft wegen mehrerer Raubüberfälle zu verbüßen. Der Gefangene stammte aus dem Pfälzer Raum, gehörte einer Großfamilie an und war schon mehrfach im Gefängnis. Er wirkte stets gut gelaunt und heiterte seine Mitgefangenen gerne mit einem launigen Spruch auf. Die Bediensteten erlebten ihn trotz seiner erheblichen kriminellen Karriere als geradlinig und ehrlich. Anders als im Regelfall bei Ausführungen wurden bei ihm drei statt wie üblich zwei Bedienstete zur Aufsicht eingesetzt. Außerdem wurde der Gefangene mit einer Hand- und einer Führfessel versehen. Die Entscheidungsträger der Anstalt, die über die Bedingungen der Ausführung befanden, wollten kein unnötiges Risiko eingehen. Die Beisetzung eines nahen Angehörigen ist ein sehr emotionales Ereignis, bei dem das Verhalten eines Menschen nicht in den üblichen Bahnen verläuft. Die Fähigkeit zum rationalen Denken wird dann nicht selten von Gefühlen überlagert. Man wollte einer Kurzschlussreaktion des Gefangenen vorbeugen. Nicht im Blick hatte man die Besonderheiten, die bei einer Beerdigung eines Menschen gegeben sind, der einem größeren, aus einem anderen Kulturkreis stammenden Familienverband angehört. Regelmäßig besteht dann eine sehr enge Verbundenheit innerhalb der Trauergemeinde. So fanden sich mehrere hundert Personen auf dem Friedhof ein. Offenbar besaßen sie wenig Verständnis dafür, dass der Sohn des Verstorbenen mit Fesseln am Grab erscheinen sollte. Innerhalb weniger Sekunden waren die drei Beamten und der Gefangene von einer großen Menschenmenge umringt. Mit grimmigen Blicken und teilweise auch halblauten despektierlichen Bemerkungen brachten sie deutlich zum Ausdruck, was sie von der Fesselung hielten. Die Mitarbeiter empfanden diese Situation als sehr bedrohlich. Der Gefangene erlebte dies offenbar ähnlich und sagte zu dem jüngsten er drei Begleitbeamten: *„Machen Sie mir doch bitte die Fessel los. Sonst geht das hier gründlich schief. Ich verspreche Ihnen und gebe mein Ehrenwort, dass ich wieder mit Ihnen in die Anstalt zurückgehe."* Der Angesprochene zögerte erst, kam aber nach kurzem Nachdenken zum Ergebnis, der Bitte des Gefangenen zu entsprechen. Bevor er zur Tat schritt, schaute er seine beiden älteren erfahreneren Kollegen an, die nur wortlos mit den Schultern zuckten. Dann traf er couragiert die Entscheidung, dem Gefangenen die Fesseln abzunehmen. Er verzichtete darauf, die Zustimmung seiner Vorgesetzten einzuholen. Offenbar war er der Überzeugung, dass man eine Entscheidung in diesem Fall nur höchstpersönlich vor Ort und unter genauer Kenntnis der Umstände treffen könne.

Der Gefangene, den die Bediensteten während des Begräbnisses nur eingeschränkt im Blick hatten, kam nach der Beisetzung auf die Mitarbeiter zu. Er gab dem Beamten, der ihn von den Fesseln befreit hatte, die Hand und bedankte sich überschwänglich für das Vertrauen. Die ganze Angelegenheit hätte auch schiefgehen können. Dennoch war dem ehemaligen Mitarbeiter Respekt dafür zu zollen, dass er mutig eine im Ergebnis richtige Entscheidung traf. Er vertraute auf seine Menschenkenntnis und Berufserfahrung. Nach der Rückkehr in die Anstalt erstattete er von sich aus dem damaligen Anstaltsleiter Dieter Bandell genauestens Bericht über den Ablauf der Ausführung. Dem erfahrenen Behördenleiter war bewusst, dass sein Mitarbeiter in dieser äußerst angespannten Situation nur wenig Zeit zum Nachdenken und Abwägen besessen hatte. Unter den gegebenen

Umständen hatte der Mitarbeiter die schwierige Situation auf vertretbare Weise gelöst. Jedenfalls hatte er mit Mut zur Entscheidung gehandelt und nicht wie seine beiden Kollegen nur mit den Schultern gezuckt. Der Mitarbeiter wurde viele Jahre später Vollzugsdienstleiter und damit einer der Vorgesetzten der Mitarbeiter des allgemeinen Vollzugsdienstes.

Der Gefangene wurde einige Jahre später in die Freiheit entlassen. Leider wurde er wieder rückfällig und zu einer weiteren hohen Freiheitsstrafe verurteilt. Zusätzlich wurde die Sicherungsverwahrung verhängt. Der Inhaftierte, der bereits das fünfzigste Lebensjahr überschritten hatte, zog offenbar Bilanz und nahm sich im April 1989 für die meisten Mitarbeiter und Mitgefangenen völlig überraschend das Leben. Er erhängte sich. Einer der Häftlinge sagte zu mir: *„Dass der sich umbringt, hätte keiner gedacht. Der war doch immer so gut drauf. Sicher war diese neue Strafe mit dem Rucksack zu viel für ihn."* [60]

Kapitel 36: Der schwierige Lebenslange und das gefährliche Restrisiko bei Vollzugslockerungen

Noch in den ersten Berufsjahren beschäftigte mich ein Gefangener der JVA Diez mit ständigen Beschwerden. Der Mann, den ich deshalb vorschnell als Querulanten einordnete, war damals etwa Anfang fünfzig. Er verbüßte eine lebenslange Freiheitsstrafe. Doch die ganze Schreiberei hatte ein Startdatum, das ich damals ungewollt noch ein wenig unerfahren und ungeschickt gesetzt hatte. Der Lebenslange, der sich bereits seit mehr als 20 Jahren in der Anstalt aufhalten musste, galt als sehr schwierige Persönlichkeit. Der äußerlich unauffällige kleine Mann mit dem nahezu kahlen Haupt lachte nie. Alles nahm er übermäßig ernst. Ende der 1960er-Jahre hatte er mit erst 19 Jahren mehrere Arbeiter eines großen Industriebetriebes überfallen, einen ermordet und weitere schwer verletzt, um an deren Wochenlohn zu kommen. Der Täter wurde trotz seines Lebensalters nach Erwachsenenstrafrecht verurteilt und erhielt eine lebenslange Freiheitsstrafe. Nach der damaligen Rechtslage wurde Jugendstrafrecht bei Heranwachsenden ausschließlich angewandt, wenn eine Reifeverzögerung sicher feststand. Seit 1974 gilt in Zweifelsfällen der Grundsatz „Im Zweifel für den Angeklagten". Überwiegend kommt es daher bei Heranwachsenden zur Anwendung von dem milderen Jugendstrafrecht.

Ein älterer Kollege aus dem allgemeinen Vollzugsdienst, der lange für den Inhaftierten zuständig war, erzählte mir, er sei viele Jahre stets hinter dem Gefangenen hergegangen, niemals vor ihm. Eine Vorsichtsmaßnahme. Zu Beginn der Haft schätzte man den Mann als sehr gefährlich ein. Wenn er sich auffällig verhalten hatte, wurde er so mit Sicherungsmaßnahmen eingehegt, dass er kaum noch einen Entfaltungsspielraum besaß. Dies mag in seinen ersten Haftjahren zu einem ernsthaften Suizidversuch beigetragen haben. Im vierten Geschoss des Gebäudeflügels, in dem er eine Zelle bewohnte, war er über das Geländer geklettert und nach unten gesprungen. Er überlebte, hatte sich jedoch an beiden Beinen schwere Brüche zugezogen. Bald darauf brachte man Netze zwischen den Galeriegängen in den Hafthäusern an. Lange Zeit lief der willensstarke Gefangene mit Krücken durch die Anstalt, bis sich eine Besserung des Gesundheitszustandes einstellte. Im Laufe der Jahre wurde er ruhiger und unauffälliger. Der Inhaftierte ging regelmäßig in einem Betrieb arbeiten, wo viel körperliche Kraft abverlangt wurde. Eine Tätigkeit, die gut für den Lebenslangen war, weil sie dessen überschüssige Energie absorbierte. Nach den vielen Haftjahren, die er in der Diezer Anstalt verbracht hatte, hatte er die Nase vom Gefängnis offenbar gestrichen voll. Er beschwerte sich häufig schriftlich und stellte schließlich einen Antrag auf Verlegung in eine andere JVA. Genervt von den vielen Schreiben, las ich ein wenig ärgerlich den Antrag. Der Brief war ein einziges grenzwertiges Geschimpfe und Gezeter. Er mündete in dem Antrag, ihn in die JVA Schwallstadt zu verlegen. Der Lebenslange schrieb daher Schwallstadt und nicht Schwalmstadt, wie die hessische Stadt korrekt heißt. Ich antwortete dem Inhaftierten schriftlich, dem Antrag auf Verlegung in die JVA „Schwallstadt" könne nicht stattgegeben werden. Eine Einrichtung dieses Namens gebe es nicht. Ich räume ein, dass mein Text überheblich und eigentlich nicht mein Stil war. Ich hatte einen schlechten Tag erwischt. Üblicherweise versuchte ich bei Beschwerden stets zu ergründen, ob es einen nachvollziehbaren Grund hierfür gab. Doch in dem Fall des Lebenslangen war es eben anders. Die Antwort des Gefangenen ließ nicht lange auf sich warten.

Er fühlte sich zu Recht veräppelt. Ein mit Beleidigungen gespicktes Schreiben erreichte mich bald. Ich entschloss mich, souverän zu bleiben und mit dem Gefangenen ein Gespräch zu führen. Mit grimmiger Miene und festen Schrittes betrat er in Begleitung eines Mitarbeiters mein Büro. Mein eigentlich etwas zu großes Dienstzimmer diente viele Jahrzehnte als Konferenzzimmer und wurde später zum Thronsaal des Gefängnisdirektors umgewidmet. Aus dem aufgeteilten früheren Anstaltsleiterbüro wurden ein kleines Vorzimmer und das Dienstzimmer des Stellvertreters gemacht. In den beiden Räumen schaut man anders als in dem Büro des Direktors auf kunstvoll verzierte schmiedeeiserne Fenstergitter. In früheren Zeiten wurde standesgemäß ausschließlich dem Gefängnischef dieses Ambiente gegönnt. Heute muss er mit Gittern einfachster Bauart vorliebnehmen.

Ich startete das Gespräch mit dem anfangs verschnupft wirkenden Lebenslangen damit, dass er nach Schwalmstadt verlegt werden wolle, sei mir schon bewusst gewesen. Ich hätte mich wohl ein wenig dumm gestellt. Dies tue mir leid. Aber mich interessiere, warum er in die hessische Einrichtung verlegt werden wolle, nachdem er doch bereits so lange Zeit hier sei. Die Gesichtszüge des Lebenslangen entspannten sich merklich. Er nahm mir offenbar ab, dass ich sein Anliegen nunmehr ernst nahm. Der Lebenslange berichtete mir, was ihn alles an der JVA Diez störe. Ich erinnere mich nicht mehr an den genauen Wortlaut. Im Ergebnis waren es keine gravierenden Angelegenheiten. Er war damit zufrieden, dass ihm endlich ein Mitglied der Anstaltsleitung zugehört hatte. Nach wenigen Tagen erreichte mich ein kurzes Schreiben, mit dem er seinen Antrag auf Verlegung zurückzog.

Später gelangte der Inhaftierte in den offenen Vollzug der JVA Diez. Er bewährte sich und konnte nach mehr als drei Jahrzehnten entlassen werden. Doch beinahe wäre dies gescheitert. Ein Mitarbeiter teilte mir mit, er habe den Gefangenen gegen 22.30 Uhr außerhalb des Freigängerhauses gesehen. Der Häftling sei an der Verbindungsstraße zwischen Diez und Limburg entlanggelaufen. Er sei sich absolut sicher. Hätte dies zugetroffen, wäre dies ein zwingender Grund gewesen, den Lebenslangen in den geschlossenen Vollzug zurückzuholen. Eine Entlassung wäre dann in weite Ferne gerückt. Einige für den Gefangenen zuständigen Mitarbeiter wie auch ich konnten sich nicht vorstellen, dass der Gefangene kurz vor dem Ziel ein solch unsinniges Fehlverhalten zeigt. Es wäre geradezu verrückt gewesen, sich als Freigänger offen auf der sehr stark befahrenen Straße zu bewegen, geradezu als wolle er eine Rückverlegung in den geschlossenen Vollzug provozieren. Andererseits handelte es sich bei dem Mitarbeiter um einen glaubwürdigen Zeugen, der keinen Grund hatte, eine falsche Behauptung aufzustellen. Eine Nachfrage bei der örtlichen Polizei ergab, dass es in der fraglichen Nacht im Umkreis des offenen Vollzuges nicht zu Straftaten gekommen war. Im Zimmer des Freigängers fand sich eine Vorrichtung aus Holz mit drei sprossenartigen Verstrebungen. Ein Hilfsmittel, um aus dem Fenster des Freigängerhauses ins Freie zu klettern? Wohl weniger. Dafür war das auf den ersten Blick leiterartige Gebilde zu klein. Ich entschloss mich, den Gefangenen auf den Verdacht anzusprechen. Entsetzt wies er den Vorwurf, er habe das Freigängerhaus in den späten Abendstunden verlassen, zurück. Seine weit aufgerissenen Augen signalisierten Angst und Unsicherheit. Angst davor, dass man ihn wieder in den geschlossenen Vollzug zurückverlegt und er dort für immer bleiben muss. Der Gefangene gab an, dass er das Holzgestänge gebastelt habe, um seine Handtücher besser trocknen zu können. Eine plausible Erklärung. Dennoch war ich noch ein wenig schwankend. Glücklicherweise kam mir der für den Inhaftierten zuständige Psychologe zu Hilfe, der in Diez wohnhaft war. Er berichtete mir, in Limburg oder Diez halte sich regelmäßig ein Obdachloser auf, der unserem Freigänger sehr ähnlichsehe. Es könne sich daher um eine Verwechslung handeln. Trotz des Restes an Unsicherheit durfte der Lebenslange im Freigängerhaus bleiben. So hatte ich Gelegenheit, meinen früheren Fehler im Umgang mit dem Lebenslangen wiedergutzumachen. Bis zu seiner Entlassung führte sich der Gefangenen völlig beanstandungsfrei.

Ich hätte mich damals auch irren können. Wäre der Gefangene tatsächlich nachts außerhalb des offenen Vollzuges gewesen, hätte er dies vielleicht später wiederholt und möglicherweise irgendwann eine schwere Straftat begangen. Meine Tätigkeit in der JVA Diez hätte dann wohl ein abruptes Ende gefunden. Doch wenn man es sich als Verantwortlicher bei Entscheidungen leichtmacht, um jegliches persönliche Risiko auszuschließen, ist man im Strafvollzug fehl am Platz.

Es gibt keine Garantie dafür, dass ein Gefangener vollzugsöffnende Maßnahmen wie Ausgang, Urlaub, Freigang und den offenen Vollzug ausnutzt, um nicht zu fliehen oder Straftaten zu begehen. Eine hundertprozentige Sicherheit gibt es nicht, weil man menschliches Verhalten nie umfassend vorhersehen kann. Man kann es prognostizieren. Nicht mehr und nicht weniger. Röntgengeräte für die menschliche Psyche wurden noch nicht erfunden. Es gibt stets ein Restrisiko, dass Vollzugslockerungen scheitern. Man verzichtet jedoch auf die Erprobung eines Gefangenen und damit eine angemessene Vorbereitung auf die Entlassung, wenn man die Messlatte für Vollzugslockerungen allzu hoch legt. Bei den Entscheidungen ist stets zwischen einem Restrisiko für potentielle Opfer und der Bedeutung von vollzugsöffnenden Maßnahmen für die Entlassungsvorbereitung und damit Wiedereingliederung des Gefangenen abzuwägen. Je gewichtiger das verletzte Rechtsgut für den Fall ist, dass bei Lockerungen etwas schiefgeht, desto geringer muss dieses Restrisiko sein. Dies gilt insbesondere, wenn der Gefangene wegen Sexualstraftaten oder Gewaltdelikten verurteilt wurde.

Sitzt ein Gefangener bis zum letzten Hafttag im geschlossenen Vollzug, vergrößert sich jedoch die Gefahr, dass der Entlassene alsbald wieder rückfällig wird. Eine gelungene Resozialisierung ist der beste Opferschutz. Gefangene, die sich im offenen Vollzug befinden und dort Vollzugslockerungen wie Freigang, Ausgang und Urlaub erhalten, sind bereits ein Stück in die Freiheit gelangt. Sie können mehr Kontakte zu Bezugspersonen pflegen, einem Job nachgehen, Schulden regulieren und sich eine kleine finanzielle Grundlage für später erarbeiten. Ausschließlich wenn die Tür des Freigängerhauses für einen Gefangenen des geschlossenen Vollzugs für eine ausreichende Erprobungsphase geöffnet wird, kann er ausreichend auf die Entlassung vorbereitet werden. Offener Vollzug ist Resozialisierung in Reinkultur, in erheblich geringerem Umfang dagegen der geschlossene. Als Anstaltsleiter darf man sich nicht vor seiner Verantwortung drücken, indem man versucht, eine Null-Risiko-Politik zu fahren. Am Stuhl eines kleinmütigen Gefängnisdirektors wird zwar niemand wackeln. Wagt er allerdings kaum noch, die Gefangenen in Vollzugslockerungen und dem offenen Vollzug zu erproben, drückt er sich davor, Verantwortung zu übernehmen. Er verschiebt das Rückfallrisiko auf die Zeit nach der Entlassung.

Auffällig ist der teilweise deutliche Rückgang der Anzahl der im offenen Vollzug untergebrachten Strafgefangenen.

Die Lockerungspraxis differiert zum Teil erheblich von Bundesland zu Bundesland. Die Quote reicht von 5 bis über 20 %. In Rheinland-Pfalz beispielsweise verringerte sich der Anteil der Freigänger von 10,4 % (2014) auf 5,1 % (2022).[61]

Die mangelnde Bereitschaft, vertretbare Risiken zugunsten einer ausreichend langen Eingliederungsphase einzugehen, verlängert die Zeit hinter Gittern.[62] Die Gerichte erwarten regelmäßig als Voraussetzung für eine bedingte Entlassung eine erfolgreiche Phase in Vollzugslockerungen und insbesondere im offenen Vollzug. Freiheitsstrafe ist daher nicht gleich Freiheitsstrafe. Verfassungsrechtlich ist dies äußerst bedenklich. *„Man muss sich wohl genau überlegen, in welchem Bundesland man seine Straftaten begeht“*, sagte ein Strafgefangener frustriert zu mir, nachdem sein Antrag auf Vollzugslockerungen abgelehnt worden war.

Die ängstliche Zurückhaltung hat zwar auch mit der vollzugspolitischen Linie eines Landes zu tun. Aber ebenso die Entscheidungspraxis der einzelnen Justizvollzugsanstalten ist unterschiedlich. Da die einzelnen Anstalten von Ausnahmen abgesehen völlig selbständig über vollzugsöffnende Maßnahmen entscheiden, hat die unterschiedliche Bereitschaft hierzu auch mit der Linie der einzelnen Einrichtungen zu tun. Es ist nicht auszuschließen, dass die zunehmende Vorsicht bis Ängstlichkeit der Entscheidungsträger auch etwas mit der allgemein in der Gesellschaft schwindenden Akzeptanz des Strafvollzugs und seines zentralen Resozialisierungsziels zu tun hat. Das Bedürfnis der Bürger nach Sicherheit in immer unsicheren Zeiten richtet sich vermehrt auf den Strafvollzug. Wenigstens dort soll die Welt heil sein. Wer weggesperrt ist, kann niemandem schaden, heißt zunehmend die Devise. Diese sehr verbreitete Stimmung schwappt auch in die Gefängnisse, deren Mitarbeiter oftmals auch nicht unabhängig von solchen

Strömungen sind. Einen Beitrag zu dieser Einstellung hat jedenfalls in Rheinland-Pfalz das Strafverfahren gegen drei Justizvollzugsbeamte wegen fahrlässiger Tötung geleistet, nachdem ein Freigänger einen Mord begangen hatte.[63] Ein Beamter wurde in erster Instanz freigesprochen, die beiden anderen in zweiter. Diese Verfahren hatten die Mitarbeiter nichtsdestotrotz verunsichert und teilweise ängstlich gemacht. Den Entscheidungsträgern und auch den Bediensteten, die vollzugsöffnende Entscheidungen vorbereiten, wie Sozialarbeiter und Psychologen, wurde erstmals bewusst, dass bei einer Fehlentscheidung die berufliche und private Existenz bedroht sind. Dann ist dem ein oder anderen eben das Hemd näher als der Rock. Die Verantwortung wird sodann auf den Bürger vor den Mauern übertragen, der bei Gefangenen, die nicht auf die Freiheit vorbereitet sind, umso mehr gefährdet ist.

In der Gesellschaft werden ausschließlich die Vorkommnisse sichtbar, die in den Medien bearbeitet werden. Ausschließlich dies wird weitertransportiert. Das Scheitern eines Entlassenen in Freiheit wird weder wahrgenommen noch thematisiert. Ein blinder Fleck.

Nicht übersehen werden sollten auch die Auswirkungen, die eine zurückhaltende Praxis bei vollzugsöffnenden Maßnahmen auf das Klima in den Gefängnissen haben kann. Gerade in Anstalten, in denen längere Freiheitsstrafen vollstreckt werden, droht ein gefährliches Phänomen. Die Perspektivlosigkeit einer größeren Anzahl von Strafgefangenen kann eine destruktive Energie erzeugen. Vergleichbar mit einem Dampfkochtopf, bei dem man das Ventil verschließt, jedoch die Energiezufuhr nicht beendet. Dies kann dazu führen, dass eine bislang gute Atmosphäre in einer Vollzugseinrichtung umkippt, sich vermehrt Gefangene subkulturellen Gruppen anschließen und nicht mehr an ihrer

Wiedereingliederung mitarbeiten. Die Teilnahme an Behandlungsmaßnahmen wie Kursen des Sozialen Trainings, Einzel- oder Gruppentherapie wird als sinnlos erlebt, da sie nicht mehr zu spürbaren Fortschritten führt. Vollzugslockerungen und die Chance einer bedingten Entlassung nach einer erfolgreichen Erprobungsphase sind Faktoren, die die Mitarbeitsbereitschaft der Inhaftierten fördern und aufrechterhalten. Bleiben solche Erfolgserlebnisse aus, erleben dies die Gefangenen als negatives Signal. Es bedeutet für sie, dass man von einer negativen Kriminalprognose und auch einem künftigen Scheitern nach der Entlassung ausgeht. Eine fatale Botschaft, die zu Verbitterung führen und eine sich selbst erfüllende Prophezeiung werden kann. Die Erwartungen gegenüber der Person und deren Verhalten entsprechen sich dann.

Kapitel 37: Schauspieler und das Vertrauen in Mitarbeiter

Zwei Jahre Freiheitsstrafe hatte ein Strafgefangener der JVA Diez noch vor der Brust. Den Rest von fünf Jahren. Er stammte aus einem gutbürgerlichen Milieu und hatte sich mit einem Handwerksbetrieb im Lebensmittelgewerbe selbständig gemacht. Offenbar liefen die Geschäfte nicht so gut, dass er seinen gehobenen Lebensstandard langfristig pflegen konnte. Der schlanke Enddreißiger mit dem vorne bereits etwas schütteren blonden Haar stieg ins Drogengeschäft ein. Irgendwann wurde der Mann, der sich gerne überschätzte, erwischt. Er selbst konsumierte keine Drogen. Im Gefängnis geriet er bald in Verdacht, sich wieder selbständig gemacht zu haben und illegale Geschäfte mit anderen Inhaftierten zu machen. Man konnte dem Mann mit den ausgeprägten manipulativen Fähigkeiten nichts nachweisen. Je näher der Entlassungszeitpunkt rückte, umso mehr gelang es dem Gefangenen, sich hinter den Anstaltsmauern scheinbar vorbildlich zu führen und nahezu den Eindruck eines wohlerzogenen Klosterschülers zu erwecken. Als sich der Entlassungszeitpunkt näherte, wurde er – wenngleich recht spät – noch ins Freigängerhaus verlegt. Dort wurde er von einem Mitgefangenen verpfiffen. Erneut stand er im Verdacht, mit Drogen gehandelt zu haben. Die Polizei ermittelte. Nach der Rückverlegung in den geschlossenen Vollzug wandte er sich an einen Mitarbeiter der Sicherheitsabteilung und behauptete, ein Bediensteter des allgemeinen Vollzugsdienstes erpresse ihn. Näheres wolle er nur mir persönlich mitteilen. Bereits vor dem Gespräch war ich skeptisch. Ich konnte mir beim besten Willen nicht vorstellen, dass der beschuldigte Mitarbeiter, der mir als engagierter und korrekter Kollege bekannt war, zu so etwas fähig sein sollte. Auch hielt ich es für unwahrscheinlich, dass der Gefangene sich von irgendjemandem einschüchtern ließ. Ein Häftling, der kaum zu fassen war und aalglatt wirkte. Ich fragte mich, ob er sich aus irgendeinem Grund an einem Beamten oder der Anstalt allgemein rächen wollte. Zwei Mitarbeiter brachten den Gefangenen in mein Büro. Damals war ich als stellvertretender Anstaltsleiter in Diez tätig und unter anderem für Sicherheitsangelegenheiten zuständig. Mit theatralischer Mimik und Gestik behauptete der Gefangene, ein Bediensteter seiner Station wolle einen höheren Geldbetrag von ihm. Mit betont brüchiger Stimmen behauptete er, der Mitarbeiter habe gedroht, anderenfalls werde er Drogen im Haftraum verstecken, die er vor längerer Zeit in einer anderen Zelle gefunden habe. Dann bekomme er einen ordentlichen Nachschlag und müsse lange brummen. Ich konnte mir nicht vorstellen, dass an die Behauptungen etwas Wahres dran war. Gänzlich sicher war ich mir allerdings, als der Gefangene glaubte, seine ohnehin mäßigen schauspielerischen Leistungen noch steigern zu müssen. Er stand auf und lief an der Wand vor meiner Bürotür aufgeregt hin und her, fuchtelte wild mit den Armen und redete ununterbrochen. Ich beendete die Vorstellung. *„Sie wissen, dass Sie sich wegen falscher Verdächtigung und Verleumdung strafbar machen, wenn Ihre Beschuldigungen unzutreffend sind?"*, sagte ich abschließend zu dem Gefangenen, der kurz aufhorchte, aber sich äußerlich unbeeindruckt zeigte. Da ich von der Unschuld des Kollegen überzeugt war, gab ich die Angelegenheit nicht an die Polizei weiter, sondern sprach mit dem beschuldigten Mitarbeiter. Nachdem ich ihm mitgeteilt hatte, was der Gefangene von sich gegeben hatte, war der Bedienstete völlig entgeistert. *„Was hat er gesagt? Was hat er gesagt?"*, fragte er entrüstet mehrfach nach. Ich beruhigte den Mitarbeiter und sagte ihm, wir würden Strafanzeige gegen den Gefangenen erstatten. Der Inhaftierte erhielt nach einigen Monaten eine weitere Freiheitsstrafe wegen des Drogenhandels im Freigängerhaus sowie wegen falscher Verdächtigung und Verleumdung. Außerdem wurde er in eine andere Justizvollzugsanstalt verlegt. Warum der Gefangene sich gerade den einen Kollegen ausgesucht hatte, konnte ich nicht in Erfahrung bringen. Möglicherweise hatte sich der Inhaftierte einfach jemand nach dem Zufallsprinzip herausgesucht, um der Anstalt an den Karren zu fahren.

In solchen Angelegenheiten habe ich mich zumeist auf meine Menschenkenntnis verlassen. Hätte ich mich geirrt, hätte mir die Polizei oder die Staatsanwaltschaft den Vorwurf gemacht, das Strafverfahren durch meine eigenen Ermittlungen behindert zu haben. Doch hätte ich unmittelbar zum Telefonhörer gegriffen, um die Angelegenheit der Polizei zu übertragen, wäre ich meiner Verantwortung gegenüber meinen Mitarbeitern nicht gerecht geworden. Ich wäre als Chef wahrgenommen worden, der sich in allen Fällen absichern möchte, um ja keine Fehler zu machen und Vorwürfen ausgesetzt zu sein. Die Bediensteten erwarten, dass man ihnen zunächst grundsätzlich Glauben schenkt und vertraut. Zu Recht. Alles andere wäre ein fatales Signal. Eine Einrichtung wie eine Justizvollzugsanstalt funktioniert nur, wenn man sich aufeinander verlassen kann und ein gegenseitiges Vertrauen besteht. Doch nicht immer ist ein Vorgehen wie im Fall des Beschuldigten Beamten möglich. Wenn die Zweifel allzu groß sind oder sich ein Verdacht gegen einen Mitarbeiter zu erhärten scheint, muss man die Angelegenheit zügig an die Polizei abgeben. Auch im Interesse der anderen Mitarbeiter. Ein fauler Apfel verdirbt den ganzen Korb. Ein Bediensteter, der in kriminelle Machenschaften verwickelt ist, gefährdet seine Kollegen. Glücklicherweise kam dies nur äußerst selten vor. Auf meine Mitarbeiter konnte ich mich verlassen.

In einer Justizvollzugsanstalt laufen die Bediensteten immer wieder Gefahr, Opfer von falschen Anschuldigungen zu werden. Manche Gefangenen versuchen auf diesem Weg Druck auszuüben, um einzelne unliebsame Bedienstete zu verunsichern und deren Ruf zu beschädigen.

Bei Entscheidungen wie im geschilderten Fall des Drogendealers ist ein Anstaltsleiter ziemlich allein. Die Verantwortung kann einem niemand abnehmen. Oft muss man sich auf seinen Instinkt verlassen. Gerade auch, wenn es um die Sicherheit der Anstalt und mögliche Gefährdungen vom Menschen geht.

In die Justizvollzugsanstalt Koblenz war eine Gefangene gebracht worden, die verdächtig war, einen Raub begangen zu haben. In Freiheit hatte sie ihren Lebensunterhalt mit Prostitution bestritten. Damals waren in der sehr kleinen Untersuchungshafthaftabteilung für Frauen zumeist zwei Gefangene in einem Haftraum untergebracht. Die Zellengenossin des gerade in die Frauenabteilung gebrachten Neuzugangs wandte sich plötzlich geradezu panisch an eine Mitarbeiterin. Sie sei schon mehrmals von der anderen Inhaftierten mit einem kleinen Messer bedroht worden. Die Gefangene habe sie unter anderem gezwungen, Zigaretten und Kaffee auszuhändigen. Die verängstigte Inhaftierte wirkte glaubwürdig. Daraufhin wurden der Haftraum und die Bedroherin sehr gründlich durchsucht. Doch ohne Erfolg. *„Irgendwo muss das Messer doch sein!“*, sagte ich mir. Ich hatte einmal gehört, dass manche Prostituierten in einer ihrer Körperöffnungen ein Feuerzeug mit einer ausfahrbaren kleinen Messerklinge verstecken, um sich im Notfall gegen gewalttätige Freier wehren zu können. Da der Anstaltsarzt anwesend war, bat ich ihn, die Gefangene eingehender zu untersuchen. Tatsächlich wurde in einer Körperöffnung ein Feuerzeug mit einem Stilett gefunden. Da von einer konkreten Gefahr für Leib und Leben ausgegangen werden musste, war die damalige Untersuchung gerechtfertigt. Dennoch zögerte ich sehr bei einem solch weitgehenden Eingriff in die Intimsphäre.

Kapitel 38: Pfarrer Friedrich Kneip und der Tod der sieben Luxemburger

Im September 2012 besuchte der Limburger Bischof die Justizvollzugsanstalt Diez. Er führte Gespräche mit den Gefangenen, der Anstaltsleitung und dem damaligen katholischen Seelsorger. Anschließend war ein verstorbener Gefängnispfarrer das zentrale Thema. Der Bischof segnete eine Gedenktafel, die an Pfarrer Friedrich Kneip erinnert. Er betreute die Gefangenen in der Zeit des NS-Regimes. Unter besonders widrigen Umständen kam er seinem christlichen Auftrag nach. Unauffällig liegt der Findling mit der metallenen Schrifttafel in der Nähe der Anstaltspforte im Vorgarten eines Dienstwohnungsgebäudes. Der Priester verstarb 1960 und fand in Oestrich im Rheingau seine letzte Ruhestätte. Eine Fotografie zeigt ihn 1957, als er in dieser Gemeinde sein 50-jähriges Priesterjubiläum beging. Er trägt eine Soutane. Ein unscheinbar wirkender Mann, den Kopf ein wenig gesenkt. Die Finger ineinander verschränkt, scheint er eine gutgemeinte Ansprache eines der örtlichen Honoratioren über sich ergehen zu lassen. Rechts steht eine Abordnung der Feuerwehr mit Trommeln und Blasinstrumenten ausgerüstet. Eine dünnrandige Brille versteckt die Augen des Seelsorgers ein wenig. Die Begegnung mit menschlichen Nöten und Leid, mit denen er insbesondere in der Zeit der Hitlerdiktatur umgehen musste, hatte sich in seinen Gesichtszügen eingegraben.[64]

Gerade in der dunklen NS-Zeit gab es stille Helden wie Pfarrer Friedrich Kneip. Unspektakulär und manchmal im Verborgenen widersetzte er sich dem mörderischen Regime. Dessen menschenverachtende Gedankenwelt war auch zu einigen Mitarbeitern bis zum Anstaltsleiter hinter die Mauern des Diezer Zuchthauses gelangt. Der Priester wurde vom damaligen Gefängnisdirektor Gamradt, der nach dem Krieg wegen Verbrechen gegen die Menschlichkeit zu einer Zuchthausstrafe von 8 Jahren verurteilt worden war, in seiner Arbeit massiv behindert.[65] Gamradt störte sich zum Beispiel daran, dass der Priester einen Gefangenen als Vorbeter im Sonntagsgottesdienst bestimmt hatte. Der Anstaltsleiter warf Pfarrer Kneip außerdem vor, er habe es unterlassen, den Geburtstag des „Führers" hervorzuheben. Auch sei nur für die Führer des Staates und nicht den Führer Adolf Hitler gebetet worden. Die offensichtlich bewussten Unterlassungen waren ein deutliches Signal des Seelsorgers, was er von dem verbrecherischen Diktator hielt.[66] Der den Gefangenen gegenüber gleichgültige Gamradt war auch nicht damit einverstanden, dass französische und belgische Gefangene am Gottesdienst teilnahmen, und lehnte dies zunächst ab. Der Priester durfte die Inhaftierten nur in der Zelle aufsuchen. Die Generalstaatsanwaltschaft hob dieses Verbot allerdings auf.[67] Pfarrer Kneip beschaffte teilweise aus eigenen Mitteln fremdsprachige Bücher. Als Zeuge bei Entnazifizierungsverfahren erwähnte er, er habe den Gefangenen heimlich Lebensmittel zukommen lassen. Wenn man ihn erwischt hätte, wäre er zweifelsohne in ein KZ gekommen, sagte er.[68]

Während des Zweiten Weltkrieges gelangten nach und nach immer mehr ausländische Gefangene ins Diezer Gefängnis. Von ihnen hatten nur wenige Straftaten begangen, sondern wurden wegen irgendwelcher angeblicher Vergehen oder auch willkürlich als politische Opfer des Terrorregimes eingesperrt. Für manche war die Diezer Haftanstalt eine Zwischenstation zum KZ. Eine besondere Gefangenengruppe stammte aus Luxemburg. Dort waren mehr als 10.000 junge Luxemburger zur Wehrmacht zwangsrekrutiert worden. 3.500 von ihnen setzten sich in den Untergrund ab, die sogenannten Refraktionäre. Insoumis nannte man die jungen Männer, die bei erster Gelegenheit untertauchten, nachdem sie zur Wehrmacht einrücken mussten. Eine Reihe schaffte es, zu den Alliierten überzulaufen.[69] Zu den Luxemburgern, denen dies nicht gelungen war, gehörten 16 Männer, die man ins Diezer Zuchthaus gebracht hatte. Sie wurden im September und Oktober 1944 als Deserteure hingerichtet.

Als an Pfarrer Kneip anlässlich der Errichtung des Gedenksteins erinnert wurde, wurde zugleich des Schicksals der ermordeten Männer gedacht. Ihre Namen und das Geburtsjahr wurden nacheinander verlesen: René Doldinger (1922), Gaston Elcheroth (1923), Pierre Feltz (1922), René Jacques Fréres (1921), Albert Gaviny (1920), René Goebel (1921), Ferdy Hansen (1921), René Kaufmann (1922), René Kayser (1924), Leon Mathias Kohn (1922), Marcel Scheibel (1924), Alfred Schloesser (1920), Edouard Schroeder (1921), Jean Serres (1921), Pierre Sinnes (1921), Jean Urth (1923).

Nach jedem Namen ertönte ein Glockenschlag aus dem an die Anstaltskirche grenzenden Turm. Wuchtig und hoch überragt er die Haftgebäude. Die Glocke läutete seit 1912, dem Erbauungsjahr des Diezer Gefängnisses, nach jeder Hinrichtung eines Gefangenen. Seit dem Ende des Zweiten Weltkrieges schweigt sie. Nun wurde er ein Symbol der Mahnung und Erinnerung an die Gefangenen, die Opfer des NS-Regimes geworden waren.

Für sieben der Luxemburger Opfer des Nationalsozialismus war Pfarrer Kneip ein letzter menschlicher Beistand, bevor ein Hinrichtungskommando sie in einer Kiesgrube in der Nähe des Zuchthauses niederschoss. Der Seelsorger verfasste einen beeindruckenden und sehr berührenden Bericht über die Exekution der mutigen Männer, die sich geweigert hatten, für ein Terrorregime zu den Waffen zu greifen.

Seine Ausführungen, die hier auszugsweise wiedergegeben werden, hatte er nach Kriegsende an den luxemburgischen Justizminister geschickt:[70]

„Es ist mir geradezu ein Bedürfnis, dem luxemburgischen Volke von seinen Helden zu berichten, die ihr junges Leben freudevoll für Luxemburg hingegeben haben. Noch nie erschütterte mich eine Exekution so wie bei diesen Helden. (…) Ich durfte erst nach Verkündigung des Urteils, morgens um 4 Uhr zu ihnen kommen. (…) Als ich um 4 Uhr 15 Min. den sogenannten Luftschutzraum, wo die Verurteilten untergebracht waren, betrat, war ich höchst erstaunt, sie alle freudig gestimmt zu finden. Größte Bereitwilligkeit, die heiligen Sakramente zu empfangen, fand ich bei allen vor." (…) „Nun wohnten sie mit größter Andacht der heiligen Messe bei."

Einer der Luxemburger namens Kaiser habe ohne jegliche Unterbrechung recht andächtig vorgebetet, führt der Priester aus. Nach der Kommunion habe Kaiser gesagt: *„Lasst uns ein Vaterunser beten, dass wir den Tod hinnehmen zur Sühne für unsere Sünden und für unser Vaterland."*

Pfarrer Kneip beschreibt, er habe sich auf den Wagen gesetzt, der die sieben Luxemburger zum Hinrichtungsplatz gebracht habe. Eine Zigarette sei von Mund zu Mund gegangen: *„Wir beten und sangen. Kaiser sagte auf einmal: ‚Wir wollen noch ein Vaterunser beten für unsere Jungen, damit sie werden, wie wir sind.' Wir beteten für unsere Feinde, für das Land Luxemburg und für die Großherzogin."*

In der Kiesgrube hätten Pfähle gestanden, an die man die jungen Männer gebunden habe, führte Pfarrer Kneip aus. Eine Augenbinde hätten sie energisch abgelehnt. Sie hätten dem Tod offen ins Gesicht schauen wollen:

„Sie hatten mich schon vorher gefragt, ob sie nicht vor ihrem Ende die Nationalhymne singen könnten, was ich ih-

nen empfahl. Der kommandierende Offizier war freundlich genug zu warten, bis die Hymne zu Ende gesungen war. Dann riefen sie: ‚Vive Charlotte, vive Prince Jean!' Alle Anwesenden waren tief ergriffen. (...) Ich gab ich Ihnen nochmals den Segen und bat: ‚Der Segen des allmächtigen Gottes, des Vaters, des Sohnes und des Heiligen Geistes steige über euch und eure Familien herab und führe euch in eine ewige Glückseligkeit.' Nun rief noch einer nach dem anderen: ‚Wir danken Ihnen, Herr Pfarrer!' Darauf kam das Kommando: ‚Zum Schluss legt an, gebt Feuer!' "

Pfarrer Kneip schreibt im letzten Abschnitt seines Berichts: *„Noch nie hatte mich eine Hinrichtung so erschüttert."* Geradezu übermenschlich sei es gewesen, wie die Männer die letzten Stunden ihres Lebens bewältigt hätten.

Wenige Monate nach Kriegsende am 8. Mai 1945 stellte der Gefängnisseelsorger nach seinen Erlebnissen in der Zeit des NS-Terrors einen Antrag auf Versetzung in den Ruhestand, dem zum 1. Oktober dieses Jahres entsprochen wurde. Die Begründung lautete: *„Durch Schikanen der letzten Zeit ist mein Gesundheitszustand derart schlecht geworden (...)."*

Mehrere Anstaltsseelsorger, die die JVA Diez verlassen haben, um eine andere Aufgabe wahrzunehmen oder in den Ruhestand zu treten, haben zum Abschied ein Kreuz erhalten, das sie an ihre Zeit hinter den hohen Mauern erinnern sollte. Es besteht aus mehreren schweren Riegeln. Sie waren an den alten Haftraumtüren angebracht, die vor einigen Jahren gegen neuere ausgetauscht wurden. Ich habe die Kreuze in der Anstaltsschlosserei fertigen lassen. Eine Idee aus dem Bauch heraus. Den Kreuzen habe ich keine bestimmte Botschaft zugeordnet, sondern den Beschenkten überlassen, was sie in dem Symbol sahen.

Kapitel 39: Tröstende Kerzen

Ein Gefangener der JVA Diez fing laut an, bitterlich zu weinen. Als ein Beamter besorgt auf ihn zuging, verstand er nur bruchstückhaft, was dem Mann widerfahren war. *„Mein Junge ist tot. Ertrunken. Als ich mit meiner Frau telefoniert habe. Eben gerade"*, war das, was der Bedienstete vernahm. Der Inhaftierte hatte ein Gespräch mit seiner Frau geführt. Sie hatte nicht mit einem Telefonat gerechnet. Das gemeinsame Kind befand sich zu diesem Zeitpunkt im Nebenzimmer in einer Kinderbadewanne. Eigentlich wollte sie nur kurz mit ihrem Mann telefonieren. Dabei vergaß sie den kleinen Jungen, der sich nicht mehr bemerkbar machen konnte, als er in der Wanne nach unten wegrutschte und leise ertrank. Als sie sich von ihrem Partner verabschieden wollte, fiel der Frau plötzlich das Kind ein. Sie rannte zur Wanne, holte es aus dem Wasser und lief mit dem leblosen Körper schreiend zurück zum Telefon.

Ein äußerst tragisches Ereignis, zudem der Strafgefangene seiner Frau nicht einmal zur Seite stehen konnte. Er war noch im geschlossenen Vollzug untergebracht und nicht für Vollzugslockerungen geeignet. Er machte seiner Partnerin keine Vorwürfe. Schließlich war er es, der weit weg von der Familie wegen schwerer Straftaten eine Freiheitsstrafe verbüßen musste.

Gelegentlich hielt ich mich aus dienstlichen Gründen in der Nähe eines der großen Besucherräume auf. Im Vorbeigehen konnte man durch die Scheibe der Tür einen Blick auf die Besuchergruppen erhaschen. Etwa acht Gruppen mit jeweils einem Gefangenen und maximal drei Besuchern. Schnell wandte ich meine Augen wieder ab. Ich wollte nicht die Menschen in dieser für sie zumeist angespannten Situation begaffen. Dürftige Beziehungspflege für zwei Stunden monatlich. Waren Kinder vorhanden, kamen noch zwei weitere Stunden dazu. Das war's. Ich mochte mir nicht vorstellen, wie der erste Besuch des Gefangenen nach dem Tod des kleinen Jungen ablief. Das Ehepaar hatte einen zusätzlichen Besuch im Dienstzimmer eines der Anstaltsseelsorger erhalten. Er begleitete den Gefangenen während der schweren Trauerphase. Bei dem Besuch gab er beiden Eltern eine Kerze mit. Kerzen hatten schon immer eine große Bedeutung im Gefängnis.[71] Wohl nur eine Minderheit der Gefangenen verwendet sie als Gebetskerze. Doch unabhängig davon, ob ein Mensch religiös ist, vermögen das milde Licht, die ruhige Flamme und der Duft des Wachses Ruhe und seelische Entspannung zu geben. Ein wenig hoffentlich auch damals dem trauernden Gefangenen.

Ich kann mich noch an die eher profane Verwendung von Kerzen in meinen ersten Dienstjahren erinnern. In der JVA Diez durften die Inhaftierten beim Anstaltskaufmann Teelichter erstehen. Sie wurden in den Zellen überwiegend für selbstgebastelte Kocher verwendet, mit denen sich die Gefangenen verbotenerweise kleine Speisen zubereiteten. Abenteuerliche Konstruktionen, bei denen Alufolie und teilweise sogar Pappe verwendet wurden. Zu Recht befürchtete man eine sehr hohe Brandgefahr, sodass die Teelichter aus den Hafträumen verbannt wurden. In Justizvollzugsanstalten, die über Wohngruppen mit Teeküchen verfügen, gibt es diese abenteuerlichen Kochstellen nicht.

In den ersten beiden Jahrzehnten meines Berufslebens gab es lediglich kleinere Brände. Gelegentlich spielten Gefangene mit Feuer, zündeten Papier an oder warfen unbedacht eine brennende Kippe in den Mülleimer. Die kleinen Brände, eher ein Kokeln, konnten die Inhaftierten noch selbst zum Löschen bringen. In einigen rheinland-pfälzischen Gefängnissen wurde früher das neue Jahr begrüßt, indem man Toilettenpapier mit Margarine tränkte und brennend aus dem Fenster warf. Lautstarke, oft eher ironisch gemeinte Neujahrswünsche begleiteten die mitternächtlichen Aktionen.

Bis vor wenigen Jahren konnten Gefangene von den Anstaltsseelsorgern Kerzen erhalten. Zu Weihnachten wurden sie mit einer kleinen Präsenttüte verteilt. In der JVA Diez durfte man die Kerzen auch noch eine Zeit lang nach Weihnachten nutzen. Sie wurden etwa im Februar eingesammelt. Ursachen für Brände waren sie nie. Die Seelsorger händigten darüber hinaus Gefangenen im Rahmen einer Trauerbegleitung eine Kerze aus, wenn sie einen nahen Angehörigen verloren hatten. Auch dies ist Vergangenheit geworden. Seit etwa 2010 kam es nach und nach immer häufiger zu Zellenbränden in Gefängnissen. Inhaftierte wie auch Bedienstete waren hierbei äußerst gefährdet. Einige erlitten Rauchgasverletzungen. Aufgrund dieser Entwicklung wurden Kerzen auch in rheinland-pfälzischen Anstalten tabu.

In der JVA Rohrbach, wo ich zuletzt tätig war, kam es 2017 zu einem Haftraumbrand. Ein Gefangener hatte nach einem Fehlverhalten eine Disziplinarmaßnahme erhalten und sich zunächst lautstark zur Wehr gesetzt. Schließlich zündete er aus Protest seine Jacke und die Matratze an. Der Inhaftierte war Raucher und besaß ein Feuerzeug. Es entwickelte sich starker Rauch, der auch auf andere Räume in seinem Haftraumtrakt übergriff. Der Brandstifter, der offenbar die Auswirkungen seiner Aktion unterschätzt hatte, schrie um Hilfe. Zwei Bedienstete der Anstalt befreiten den Mann mutig aus seiner Zelle, lösten Alarm aus und konnten das Feuer löschen. Feuerwehr und Polizeikräfte fuhren in die Anstalt. Die Feuerwehr übernahm die fachgerechte Entlüftung des Gebäudes. Mehrere Mitarbeiter und der Gefangene erlitten leichte Rauchgasvergiftungen.

Dieser Vorfall brachte mich zum Umdenken. Mir wurde bewusst, dass ein schwerer Brand in einer JVA, den ich zuvor nie erlebt hatte, eine große Gefahr für Leib und Leben von vielen Bediensteten und Gefangenen bedeutet. Wenngleich die Zellen Rauchmelder besitzen, können sich ein Feuer und vor allem die damit verbundene extrem gefährliche Rauchentwicklung binnen Sekunden entwickeln. Es kommen die besonderen baulichen Verhältnisse eines Gefängnisses hinzu. Verschlossene Zellentüren ohne die Möglichkeit, in Sekundenschnelle Notöffnungen vorzunehmen.

Nach diesem Vorfall teilte ich den Anstaltsseelsorgern mit, dass sie künftig nur noch LED-Kerzen austeilen sollen. Ich war mir zwar bewusst, dass sie nicht das natürliche Licht an der Wachskerze ersetzen können. Aufgrund der zunehmenden Häufigkeit der Brände in deutschen Justizvollzugsanstalten kam ich um diese Entscheidung nicht herum. Die Brandvorfälle hängen damit zusammen, dass sich deutlich häufiger Gefangene mit schweren Persönlichkeitsstörungen und teilweise psychiatrischen Krankheitsbildern in den Gefängnissen befinden. Man muss deshalb vermehrt mit absichtlichen Brandlegungen rechnen.

Ich habe mich später gefragt, ob das Kerzenverbot unnötig alle Gefangenen trifft. Zudem erscheint es widersprüchlich, dass andererseits Gefangene in ihrer Zelle rauchen und daher ständig ein Feuerzeug besitzen dürfen. Möglicherweise war das Kerzenverbot überzogen und eine individuelle Einzelfallentscheidung wäre angemessener gewesen.[72] Solange jedoch problematische und unproblematische Inhaftierte im geschlossenen Vollzug undifferenziert untergebracht werden, ist eine Einzelfallentscheidung angesichts der hohen Gefahren für Gesundheit und Leben der Gefangenen und Mitarbeiter nicht vertretbar. Eine Weitergabe von Wachskerzen an Inhaftierte mit schweren Persönlichkeitsstörungen ist unter den derzeitigen Bedingungen kaum verhinderbar.

Kapitel 40: Sie schossen auf alles, was sich bewegte

Am Samstag, den 23. Juli 1973, wurde es in der Nähe der Hauptpforte der Justizvollzugsanstalt Diez sehr unruhig. In der Schlagzeile einer örtlichen Tageszeitung hieß es *„Sie schossen auf alles, was sich bewegte."*[73]

Zwei Gefangene arbeiteten außerhalb der Anstalt in der Anstaltsgärtnerei. Die Inhaftierten wurden bei ihrer Arbeit nur stichprobenweise beaufsichtigt. Man nennt diese Vollzugslockerung Außenbeschäftigung im Unterschied zum Freigang. Freigang erfolgt dagegen nahezu ohne Aufsicht.

Auch für die Außenbeschäftigung werden nur bestimmte Gefangene ausgewählt. Neben einer beanstandungsfreien Führung müssen sie eine gute Kriminalprognose besitzen. Bewähren sich die Inhaftierten, naht als nächste Erprobungsstufe der Freigang. Insbesondere bei Gefangenen mit sehr langen Freiheitsstrafen wird die Außenbeschäftigung als zusätzliche Erprobungsphase dazwischengeschoben. Ansonsten wird zumeist auf diese Zwischenstufe verzichtet und die Inhaftierten unmittelbar zum Freigang zugelassen.

Die beiden in der Anstaltsgärtnerei tätigen Gefangenen enttäuschten jedoch das in sie gesetzte Vertrauen. Nach getaner Arbeit verspürten sie einen starken Drang nach alkoholischen Getränken. Am späten Nachmittag brachen sie in eines der großen Dienstwohnungshäuser ein. Das etwa 100 Meter Luftlinie von der Hauptpforte des Gefängnisses entfernt liegende Haus bewohnte damals ein Anstaltslehrer. Die beiden Gefangenen hatten offenbar bei der Arbeit im Außenbereich der Anstalt mitbekommen, dass der Pädagoge an dem besagten Tag abwesend war. So reduzierten sie zunächst in erheblichem Umfang die Alkoholvorräte des Lehrers und bedienten sich auch am Kühlschrank mit

Lebensmitteln. Den Einbrechern war ein beträchtliches Depot an alkoholhaltigen Getränken zugänglich. Nach und nach vernebelten sich die Sinne der beiden Gefangenen so erheblich, dass die Situation eskalierte. Beide Männer, die wegen Diebstahls- und Einbruchsdelikten Freiheitsstrafen verbüßten, hatten bis zu diesem Eklat gute Entlassungsperspektiven in naher Zukunft besessen.

Die Gefangenen entdeckten bald einige Schusswaffen, die der abwesende Lehrer, ein gut ausgestatteter Hobbyjäger, mit einer größeren Menge Munition in einem Schrank deponiert hatte. Warum auch immer, kletterten die beiden Einbrecher in das Obergeschoss des Hauses und schossen wild auf die umliegenden Straßen. Im Schussfeld lag unter anderem auch eine stark befahrene Bundesstraße, die damals noch näher am Gefängnisbereich lag. Zunächst schossen die beiden Betrunkenen nicht gezielt auf Personen, sondern veranstalteten mehr eine Art gefährliches Feuerwerk. Dies änderte sich, nachdem die alarmierten Polizeikräfte auf den Plan getreten waren. Bei einem ersten Schusswechsel gingen die Gefangenen zwar in Deckung, gaben jedoch immer wieder einzelne Schüsse ab, die auch in der Nähe der Polizeifahrzeuge einschlugen. Nach und nach vergrößerte sich das Polizeiaufgebot auf ca. 100 Personen. Das ganze Gebiet einschließlich der Bahnübergänge wurde hermetisch abgeriegelt.

Der damalige Anstaltsleiter Dieter Bandell hielt sich bereits in der Anfangsphase mit sieben weiteren Beamten im Erdgeschoss des Lehrerhauses auf. Er und ein Mitarbeiter der Polizei versuchten, erfolglos mit den Gefangenen zu verhandeln und diese zur Aufgabe zu bewegen. Die benebelten Inhaftierten forderten freien Abzug und eine Stunde Vorsprung. Dass dem nicht Rechnung getragen wurde, ist nachvollziehbar. Nach und nach nahmen immer mehr Polizeibeamte das Haus von allen Seiten ins Visier. Schließlich erschienen gegen 20 Uhr noch einige Scharfschützen aus Koblenz. Die Straße wurde zur Sicherheit verdunkelt. Um 21.30 Uhr setzte die Polizei Tränengas ein. Die Polizei stürmte daraufhin das Obergeschoss, in dem sich die Gefangenen verbarrikadiert hatten. Einer der Festgenommenen, der eine Beinverletzung erlitten hatte, wehrte sich noch heftig, als er auf der Krankentrage lag.

Kapitel 41: Das Frühjahr und die Virenplage

Ich saß mit meiner Frau an einem Sonntagnachmittag Anfang März 2020 in einem unserer Lieblingscafés. Der Außenbereich erinnert an eine Gartenterrasse. Eine in der Mitte der Fläche stehende Kastanie, die von einer Sitzbank umgeben ist, Blumenrabatte und Sträucher bestimmen diese beschauliche Atmosphäre.

Das Tortenstück war bereits verspeist, die zweite Tasse Kaffee ausgetrunken, als gegen 16.30 Uhr mein Mobiltelefon penetrant Laut gab. Ich ahnte den Grund des Anrufes, nachdem die Corona-Pandemie in Deutschland bereits Fahrt aufgenommen hatte, allerdings noch kein Lockdown verhängt worden war. Am Wochenende und auch sonst während der üblichen Dienstzeiten wird der Anstaltsleiter von dem sogenannten Beamten vom Dienst (BvD) vertreten. Er informiert den Gefängnischef bei Ereignissen von einer gewissen Größenordnung. Die Flucht eines Freigängers, ein Ausbruch oder ein Brand wären zweifellos ein solcher Anlass. Nun kam etwas, was in meinem Berufsleben damals ein Novum war. Der Kollege teilte mir aufgeregt mit, bei einem unserer Beamten sei eine Coronainfektion festgestellt worden. Nun wollte er wissen, was zu veranlassen sei. Obwohl meine Erfahrungen mit solchen Krankheiten naturgemäß genauso gering waren wie die des Anrufers, musste ich das Thema natürlich zur Chefsache machen. Ich nahm mir die Politiker zum Vorbild, die bei Themen, die sie überfordern, regelmäßig bekunden, sie könnten zunächst nur *„auf Sicht fahren“*. Diese Formulierung erschien mir passend, weil sie in der Anfangsphase der Pandemie ins Schwarze traf. Es ist damit gemeint, dass tagtäglich Verantwortliche, die wenig bis gar keine Ahnung haben, nachdem sie von Leuten, die glauben, mehr Ahnung zu haben, beraten wurden, Entscheidungen treffen, von denen sie hoffen, dass sie nicht gänzlich falsch sind.

Nachdem ich meiner Frau schonend beigebracht hatte, dass der gemütliche Teil des Sonntags jetzt ein jähes Ende gefunden habe, verließen wir das Café.

In der JVA Rohrbach angekommen, bildete ich, wie man das ebenso macht, wenn man noch keinen Plan hat, einen Krisenstab, zu dem unter anderem die damalige stellvertretende Anstaltsleiterin und der Vollzugsdienstleiter gehörten, die bereits zügig in die Anstalt geeilt waren. Der erkrankte jüngere Mitarbeiter wurde zwei Tage lang von stärkeren Symptomen wie Fieber und Schüttelfrost geplagt, erholte sich aber dann recht schnell. Er hatte sich die Infektion höchstwahrscheinlich in Südtirol eingefangen, wo die Touristen im ausgehenden Winterhalbjahr nicht nur mit Schnee beschenkt worden waren, sondern denen auch das ein oder andere unerfreuliche Andenken für den Heimweg mitgegeben worden war.

Wir konnten zügig die meisten Mitarbeiter ausfindig machen, die mit dem Erkrankten Kontakt hatten. Er war glücklicherweise im fraglichen Zeitraum ausschließlich im Freigängerhaus eingesetzt und hatte deshalb nur zu wenigen Kollegen Berührung. Diese akut gefährdeten Bediensteten erhielten die Weisung, zunächst einmal nicht zum Dienst zu kommen und auch gegenüber Kontaktpersonen äußerst vorsichtig zu sein.

In den kommenden Tagen, Wochen und Monaten trafen wir uns regelmäßig mit dem Krisenstab und in anderen Besprechungsrunden, um gemeinsam über die zunächst recht unübersichtliche Situation zu grübeln. Wir überlegten, welche organisatorischen Maßnahmen am geeignetsten erschienen, um die Gefahren für Gesundheit und Leben der Mitarbeiter, Gefangenen und Besucher möglichst gering zu halten.

Zügig wurde ein Pandemieplan entworfen, der ständig überarbeitet werden musste. Wenn man einen solchen Plan hat, stellt sich ein gutes Gefühl ein, mehr aber auch nicht. Offen gestanden fühlten wir uns alle ein wenig überfordert.

Als eine der ersten Maßnahmen trennten wir die Mitarbeiter, die für die Versorgung der Gefangenen verantwortlich waren, in zwei Gruppen. Wir haben dies in Anlehnung an die Untergliederungen im römischen Militär etwas wichtigtuerisch „Kohortenlösung" genannt. Diese galt zum Beispiel für die Anstaltsküche, wo statt zwei Mitarbeiter nur noch einer tätig war. Auch die Gefangenen, die dort als Küchenhelfer tätig waren, teilten wir auf. Im Wechsel hatte ein Beamter dienstfrei, während der andere arbeitete. Dass die Mitarbeiter aufgrund dieser Regelung insgesamt eine kürzere Arbeitszeit hatten, sollte diesen nicht zum Nachteil gereichen. Die Zeit, in der eine Küchenbedienstete unverschuldet nicht arbeiten konnte, wurde daher größtenteils als Arbeitszeit gewertet. Diese Praxis zog leider auch einen gewissen Neid auf diejenigen nach sich, die dadurch einen Vorteil zu haben schienen. Ich habe deshalb den Mitarbeitern, die nicht von einer Kohortenregelung betroffen waren, fünf dienstfreie Tage pauschal als Arbeitszeit angerechnet. Man könnte dies auch als einer Art Sonderurlaub bezeichnen. Die Mitarbeiter nannten es „coronafrei". Damit waren alle oder fast alle zufrieden. Dies hat sicherlich auch zur Motivation des Personals in dieser besonders belastenden Zeit beigetragen.

Zu den weiteren Erstmaßnahmen gehörte die Auflösung von Gemeinschaftsbüros. Glücklicherweise handelte es sich um die kleinere Anzahl der Diensträume. Hier war angesichts der Büroknappheit in der JVA Rohrbach eine gewisse Kreativität gefragt, um allen Mitarbeitern ein Einzelbüro zur Verfügung zu stellen. In den Sommermonaten nach Ende des ersten Lockdowns konnte wieder davon abgesehen werden, soweit die Bediensteten zwischen den Arbeitsplätzen in den Gemeinschaftsbüros einen ausreichenden räumlichen Abstand voneinander einhalten konnten.

Die Gefangenen trugen letztlich die Hauptlast der Pandemiefolgen. Jeder Neuzugang, sofern er nach einer Verhaftung von der Polizei gebracht wurde oder sich zur Verbüßung einer Freiheitsstrafe freiwillig gestellt hatte, wurde in der Anfangsphase der Pandemie für vierzehn Tage von allen anderen Gefangenen getrennt. Das gleiche Schicksal ereilte Inhaftierte, die einen Gerichtstermin hatten, sofern der Verteidiger die Abstandsregelungen nicht beachtete und glaubte, auf eine FFP2-Maske verzichten zu dürfen. Für die Unterbringung der Gefangenen, die isoliert werden mussten, gab es eigene Wohnbereiche, die nur von einer kleinen Mitarbeitergruppe betreut wurden.

Die belastendste Einschränkung für die Inhaftierten bestand darin, dass alle Gefangenen für viele Wochen keinen Besuch erhalten durften. Stattdessen wurde den Inhaftierten eingeräumt, häufiger und in einem etwas größeren Umfang Telefonate zu führen. Aus technischen Gründen waren Videotelefonate im ersten Lockdown noch nicht möglich und konnten erst im Spätsommer 2020 angeboten werden.

Wir bemühten uns intensiv, zeitnah wieder Besuche zu ermöglichen. Die Bedingungen im Besucherbereich wurden so gestaltet, dass die Gefahren für die Gesundheit der Mitarbeiter, Gefangenen und Besucher auf ein Minimum reduziert wurden. Die Bediensteten erhielten die recht sicheren FFP2-Masken. Der große Besuchsraum, wo zeitgleich acht Besuche stattfinden können, wurde mit Plexiglastrennscheiben ausgestattet, die kabinenartig auf den Tischen angebracht wurden. Der große Besucherraum wurde täglich mehrfach gründlich mithilfe eines mobilen Gebläsegerätes durchlüftet.

Die Gefangenen konnten während der Pandemiezeit monatlich leider nur noch eine Stunde Besuch erhalten, da die Durchführung zeitlich viel aufwändiger wurde. Das rheinland-pfälzische Landestrafvollzugsgesetz sieht dagegen als Mindestanspruch zwei Besuchsstunden vor. Ein vermehrter Einsatz von mehr Personal für ein größeres Besuchszeitfenster war nicht möglich. Die Besucher mussten eine einfache Mund-Nasen-Maske tragen und sich einer Fieberkontrolle unterziehen.

Erfreulicherweise hatten die meisten Gefangenen Verständnis für die belastenden Maßnahmen. Viele befürchteten offenbar, dass sie bei Besuchen angesteckt würden oder auch die Besuche für die Angehörigen gefährlich seien.

Da wir davon ausgehen konnten, dass kaum eine Ansteckungsgefahr von den Gefangenen ausging, hielten wir das Sportangebot aufrecht. Allerdings mussten die Anhänger des Fußballs darben, da es bei dieser Sportart einen zu engen körperlichen Kontakt gibt. So blieb es bei Sportarten wie Volleyball, Tischtennis und Badminton.

Die größte Gefahr ging letztlich von uns Bediensteten aus, da wir weitestgehend außerhalb der Anstalt die üblichen Kontakte haben. Die Mitarbeiter hatten stets eine Mund-Nasen-Maske anzulegen, sobald sie den Mindestabstand zu den Gefangenen nicht einhalten konnten. Dies ergab sich vor allem bei den vielen Sicherheitsaufgaben wie zum Beispiel Kontrollen der Inhaftierten durch Abtasten und Absonden.

Obwohl manche Bedienstete die Gefahr einer Infektion jedenfalls anfangs unterschätzten, gelang es, das Virus während des ersten Lockdowns aus der Anstalt herauszuhalten. Gelegentlich hörte man sorglose Äußerungen einiger weniger Mitarbeiter, dass eine Ansteckung so unwahrscheinlich sei wie ein Sechser im Lotto. Anfänglich vertraten einige die Auffassung, das Sinnvollste sei doch wohl eine Durchseuchung der Bevölkerung. Schließlich sei das Virus ja nicht gefährlicher als eine Grippe – so eine sehr kleine Minderheit von Hobbyvirologen. Insbesondere in den ersten Wochen der Pandemie ging ich häufig durch die Anstalt, um mich regelmäßig davon zu überzeugen, ob die Vorsichtsmaßnahmen wie die Vorschriften des gebotenen Abstandes eingehalten werden. So war es zum Beispiel notwendig, Mitarbeitern, die im Abstand von 20 cm zueinander vor einem Bildschirm saßen, um den Dienstplan zu erarbeiten, ein paar ermahnende Worte zukommen zu lassen.

Immer wieder mussten ergänzende Regelungen und Verfügungen getroffen werden, um die Gesundheitsprävention noch zu verbessern. Durch das Hafthaus und den Bereich, in dem sich die Sporthalle, die Küche und Handwerksbetriebe befinden, führt ein nur etwas mehr als 2 m breiter Verbindungsgang. Es wurde festgelegt, dass Gefangenengruppen wie zum Beispiel die von den Arbeitshallen zurückkehrenden Inhaftierten in einer Reihe hintereinandergehen müssen, um zu entgegenkommenden Personen den notwendigen Abstand einhalten zu können.

In den Bereichen, wo sich die Personalbüros befanden, aber auch in den kleinen Verwaltungseinheiten innerhalb des Hafthauses gab es vor der Pandemie eine Kultur der offenen Bürotür. Im Sommer hielt ich dies für weniger problematisch, da ständig gelüftet wurde. Als jedoch die Herbstzeit näher rückte, legte ich meinen Mitarbeitern nahe, die Bürotür zu schließen, um eine ungehinderte Verbreitung der Aerosole zu vermeiden.

Die Bediensteten waren nicht nur im Dienst, sondern wohl auch im privaten Bereich recht diszipliniert, sonst hätten wir sicherlich den ein oder anderen Coronafall bereits in den ersten Pandemiemonaten in der Anstalt gehabt. Einmal mehr konnte ich mich auf die Vernunft und das Verantwortungsbewusstsein der Mitarbeiter verlassen.

Neben dem Personal galt als weitere Gefahrenquelle jede von außen in die Anstalt kommende Person. Hierzu gehörten auch ehrenamtliche Vollzugshelfer. Die für die Gefangenen so wichtigen Gruppenangebote mussten deshalb leider für lange Zeit ausfallen. Da möglichst wenig abteilungsübergreifende Aktivitäten stattfinden sollten, gab es zunächst auch eine Zwangspause für therapeutische Gruppenangebote. Jedenfalls sofern die Teilnehmer aus verschiedenen Hafthausbereichen stammten. Letztlich wurde der resozialisierungsorientierte Strafvollzug für Monate auf Eis gelegt. Nachdem wir ein geeignetes Konzept entworfen hatten, konnten einige dieser wichtigen Angebote jedoch nach und nach wieder stattfinden. Da die Anstalt über wenige ausreichend große Gruppenräume verfügte, gab es eine Begrenzung der Höchstzahl der Teilnehmer, damit der gebotene Abstand gehalten werden konnte.

Während die meisten Rechtsanwälte die Coronamaßnahmen der Anstalt akzeptierten, gab es zeitweise einige wenige, die nicht bereit waren, im Mandantengespräch eine Mund-Nasenschutz-Maske zu tragen. Die uneinsichtigen Advokaten mussten dann eben mit dem Trennscheibenbesuchsraum vorliebnehmen, bei dem eine akustische Verständigung erschwert ist. Die nächste Beschwerde war die Folge.

Dass man als Anstaltsleiter stets die Gesamtverantwortung die Anstalt trägt und somit ein Päckchen, das das zügige Gehen manchmal erschwert, war mir nicht neu. Die Coronapandemie legte mir allerdings einige schwere Steinbrocken auf meine Schultern; eine mehr oder weniger ausgeprägte Daueranspannung. Dass ich meinen letzten Arbeitstag Mitte September 2020 hatte – erst kam ein langer Urlaub und ab Dezember offiziell der Ruhestand –, ließ mich endlich einmal wieder durchschnaufen.

Kapitel 42: Gefangene mit individueller Uhrzeit und kreative Erfinder

Der Leiter des offenen Vollzuges saß in seinem kleinen Büro gegenüber einem Gefangenen, der bereits mehr als 10 Jahre im Strafvollzug verbracht hatte und auf die fünfzig zuging. Von dem Zimmer aus hat man einen Blick auf die grüne Rasenfläche mit den Blumenrabatten vor dem Eingang des Freigängerhauses. Ich hielt mich gerne dort auf, war der Blick durch meine Bürofenster doch ein wenig kärglicher und von der eher sterilen Atmosphäre des geschlossenen Vollzuges geprägt. Als Mitglied der Anstaltsleitung war ich an diesem Tag Zaungast und hörte dem Gespräch zu. Der Vollzugsabteilungsleiter versuchte mit gewohnt ruhiger bis nahezu hypnotischer Stimme dem Freigänger den Vollzugs- und Eingliederungsplan nahezubringen, mit dem die Haftzeit strukturiert werden soll. Ein solcher Plan wird bereits zu Beginn der in Diez zumeist langen Strecke im geschlossenen Vollzug erstellt. Er wird später in regelmäßigen Abständen fortgeschrieben und der Entwicklung des Gefangenen angepasst. Dem Inhaftierten wird schwarz auf weiß aufgezeigt, was man von ihm erwartet und was er leisten soll, um sich eine positive Kriminalprognose zu erarbeiten. Regelmäßige Arbeit, eine Berufsausbildung oder die Teilnahme an therapeutischen Maßnahmen können dazugehören. Der vor dem Abteilungsleiter sitzende Gefangene hoffte, dass er gute Karten für eine baldige bedingte Entlassung besaß. Weder bei der Arbeit als Freigänger noch den vielen Urlauben und Ausgängen, die erhalten hatte, war es zu Regelverstößen gekommen. Er durfte deshalb darauf hoffen, dass die Anstalt ihm eine zeitliche Perspektive zum Entlassungszeitpunkt gibt. Mit gespannter Erwartung blickte der Gefangene den Beamten durch seine Brille mit dem einfachen dicken

Gestell an. Sein Oberkörper war nach vorne gebeugt. Er hockte fast an der Stuhlkante. Die Häftlinge erleben einen Vollzugs- und Eingliederungsplan nahezu wie ein Urteil. Nach wenigen Sätzen des Leiters des offenen Vollzuges war ihm klar, dass alles in seinem Sinne laufen wird. Der Plan war für ihn okay. Der Gefangene lächelte zufrieden vor sich her. Seine Mundwinkel schoben den dunklen dichten Bart ein wenig nach oben. Er lehnte sich wieder in seinem Stuhl zurück.

Als der Mitarbeiter seine Ausführungen zum Plan beendet hatte, schaute er amüsiert auf das Zifferblatt der Uhr des Gefangenen und sagte: *„Übrigens, wir haben Sommerzeit. Bei Ihnen ist noch Winter!"* Der Gefangene grinste und entgegnete: *„Das ist mir egal. Die richtige Zeit ist die Winterzeit. Ich lasse mir da nichts vorgeben."* Wer den Gefangenen nicht persönlich kannte, musste für die Wiedereingliederungsphase Schlimmes befürchten. Würde sich der Inhaftierte im Alltag stur nach seinen Uhrzeiten richten, bekäme er auf Dauer erhebliche Schwierigkeiten mit seiner Umwelt. Insbesondere bei Arbeitsverhältnissen würde er sich den Arbeitgeber nicht unbedingt zu einem engeren Freund machen.

Auch ein anderer Diezer Häftling hatte Schwierigkeiten mit den richtigen Uhrzeiten. Er wartete verfrüht mit übers Gesicht gezogener Maske und Gaspistole vor der noch geschlossenen Bank. Kurz vor Öffnung des Geldinstitutes musste er in ein Polizeifahrzeug einsteigen, nachdem ein aufmerksamer Passant den verhinderten Bankräuber erblickt und die Ordnungshüter informiert hatte. Dumm gelaufen. Dies brachte ihm später eine Einladung zu der Talkshow eines Privatsenders ein. Nach meiner Erinnerung hat er sie abgelehnt.

Der etwas eigenwillige Freigänger mit der Sonderuhrzeit richtete sich erfreulicherweise auf die Verhältnisse außerhalb des offenen Vollzuges ein. Er hatte in seiner Freizeit einen Schiedsrichterlehrgang absolviert und leitete Spiele in den unteren Fußballligen. Bei den Mannschaften galt er als konsequent und gerecht. Von den Kickern ließ er sich nicht bei seinen Entscheidungen beeinflussen. Die Spiele soll er pünktlich angepfiffen haben.

Gefangene, vor allem, wenn sie schon einige Jahre ihres Lebens in Haft verbracht haben, entwickeln in der weltfernen Sphäre einer JVA mitunter Eigenarten und Schrullen. Außerhalb der Mauern nimmt man dies häufig bei Menschen wahr, die überwiegend als Einzelgänger ihren Lebensweg beschreiten. Oft ist allerdings nicht klar, was Ursache und was Wirkung ist. Das Leben in einer Justizvollzugsanstalt kann dazu führen, dass Gefangenen sich abschotten. Grundsätzlich sind Einzelzellen zwar zu begrüßen und Gemeinschaftshafträumen vorzuziehen, da sie eine Intimsphäre gewährleisten und einen Schutzraum bieten. Allerdings können sie zu einer Höhle der Isolation für Menschen werden, die dazu neigen sich zurückzuziehen. Einige Inhaftierte sind sehr wählerisch bei Kontakten, vor allem, wenn sie nicht aus den unteren Gesellschaftsschichten stammen. Ein Gefangener, der eine Freiheitsstrafe wegen Betruges verbüßte und auf ein abgebrochenes Hochschulstudium zurückblicken konnte, kommunizierte ausschließlich mit einem einzigen Mitgefangenen. *„Die anderen nerven mich mit ihrem Gequatsche. Viele geben an, was sie für tolle Hechte in Freiheit waren. Einige schmieden bereits kriminelle Pläne für die Zeit nach der Entlassung. Das muss ich mir nicht antun“*, teilte er mir bei irgendeiner Gelegenheit mit. Aus unterschiedlichen Gründen haben manche Gefangene die Tendenz, völligen Abstand zu den Mithäftlingen zu halten. Sei es, dass sie Drucksituationen, die von Mitgliedern der Gefangenensubkultur ausgehen, aus dem Weg gehen wollen. Sei es, dass sie, wie zum Beispiel Sexualstraftäter, zu der Gruppe Gefangener gehören, die von anderen gemieden oder teilweise auch unterdrückt werden. Daher mag es nicht überraschen, dass manche Inhaftierte, die außerhalb eines engeren sozialen Gefüges stehen, sich bei längeren Haftzeiten von Jahr zu Jahr immer mehr verändern. Ecken und Kanten, die jeder Mensch besitzt, werden dann nicht mehr im Umgang mit anderen abgeschliffen.

Da die Inhaftierten in einem Korsett vieler Regeln und Beschränkungen eingezwängt sind, bleiben geringe Freiräume, innerhalb derer sie ihre Persönlichkeit und Individualität angemessen ausleben können. Gerade bei längeren Freiheitsstrafen kann es manchmal sogar ein gutes Zeichen sein, wenn sich ein Inhaftierter nicht allzu sehr anpasst, sondern eine gewisse Eigenwilligkeit bewahrt. Dies sollte jedoch nicht in ein allzu exzentrisches Verhalten übergehen. Dagegen haben überangepasste Gefangene, die sich an alle Regeln halten und „gut führen", nicht unbedingt die beste Kriminalprognose. Den Bediensteten erscheinen sie zwar „pflegeleicht", wie es gerne formuliert wird. Fehlt jedoch der enge Rahmen der Justizvollzugsanstalten, fallen manche dieser „Unauffälligen" in alte Verhaltensmuster zurück. Das regelkonforme Verhalten im Gefängnis wurde daher keineswegs verinnerlicht, sondern war überwiegend Zweckverhalten.

Ein gutes Zeichen ist, wenn Gefangene versuchen, Grenzen in einem positiven Sinne zu überschreiten. Wenn sie ihre Ideen und Pläne nicht nur für Außenstehende unsichtbar in ihrer Gedankenwelt ablagern, sondern sie verwirklichen. Inhaftierte mit einem ausgeprägten Bedürfnis nach kreativer Entfaltung sind in der Welt des Justizvollzuges, wo Ordnung und Sicherheit einen reibungslosen Betrieb gewährleisten sollen, leider Grenzen gesetzt. Auch hier werden die Nachteile einer fehlenden Differenzierung im geschlossenen Vollzug sichtbar. Die Gestaltungsspielräume von unproblematischen Inhaftierten werden unnötig eingeschränkt, weil problematische Gefangene das Maß aller Dinge sind. Dennoch trauen sich immer wieder Mitarbeiter, einzelnen Gefangene zusätzliche Entfaltungsmöglichkeiten zu geben, um sie zu fördern.

Ein Gefangener arbeitete in der zur Anstaltsküche gehörenden Metzgerei. Ein drahtiger sportlich wirkender Mittdreißiger mit tiefen Wangenfalten, der selten seinen ernsten Gesichtsausdruck veränderte. Er kam aus dem Lebensmittelgewerbe und war stets mit Engagement bei der Sache. Bereits in den 1990er Jahren erkannte er die Zeichen der Zeit und suchte eine Alternative zu Fleischgerichten. Mit Zustimmung des Küchenleiters, der ihn sehr förderte, führte der Inhaftierte einige Experimente mit vegetarischer Wurst durch. Ergebnis waren mehrere schmackhafte Wurstsorten, die sich der Erfinder patentieren ließ. Der Gefangene trat übrigens damit in die Fußstapfen des ehemaligen Bundeskanzlers Konrad Adenauer, der, damals noch stellvertretender Bürgermeister von Köln, bereits im Jahr 1918 ein Patent für eine Sojawurst einreichte. Er hatte sie 1916, somit mitten im Ersten Weltkrieg, erfunden, um die Bevölkerung angesichts der immer knapper werdenden Lebensmittel vor Hungersnot zu schützen.

Kapitel 43: Die schwierige Entlassungsphase und Ängste vor der Freiheit

In der JVA Koblenz wurde ich auf einen Gefangenen aufmerksam, der immer wieder wegen Einmietbetruges kürzere Freiheitsstrafen verbüßen musste. Er quartierte sich regelmäßig in Hotels ein, ohne zu zahlen. Ein einsamer Mensch um die fünfzig, der über keinerlei sozialen Kontakten außerhalb der Anstalt verfügte. Der gelernte Koch wurde in der Gefängnisküche eingesetzt. Eine Verwaltungsvorschrift sieht vor, dass der Anstaltsleiter möglichst regelmäßig die Verpflegung kostet. Eine meiner angenehmsten Aufgaben dank fähiger Köche. Dass ein ordentliches Essen erheblich zu einer akzeptablen Atmosphäre in Einrichtungen jeglicher Art beträgt, ist eine Binsenweisheit. Mir war aufgefallen, dass seit einigen Wochen die Salatsoßen besonders schmackhaft waren. Ich sprach den Leiter der Küche darauf an, als ich in seinem teilweise verglasten Büro saß. Von dem kleinen Raum aus hat man die Arbeitsflächen mit den Gefangenenhelfern gut im Blick. Der Beamte berichtete mir, ein altbekannter Untersuchungsgefangener sei wieder einmal in der Anstalt. Wenig dezent deutete er auf ihn. Der Häftling sei ein „gelernter Koch". Quasi ein Kollege, der sein Handwerk sehr gut verstehe, führte der Mitarbeiter weiter aus. In Freiheit sei er trotz seiner beruflichen Qualitäten nicht zurechtgekommen. Hier in Haft sei der Gefangene wer und werde anerkannt. Ich schaute in die Richtung des Mannes, der offenbar meinen Blick wahrgenommen hatte und sich hinter einem Herd wegbückte, als habe er in dieser Körperhaltung etwas zu erledigen.

Der Inhaftierte hatte in erster Instanz eine Freiheitsstrafe von zwei Jahren erhalten, aber hiergegen Berufung eingelegt, obwohl die Erfolgsaussichten gegen null tendierten. Die

Berufung nahm er schließlich zurück. Der Kollege aus der Anstaltsküche nannte mir den Grund hierfür. Einziges Motiv des Gefangenen war, die Rechtskraft des Urteils so lange hinauszuzögern, bis die Justizvollzugsanstalt Koblenz weiter für ihn zuständig sein durfte. Für die Zuständigkeit einer Anstalt in Rheinland-Pfalz ist unter anderem maßgeblich, wie hoch der Strafrest nach Rechtskraft des Urteils ist. Die Untersuchungshaftzeit wird von der Freiheitsstrafe abgezogen. Wäre das Urteil früher rechtskräftig geworden, hätte der Koch in die JVA Wittlich gemusst, da die Koblenzer Einrichtung damals nur für Strafen bis zu einem Jahr zuständig war. Um noch eine Weile Untersuchungsgefangener zu bleiben, wartete der Gefangene mit der Rücknahme der Berufung so lange, bis der Strafrest unter dieser Grenze lag. So konnte der talentierte Koch weiterhin mit seinen Fähigkeiten die Koblenzer Mitgefangenen und zugegebenermaßen auch mich erfreuen. Vor allem erfuhr er die Wertschätzung, die er draußen vermisste.

Manche Gefangenen arrangierten sich nach und nach mit der Haft. Auf Einladung des katholischen Gefängnisseelsorgers besuchte der Limburger Weihbischof Pieschl Mitte der 1990er Jahre die Gefangenen der JVA Diez. Es hatte sich eine etwa 20-köpfige Gruppe in der Anstaltskirche in einem großen Stuhlkreis versammelt. Auch ich saß in der Runde. Als der leutselige Seelsorger zum Weihbischof bestellt wurde, entschied er sich für den Wahlspruch *„Non recuso laborem. Ich scheue die Mühen nicht."* Pieschl übersetzte dieses Motto frei mit: *„Ich drücke mich nicht."* So begab er sich auch zu den langstrafigen Diezer Inhaftierten.

Der Würdenträger forderte die Gefangenen nach der Begrüßung auf, ihm Fragen zu stellen, um ins Gespräch zu kommen. Der Weihbischof strahlte gute Laune aus und erwartete eine lebendige Veranstaltung. Die Häftlinge waren jedoch zurückhaltend und wussten wenig mit der Einladung des Priesters anzufangen, Fragen zu stellen. Nach einigen scheuen Wortmeldungen kehrte Stille ein. Doch dann wurde der Gast aktiv. Er verließ seinen Platz, trat vor die einzelnen Gefangenen und sprach sie reihum unmittelbar an. Der Bischof fragte, woher sie kämen, welche Pläne sie hätten, wie es ihnen gehe. Das Gespräch wurde nun deutlich lebhafter. Als die angesprochenen Inhaftierten antworteten, schalteten sich spontan andere Häftlinge ein. So entwickelte sich doch noch eine gelungene Veranstaltung.

Wenig Freunde machte sich allerdings ein Gefangener, der aus Aserbaidschan stammte und über recht gute Deutschkenntnisse verfügte. Er trug vor, dass es ihm in der JVA Diez eigentlich ganz gut gehe. Er müsse sich keine Sorgen machen, schließlich habe er alle wichtigen Dinge zur Verfügung. Das Essen sei gut. Er könne arbeiten und sich etwas Geld verdienen, das er beim Anstaltskaufmann für zusätzliches Obst, Süßigkeiten, Kaffee und Zigaretten ausgeben könne. Eigentlich sei es hier in Ordnung. Dies rief nun einige andere Teilnehmer der Gesprächsrunde auf den Plan, die heftig widersprachen. Der Weihbischof lenkte das Gespräch geschickt in eine weniger brisante Richtung.

Die meisten Gefangenen fiebern ihrer Entlassung mit einer Mischung aus Vorfreude und Angespanntheit entgegen. Bei einem Gefangenen überwog allerdings die Angst vor der Freiheit. Er stammte aus Osteuropa und musste wegen mehrerer Raubüberfälle eine langjährige Freiheitsstrafe bis zum letzten Tag verbüßen. Während der Haftzeit war der ein wenig spröde und distanziert wirkende Mann unauffällig. Eine Tataufarbeitung war nicht möglich. Der Gefangene wollte seine Ruhe haben. Am Entlassungstag erhielt ich einen Anruf von einem Mitarbeiter, der mir aufgeregt mitteilte, dass der Gefangene in der Anstalt bleiben wolle. Der Inhaftierte habe unmissverständlich erklärt, er wolle nicht raus. Er drohe, er werde heute noch einen Raubüberfall begehen, damit er wieder versorgt sei. Ich schickte daraufhin einen Sozialarbeiter zu dem wohl weniger an der Anstalt hängenden als verzweifelten Gefangenen. Er klagte, er habe keine Unterkunft. Draußen habe er keinen Menschen, an den er sich wenden könne. Allerdings hatte der Gefangene Versuche des Sozialdienstes, seine Entlassung vorzubereiten, in den letzten Haftmonaten ausnahmslos zurückgewiesen. Eine Strategie, die Ängste vor der wolkenverhangenen Zukunft zu verdrängen. Auf die Schnelle wurde dem Gefangenen noch eine Bleibe vermittelt, sodass er schließlich die Anstalt verließ.

In der Diezer Anstalt bin ich einem sehr jungen Gefangenen begegnet, der mir im Gespräch aufgrund seiner direkten ehrlichen Art auffiel. Über was er sich beschwerte, ist mir nicht mehr in Erinnerung. Dagegen ist mir noch die Vorgeschichte des Gefangenen präsent, die ich damals seiner Personalakte entnahm. Vor der Anstaltsleitersprechstunde warf ich stets einen Blick in die Akte und las mir unter anderem das Urteil durch, um mich ein wenig auf die Gespräche vorzubereiten. Der Gefangene hatte bereits mehrere Freiheitsstrafen verbüßt. Nur kurze Zeit nach der letzten Entlassung verübte er einen Raubüberfall. Auf der Anklagebank trug er den Richtern freimütig vor, er habe die Tat ausschließlich begangen, um wieder ins Gefängnis zurückkehren zu können. Draußen sei er nicht zurechtgekommen. Ich fragte den Gefangenen, ob seine Angaben vor Gericht der Wahrheit entsprochen hätten oder nur ein taktisches Manöver gewesen seien. Entrüstet erklärte er, dass er nicht gelogen habe. Sein Anwalt sei von seiner Einlassung überrascht gewesen und habe ihn heftig wegen dieses taktisch unklugen Verhaltens kritisiert. Ich nahm das Gespräch zum

Anlass, den Sozialarbeiter und den zuständigen Psychologen auf den jungen Mann aufmerksam zu machen. Ich bat sie, den Gefangenen keinesfalls aus den Augen zu verlieren und vor allem seine Entlassung intensiv vorzubereiten.

Die geschilderten Beispiele sind zweifelsohne nicht repräsentativ dafür, wie Strafgefangene ihre Zeit hinter Gittern erleben. Nahezu alle Gefangenen wollen möglichst bald das Gefängnis hinter sich lassen. Doch viele Inhaftierte werden von zwiespältigen Gefühlen geplagt und haben Angst, erneut in Freiheit zu scheitern. Dies gilt vor allem für Entlassene, die keinerlei soziale Bindungen haben.

Das 2013 in Kraft getretene rheinland-pfälzische Landesjustizvollzugsgesetz (LJVollzG) sieht gemäß § 52 vor, dass ein Gefangener im Ausnahmefall auf Antrag noch kurze Zeit weiter im Gefängnis verbleiben darf. Hierüber ist ein Vertrag zu schließen. Fast könnte man an eine Art Beherbergungsvertrag in einer Einrichtung, die wenig mit einem Hotel gemein hat, denken. Äußerst selten macht jemand von dieser Möglichkeit Gebrauch. Viele Gefangene wissen zudem nichts von dieser vorübergehenden Notlösung. Sogar eine Wiederaufnahme in der JVA, nachdem ein Gefangener bereits entlassen wurde, ist möglich. Voraussetzung ist, dass ansonsten die Eingliederung gefährdet und die Anstalt nicht überbelegt ist. Die Hürde ist daher recht hoch.

Gemäß § 51 LJVollzG ist mit Einverständnis des Gefangenen auch eine weitere Betreuung durch Anstaltsbedienstete nach der Entlassung zulässig. Sie ist auf maximal 6 Monate beschränkt. Auch dieses Hilfsangebot wird kaum in Anspruch genommen. Für die Begleitung in der ersten Phase nach der Entlassung bleibt es damit bei der vorrangigen Verantwortung der Bewährungshilfe, sofern ein Gefangener bedingt entlassen wurde. Ansonsten sind andere Institutionen gefragt, wie die für das Arbeitslosengeld zuständige Arbeitsagentur, das für das Bürgergeld zuständigen Jobcenter bei erwerbsfähigen Personen und das Sozialamt bei Nichterwerbsfähigen.[74] Beratung bei Problemen nach der Haftentlassung bieten sowohl die Städte und Gemeinden als auch freie Wohlfahrtsverbände und Kirchen an. Die Anstalten haben zu wenig Sozialarbeiter, um eine intensive nachgehende Begleitung der Entlassenen durchzuführen. Im Regelfall findet daher die Zuständigkeit des Gefängnisses am Entlassungstag ihr abruptes Ende. Das in den letzten Jahren eingeführte Übergangsmanagement soll zu einer engeren Verzahnung zwischen dem Sozialdienst der Anstalt und den externen Stellen wie unter anderem der Bewährungshilfe und dem Jobcenter führen. Das Übergangsmanagement erfasst insbesondere die letzten Monate vor der Entlassung und endet für den Sozialdienst der Anstalt von Ausnahmefällen abgesehen bereits am letzten Hafttag.[75] Da die Anzahl der Gefangenen mit sozialen und psychischen Problemen zugenommen hat, können sich die für das Übergangsmanagement zuständigen Sozialdienstmitarbeiter überwiegend nur den Fällen eingehender widmen, in denen ein überdurchschnittlicher Beratungs- und Betreuungsbedarf besteht.

Mit dem ersten Tag in Freiheit übernehmen die Bewährungshelfer, sofern überhaupt eine Strafe zur Bewährung ausgesetzt wurde. Ist dies nicht der Fall, wird bei einem Teil der Gefangenen, die bis zum letzten Tag in der Anstalt bleiben mussten, die mehr kontrollierende als betreuende Führungsaufsicht zuständig. Sie erfolgt bei Freiheitsstrafen von mindestens 2 Jahren, bei Sexualstraftätern auch bereits ab einem Jahr.[76] [77] Im Jahr 2022 wurden in Rheinland-Pfalz 80 % der erwachsenen männlichen Gefangenen erst zum Strafende entlassen.[78] Nur 9,6 % wurden bedingt entlassen und erhielten deshalb größtenteils einen Bewährungshelfer.[79] Sofern ein Inhaftierter die Freiheitsstrafe vollständig verbüßen muss und er nicht zu den beiden Fallgruppen gehört, bei denen Führungsaufsicht eingetreten ist, besteht für die meisten Entlassenen daher eine erhebliche Betreuungslücke in der ersten Phase der Freiheit.[80]

Die Entlassungsvorbereitung wäre wesentlich effizienter, wenn ein Sozialdienstmitarbeiter sowohl während der Haftzeit also auch in der Phase der Wiedereingliederung nach der Entlassung für einen Gefangenen zuständig wäre. In der Praxis gestaltet sich die Zusammenarbeit zwischen den Sozialarbeitern der Anstalt und den Bewährungshelfern oft schwierig und wird nicht selten von Reibungsverlusten begleitet. Der Mitarbeiter der JVA kennt den Gefangenen, dessen Defizite und Bedürfnisse aus der teilweise jahrelangen Haftzeit. Dieses Wissen und die Erfahrungen im Umgang mit dem Inhaftierten gehen am Entlassungstag überwiegend verloren. Daran ändert auch die schriftliche Dokumentation des Haftverlaufs in den Gefangenenakten nichts. Für intensivere Kontakte des künftigen Bewährungshelfers mit dem Sozialdienst der Anstalt ist selten ausreichend Zeit. Gerade in dem sensiblen Zeitraum der Endphase der Haft und der ersten Zeit in Freiheit entscheidet sich, ob eine Wiedereingliederung gelingt. Nach einer bundesweiten Untersuchung ist die Rückfallrate in den ersten 3 Jahren nach der Entlassung am höchsten. Hiernach betrug die allgemeine Rückfallrate bei den 2013 entlassenen männlichen und weiblichen Strafgefangenen im Zeitraum 2014 bis 2016 insgesamt 45,9 %.[81] [82] Bei einer Verlängerung des Beobachtungszeitraumes von 3 auf 12 Jahre (Beobachtungszeitraum 2004 bis 2016) stieg die Rückfallrate nach 6 Jahren um 9, nach 9 Jahren um weitere 4 und nach 12 Jahren um weitere 2 Prozentpunkte.[83] Die Rückfälle nehmen daher nach der am meisten belasteten Phase der ersten drei Jahre nach der

Entlassung kontinuierlich ab. Dies zeigt deutlich, dass die Nachbetreuung gerade in diesem besonders sensiblen frühen Zeitraum deutlich intensiviert werden muss.

Mit § 49 Absatz 3 Landesstrafvollzugsgesetz wurde in Rheinland-Pfalz eine mutige, kaum bekannte Vorschrift geschaffen, die eine längerfristige Erprobung und Eingliederungsphase außerhalb der JVA zulässt. Hiernach kann ein Strafgefangener in der letzten Haftphase zur Eingliederung entweder in einer Übergangseinrichtung untergebracht oder ihm zur Vorbereitung der Entlassung einen maximal sechsmonatigen Langzeitausgang (Urlaub) gewährt werden. In der Gesetzesbegründung hierzu heißt es: „Beides dient dazu, die Straf- und Jugendstrafgefangenen über einen längeren Zeitraum zu erproben oder den nahtlosen Wechsel von der stationären zur ambulanten Betreuung in Freiheit unter Einbeziehung mit Dritter zu ermöglichen. (...) In solchen Einrichtungen, die in der Regel von freien Trägern vorgehalten werden, können die Straf- und Jugendstrafgefangenen gegebenenfalls auch nach der Entlassung aus der Haft vorläufig verbleiben."[84] Die Strafgefangenen erhalten die Weisung, in der Einrichtung zu wohnen und den Anweisungen des Personals Folge zu leisten. Auf der Grundlage dieser ambitionierten Vorschrift sollte geeigneten Gefangenen ein nahtloser Übergang vom Gefängnis in die Freiheit ermöglicht werden. Sie findet jedoch nur äußerst selten Anwendung in der Praxis. Vor allem fehlt es an Einrichtungen, die bereit sind, die erste Zeit in Freiheit zu begleiten. Solange sich dies nicht ändert, bleibt die gesetzliche Vorschrift ein Papiertiger.

Kapitel 44: Der Weg zum Parkplatz, Papiertüten und T-Shirts im Winter

Als Frühaufsteher saß ich zumeist bereits gegen 7.15 Uhr an meinem Schreibtisch in der JVA Rohrbach. Selten begegnete ich deshalb an der Außenpforte Strafgefangenen, wenn sie am Entlassungstag gegen 8 Uhr ihre letzten Schritte in der Unfreiheit machten. Da in dieser Anstalt neben Ersatzfreiheitsstrafen auch viele kürzere Freiheitsstrafen vollzogen werden, ist die Fluktuation sehr hoch. Es gibt Tage, da geht es zu wie in einem Taubenschlag.

Die Landesjustizvollzugsgesetze geben vor, dass ein Strafgefangener möglichst frühzeitig, jedenfalls noch am Vormittag, zu entlassen ist. So haben sie noch eher Gelegenheit, zügig persönliche Angelegenheiten zu regeln und Behördengänge zu machen. Der Sozialdienst unterstützt die Gefangenen bei der Entlassungsvorbereitung. Manche Inhaftierte gelangen allerdings sehr kurzfristig vor die Mauern. Gefangene, die lediglich eine Ersatzfreiheitsstrafe verbüßen, dürfen die JVA von jetzt auf gleich hinter sich lassen, wenn die Geldstrafe von irgendeinem Sponsoren großzügig beglichen wird. Zumeist handelt es sich bei den Spendern um Familienangehörige, manchmal auch den ehemaligen Arbeitgeber. Ohne ausreichende Vorbereitung endet auch die Haft von Untersuchungsgefangenen, wenn es beim Gerichtstermin zur Aufhebung des Haftbefehls kommt.

Einige Entlassene werden von Kontaktpersonen am Parkplatz vor der Anstalt abgeholt, andere ordern ein Taxi, das sie zum nächsten Bahnhof bringt. Viele treten den Weg zur nächsten Bushaltestelle zu Fuß an. Manche Gefangene haben in den Lagerräumen der Anstalt eine Reise- oder Sporttasche aufbewahren lassen. Einige brachten sie bereits zum Haftbeginn mit, sofern sie sich selbst stellen durften.

Andere haben sich eine Tasche später durch Vermittlung der JVA beschafft. Doch viele Häftlinge gingen am letzten Hafttag mit einer braunen Papiertüte an jeder Hand durch die Pforte. Lange die übliche Notlösung, die zum Transport des überschaubaren Eigentums von der Anstalt ausgehändigt wurde. Nachdem ich wohl lange Zeit etwas betriebsblind war, nahm ich irgendwann das traurige Bild eines Gefangenen mit den armseligen Tüten wahr. Ein Mitarbeiter der Verwaltung hatte mich zuvor bereits auf diesen Missstand hingewiesen. Für solche Anregungen war ich dankbar, da sie nicht selbstverständlich waren. Ein Bediensteter, der trotz der Alltagsroutine im Gefängnis noch in der Lage war, sich in andere Menschen hineinzuversetzen. Mit einem stigmatisierenden äußeren Erscheinungsbild sollte niemand in die Freiheit gelangen, war die kritische Botschaft des Kollegen. Je mehr Berufsjahre man hinter Gittern zugebracht hat, umso eher besteht die Gefahr, dass sich eine starre Routine einstellt und eingefahrene Gleise nicht mehr verlassen werden (können). Manche Mängel werden dann nur noch wahrgenommen, wenn man darauf gestoßen wird. Die unsäglichen Papiertüten wurden bald durch optisch deutlich ansprechendere und unauffällige Taschen ersetzt.

Der aufmerksame Mitarbeiter sprach mich auf einen weiteren Mangel an. Ihm war aufgefallen, dass kürzlich ein Gefangener die Anstalt ohne ausreichende, den Witterungsverhältnissen angemessene Kleidung verlassen musste. Als der Kollege mir dies mitteilte, schilderte er mir einen Vorfall, der sich vor vielen Jahren in der 2002 aufgelösten JVA Mainz ereignet und ihm die Augen geöffnet hatte. Damals suchte ein in den Wintermonaten entlassener Gefangener die örtliche Zeitungsredaktion auf, um sich zu beschweren. Der Entlassene besaß keinerlei wärmende Bekleidung. Als er die Anstalt verließ, trug er am Oberkörper lediglich ein dünnes T-Shirt. Sein Gesprächspartner in der Redaktion erkundigte sich bei der Anstalt danach, ob die Gefangenen denn mit geeigneter Kleidung für den Weg in die Freiheit ausgestattet würden. Grundsätzlich sei dies der Fall, erhielt er als vage Auskunft. Der Gefangene habe sich wohl nicht rechtzeitig vor der Entlassung beim Sozialdienst gemeldet, vermutete der angesprochene Mitarbeiter. Offenbar hatte sich der Journalist mit der von der JVA erteilten Auskunft zufriedengegeben. Jedenfalls erschien kein Artikel über die Beschwerde des Entlassenen. Dem engagierten ehemaligen Kollegen, der mir diese schon lange zurückliegende Geschichte erzählt hatte, ging es auch darum, dass das Ansehen der Anstalt und deren Mitarbeiter nicht beschädigt werden.

Sicherlich ist nicht die Regel, dass Gefangene ohne geeignete Kleidung die JVA verlassen. Der Sozialdienst des Gefängnisses bereitet die Entlassung im Rahmen der Möglichkeiten vor. Da jede Justizvollzugsanstalt über einen Bestand an Privatkleidung verfügt, ist es auch bei kurzfristigen Entlassungen möglich, den Gefangenen mit allem Notwendigen auszustatten. Allerdings sind manche Inhaftierte im Kontakt mit dem Sozialdienst der Anstalt zu passiv und sorglos. Viele befinden sich mit dem Kopf bereits vor den Mauern der JVA.

Kapitel 45: Delikte und Behandlungsbedarf, Unterschiede zwischen den männlichen und weiblichen Strafgefangenen

Die Delikte, wegen derer die rheinland-pfälzischen männlichen und weiblichen Strafgefangenen inhaftiert waren, unterscheiden sich teilweise erheblich (Stichtag 31.03.2022).[85] Bei den Stichtagsquoten ist allerdings zu berücksichtigen, dass die Haftzeiten für schwere Delikte deutlich höher sind als für leichtere wie zum Beispiel einfache Körperverletzung, Diebstahl oder Straßenverkehrsdelikte. Bezogen auf das gesamte Kalenderjahr ist daher die Anzahl der Strafgefangenen, die wegen niederschwelliger Delikte eine Freiheitsstrafe verbüßen, deutlich größer, als es im Stichtagswert abgebildet wird.[86]

Männliche Gefangene:[87]

Betäubungsmitteldelikte	20,0 %
Diebstahl/Unterschlagung	15,6 %
Betrug/Urkundenfälschung	12,3 %
Körperverletzungsdelikte	12,8 %
Mord/Totschlag	9,2 %
Raubdelikte	8,8 %
Sexualdelikte	8,4 %
Sonstige Delikte	12,9 %

Bei männlichen Strafgefangenen dominieren Gewaltstraftaten mit 30,8 % und Sexualdelikte mit 8,4 %, zusammen 39,2 % mit einem entsprechend hohen Behandlungsbedarf.

Diebstahls-, Unterschlagungsdelikte sowie Betrugs- und Untreuedelikte folgen als zweithäufigste Delinquenzgruppe mit 27,9 %.

Betäubungsmitteldelikte folgen zwar erst an dritter Stelle mit 20 %. Dennoch muss die Suchtbehandlung der zweite Schwerpunkt für Resozialisierungsmaßnahmen sein.

Dies ergibt sich trotz der im Vergleich zur zweithäufigsten Gruppe der Vermögensdelikte niedrigeren Quote daraus, dass mehr 60 % der Gefangenen insbesondere von illegalen Drogen abhängig sind oder eine Suchtgefährdung vorliegt. Sucht ist in vielen Fällen tatauslösend beziehungsweise ein wesentlicher Faktor insbesondere bei Beschaffungskriminalität, aber auch anderen Delinquenzformen wie zum Beispiel Gewaltdelikten.

Weibliche Gefangene:[88]

Betäubungsmitteldelikte	11,2 %
Diebstahl/Unterschlagung	23,7 %
Betrug/Urkundenfälschung	27,8 %
Körperverletzungsdelikte	8,9 %
Mord/Totschlag	10,7 %
Raubdelikte	5,3 %
Sexualdelikte	0,6 %
Sonstige Delikte	11,8 %

Bei den Frauen stellen die Betrugs- und Untreuedelikte sowie Diebstahls- und Unterschlagungsdelikte den häufigsten Haftgrund dar (51,5 %). Die Behandlungsangebote müssen daher diesen Deliktschwerpunkten entsprechen.

An zweiter Stelle kommt die Delinquenzgruppe der Gewaltdelikte mit 24,9 % und Sexualdelikte mit 0,6 %, insgesamt daher 25,5 %.

Zwar beträgt die Quote bei Betäubungsmittelkriminalität bei den Frauen nur 11,2 %. Wie bei den männlichen Gefangenen ist für das Behandlungsangebot die hohe Quote von über 60 % suchtgefährdeter oder abhängiger Gefangenen zu berücksichtigen. Straftaten aus den anderen Deliktsgruppen sind vielfach der Beschaffungskriminalität zuzuordnen, sodass die im Vergleich zu den Männern niedrigere Quote täuscht.

Kapitel 46: Die Berufsgruppen in den Justizvollzugsanstalten[89]

In den Justizvollzugsanstalten sind sehr unterschiedliche Personalgruppen vertreten. Die meisten Bediensteten gehören dem allgemeinen Vollzugsdienst an. Ca. 70 % des Personalkörpers werden durch ihn gestellt. Die Mitarbeiterinnen und Mitarbeiter des allgemeinen Vollzugsdienstes sind überwiegend in den Hafthäusern tätig, wo die Gefangenen untergebracht sind. Deshalb soll zu dieser Personalgruppe bereits etwas zu Beginn dieses Kapitels ausgeführt werden. Die Texte wurden, soweit sie in Anführungszeichen gesetzt wurden, dem sogenannten Karriereportal des rheinland-pfälzischen Justizministeriums entnommen:

Beamtinnen und Beamten des allgemeinen Vollzugsdiensts der Laufbahn des 2. Einstiegsamtes

„Die Justizvollzugsbediensteten sind überwiegend auf den Abteilungen und in den Wohngruppen zur Betreuung und Beaufsichtigung der Gefangenen eingesetzt. Weitere Einsatzmöglichkeiten bestehen im Fahrdienst, im Pfortendienst, in den Arbeits- und Ausbildungsbetrieben (Werkdienst), im Versorgungsbereich (z. B. Küche), im Sanitätsdienst und in der Verwaltung. Die Zuordnung zu einem bestimmten Einsatzbereich richtet sich nach dem konkreten personellen Bedarf, der persönlichen Neigung und den besonderen beruflichen Qualifikationen der Bediensteten."
„Zu den Aufgaben gehören insbesondere:
Beaufsichtigung und Unterbringung der Gefangenen (wie z. B. Auf- und Einschluss, Haftraum- und Postkontrolle, Durchsuchung, Vor- und Ausführung von Gefangenen,

Kontrolle und Überwachung des Innen- und Außenbereichs der Justizvollzugseinrichtung),
Mitwirkung an der Behandlung von Gefangenen (Durchführung von Freizeitmaßnahmen, Führung von Betreuungsgesprächen mit den Gefangenen, Beteiligung im Rahmen der Vollzugs- und Eingliederungsplanung)
Versorgung der Gefangenen
Mitarbeit in Bereichen der Verwaltung.
In den meisten Einsatzbereichen ist die Arbeitszeit in Schichtdienste nach einem Dienstplan eingeteilt. Die Früh- und Spätdienste sind grundsätzlich auf die Woche ausgerichtet. Es sind darüber hinaus regelmäßig Wochenend-, Feiertags- und Nachtdienste zu leisten, für die Freizeitausgleich gewährt wird.

Eingangsbesoldung A 7 LBesG (während des Vorbereitungsdienstes Anwärterbezüge)“

„Einstellungsvoraussetzungen:
Allgemeine Voraussetzungen für die Berufung in das Beamtenverhältnis
Mindestalter: 18 Jahre
Höchstalter: 40 Jahre
Qualifizierter Sekundarabschluss I oder ein als gleichwertig anerkannten Bildungsstand oder Qualifikation der Berufsreife mit abgeschlossener Berufsausbildung
Polizeidiensttauglichkeit“
„Das Bewerberauswahlverfahren umfasst insbesondere einen psychologischen Leistungstest, einen psychologischen Persönlichkeitstest und einen sportmotorischen Leistungstest.
Einstellungen können jederzeit erfolgen, die Ausbildung beginnt mehrfach im Laufe eines Jahres. Die aktuellen

Termine können den Stellenausschreibungen der Justizvollzugseinrichtungen entnommen werden."

Ausbildung:
„Die Ausbildung dauert achtzehn Monate im Vorbereitungsdienst, der sich wie folgt gliedert:
1. praktische Einführung (mindestens 1 Monat),
2. fachtheoretische Ausbildung (mindestens 6 Monate),
3. fachpraktische Ausbildung im Vollzug (mindestens 7 Monate).
In der fachpraktischen und fachtheoretischen Ausbildung werden Sie in folgenden Lernfeldern ausgebildet.
Die Rolle der Justizbediensteten und die Arbeit im Vollzug
Die Tätigkeit auf der Abteilung
Die Arbeit/Tätigkeit an der Schnittstelle zur Öffentlichkeit
Die Versorgung der Gefangenen
Die Behandlung und Betreuung der Gefangenen
Die Gewährleistung und Aufrechterhaltung
der Sicherheit und Ordnung in den Justizvollzugseinrichtungen
Kommunikation und Umgang
Der Vorbereitungsdienst schließt mit einer mündlichen Laufbahnprüfung ab.
Bei Einstellung in den Vorbereitungsdienst werden die Bewerberinnen und Bewerber in das Beamtenverhältnis auf Widerruf berufen. Dieses Beamtenverhältnis endet mit der Ablegung der Laufbahnprüfung."

Juristinnen und Juristen in der Anstaltsleitung[90]

„Die Anstaltsleitungen bestehen aus einer Anstaltsleiterin oder einem Anstaltsleiter, der – je nach Größe der Justizvollzugseinrichtung – durch eine oder mehrere Dezernentinnen oder Dezernenten unterstützt wird. Die Anstaltsleitung trägt die Verantwortung für die gesamte Organisation und den gesamten Vollzug einer Justizvollzugseinrichtung. Sie koordiniert die Vollzugsaufgaben und überwacht die Einhaltung einer einheitlichen Vollzugsgestaltung. Neben der Vertretung der Vollzugseinrichtung nach außen ist die Anstaltsleitung verantwortlich für die gesetzmäßige Erfüllung aller Aufgaben einer Behördenleitung. Hierzu gehört insbesondere die Dienstaufsicht, insbesondere über die Vollzugsabteilungen, die Personal-, Wirtschafts-, Arbeits-, Sicherheits- und Bauverwaltung, den psychologischen, medizinischen und pädagogischen Dienst sowie den Sozialdienst. Sie ist verantwortlich für die ordnungsgemäße Organisation der Aufgabenerfüllung der externen in der Justizvollzugsanstalt Tätigen, insbesondere im Bereich der Seelsorge, der externen Drogenberatung, der ehrenamtlichen Vollzugshilfe, aber auch der Lehrkräfte in der beruflichen Bildung oder anderen in der Gefangenenbildung und -betreuung tätigen Institutionen. Die Anstaltsleitung ist Hauptansprechpartner des Anstaltsbeirats und verantwortet die Zusammenarbeit der Justizvollzugseinrichtungen untereinander, aber auch die Zusammenarbeit mit Gerichten, Staatsanwaltschaften, Polizei, Vereinen der Straffälligenhilfe und weiteren mit der Wiedereingliederung von Inhaftierten befassten Behörden und Institutionen. Juristinnen und Juristen werden zunächst als Dezernentinnen oder Dezernenten eingesetzt. Nach entsprechender langjähriger Erfahrung ist die Übertragung einer Anstaltsleitung möglich.

Eingangsbesoldung nach A 13 LBesG"

Einstellungsvoraussetzungen:
„Befähigung zum Richteramt oder zum höheren Verwaltungsdienst"[91]

Psychologinnen und Psychologen

„Dem psychologischen Fachdienst obliegt die Diagnostik, Begutachtung, Beratung und psychologische Behandlung der Gefangenen und Sicherungsverwahrten, einschließlich der Krisenintervention und der Kriminaltherapie sowie der Psychotherapie im Vollzug (Behandlung psychischer Störungen des Verhaltens und Erlebens, die in einem Zusammenhang mit der Straffälligkeit stehen), und die Koordination mit externen Therapeuten und Gutachtern. Er wird mit gleichen Aufgaben auch in der ambulanten Nachsorge in den psychotherapeutischen Ambulanzen der Justiz tätig.
Außerdem unterstützt er die Verwaltung der Anstalten und der Justizvollzugsschule in psychologischen Fragen, bei der Aus- und Fortbildung, der Personalauswahl, der Personal- und Organisationsentwicklung und der Beratung der Bediensteten.

Eingruppierung in die Entgeltgruppe 13 TV-L, bei Verbeamtung Eingangsbesoldung nach A 13 LBesG"

Einstellungsvoraussetzungen:
„Abgeschlossenes Studium der Psychologie mit Diplomprüfung an Universität oder anderer gleichgestellter Hochschule mit Universitäts- oder Hochschulprüfung oder entsprechender Masterabschluss."

Sozialarbeiterinnen und Sozialarbeiter bzw. Sozialpädagoginnen und Sozialpädagogen

„Mitwirkung beim Zugang von Gefangenen, bei der Krisenintervention, beim Diagnoseverfahren und der Vollzugs- und Wiedereingliederungsplanung sowie bei der Entlassungsvorbereitung von Gefangenen, Freizeitgestaltung der Gefangenen, Leitung von Wohn- und Behandlungsgruppen, Hilfe bei der Regelung persönlicher Angelegenheiten und Aufrechterhaltung persönlicher Kontakte, soziale Beratung und Mitwirkung bei der Behandlung von Gefangenen, Mitwirkung bei Aus- und Fortbildung der Bediensteten, bei der Betreuung ehrenamtlicher Vollzugshelferinnen und Vollzugshelfer, Anleitung von auszubildenden Praktikantinnen und Praktikanten der Sozialarbeit und Sozialpädagogik sind weitere Aufgaben des Sozialdienstes. In den genannten Aufgabengebieten übernimmt der Sozialdienst auch Verwaltungsaufgaben, koordiniert die Netzwerkarbeit mit anderen Behörden und Institutionen und ist Ansprechpartner für diese.

Eingruppierung in die Entgeltgruppe S12 TV-L, bei Verbeamtung Eingangsbesoldung A 9 LBesG“

Einstellungsvoraussetzungen:
„Abgeschlossenes Fachhochschulstudium mit staatlicher Anerkennung als Sozialarbeiterin oder Sozialarbeiter bzw. Sozialpädagogin oder Sozialpädagoge“

Beamtinnen und Beamte des Vollzugs- und Verwaltungsdienstes der Laufbahn des 3. Einstiegsamts (Leitung der Vollzugs- und Verwaltungsabteilungen)

„Die Bediensteten des Vollzugs- und Verwaltungsdienstes des dritten Einstiegsamts leiten die Vollzugs- und Verwaltungsabteilungen der Justizvollzugseinrichtungen im Auftrag der Anstaltsleiterin oder des Anstaltsleiters und wirken im Rahmen der für ihren Aufgabenbereich anfallenden Außenkontakte an der Außendarstellung des Justizvollzugs mit. Sie sind für die Organisation und Personalführung ihrer Abteilungen zuständig, soweit sie nicht der Anstaltsleitung vorbehalten sind.
Die Justizvollzugseinrichtungen sind für die Unterbringung, Betreuung und Behandlung der Gefangenen in Vollzugsabteilungen gegliedert. Die Vollzugsabteilungsleitenden treffen und koordinieren alle wesentlichen Vollzugsentscheidungen. Im Übrigen sind die erforderlichen Entscheidungen der Gerichte oder Staatsanwaltschaften herbeizuführen und Stellungnahmen zu Petitionen vorzubereiten. Das Entscheidungsspektrum der Vollzugsabteilungsleitenden erstreckt sich auf alle Bereiche der Vollzugsabteilungen. Hierfür sind auch Beiträge der medizinischen, psychologischen und pädagogischen Fachdienste und des Sozialdienstes zu berücksichtigen. Bezogen auf die Gefangenen sind insbesondere die Vollzugs- und Eingliederungsplanung, die Entscheidung über Beschwerden die Hauptaufgaben der Vollzugsabteilungsleitenden.
Die Bediensteten des Vollzugs- und Verwaltungsdienstes des dritten Einstiegsamts nehmen auch die Leitung der Verwaltungsabteilungen wahr. Die Verwaltungsabteilung Personalverwaltung und Organisation bearbeitet die Personalangelegenheiten der Beamtinnen und Beamten und

Beschäftigten sowie der nebenamtlich, nebenberuflich und ehrenamtlich Mitarbeitenden der Justizvollzugseinrichtung. Soweit die Entscheidungen den Anstaltsleitungen vorbehalten sind, bereitet sie diese vor. Die Aufgaben der Verwaltungsabteilung Wirtschaftsverwaltung bestehen in der Organisation des Einkaufs, der Verwaltung der Versorgungsgüter und Verbrauchsmittel der Anstalt, der Verpflegung und Ausstattung der Gefangenen und der Bearbeitung der sich daraus ergebenden Schadensangelegenheiten. Die Aufgaben der Verwaltungsabteilung Arbeitsverwaltung besteht in der Leitung der Eigen- und Unternehmerbetriebe der Justizvollzugseinrichtungen, insbesondere der Einrichtung von Betrieben und Arbeitsplätzen, der Akquisition von Arbeitsaufträgen und der Verhandlung mit freien Unternehmen, der Festsetzung der Vergütung (Arbeitsentgelt) für Gefangene und der Führung und Überwachung der Buchhaltung. Die Verwaltungsabteilung Sicherheit bearbeitet die Angelegenheit der Sicherheit der Justizvollzugseinrichtungen. Die Leitung der Verwaltungsabteilung Bau- und Grundstücksangelegenheiten bearbeitet alle Bau- und Grundstücksangelegenheiten sowie die Dienst- und Mietwohnungsangelegenheiten Sie besorgt die Verwaltung und Unterhaltung der technischen Anlagen der Justizvollzugseinrichtung."

„Eingangsbesoldung A 9 LBesG (während des Vorbereitungsdienstes Anwärterbezüge)"

Einstellungsvoraussetzungen:
„Allgemeine Voraussetzungen für die Berufung in das Beamtenverhältnis
Höchstalter: In ein Beamtenverhältnis auf Widerruf zur

Ableistung eines Vorbereitungsdienstes darf grundsätzlich nur berufen werden, wer bei Ausbildungsbeginn das 40. Lebensjahr noch nicht vollendet hat.
Hochschul- oder Fachhochschulreife oder ein als gleichwertig anerkannter Bildungsstand"

Ausbildung:
Die Ausbildung im Vorbereitungsdienst dauert drei Jahre und gliedert sich in folgende Abschnitte: Praktische Einführung (1 Monat), fachwissenschaftliches Studium I (8 Monate), fachpraktische Ausbildung I (8 Monate), fachwissenschaftliches Studium II (7 Monate), fachpraktische Ausbildung II (9 Monate), fachwissenschaftliches Studium III (3 Monate).
Die praktische Einführung und die fachpraktische Ausbildung erfolgt in mindestens zwei verschiedenen Justizvollzugseinrichtungen.
Das fachwissenschaftliche Studium findet an der Fachhochschule für Rechtspflege Nordrhein-Westfalen in Bad Münstereifel statt. Der Vorbereitungsdienst schließt mit einer Laufbahnprüfung ab.

Ärztinnen und Ärzte

„Die Ärztinnen und Ärzte sind verantwortlich für die Durchführung und Organisation der ärztlichen Versorgung von Gefangenen in einer Justizvollzugseinrichtung oder im Justizvollzugskrankenhaus Wittlich.

Eingangsbesoldung nach A 13 LBesG oder Eingruppierung nach TV-Ä"

Einstellungsvoraussetzungen:
„Ärztliche Approbation, Facharztausbildung erwünscht (Fachrichtung ‚Allgemeinmedizin' in den Anstalten, Fachrichtung ‚Innere' oder ‚Chirurgie' im Justizvollzugskrankenhaus)"

Anstaltsseelsorger

Die beiden Anstaltsseelsorger der christlichen Kirchen besitzen eine Sonderstellung. Sie sind einerseits dienstrechtlich und fachlich an den Auftrag ihrer Kirche gebunden. Der Anstaltsleiter kann ihm daher zwar hinsichtlich der inhaltlichen Ausgestaltung der Seelsorge keine Weisung erteilen. Dennoch ist der Seelsorger zugleich Mitarbeiter in der Justizvollzugsanstalt und insoweit den Weisungen der Anstalt verpflichtet und gehalten, mit allen Bediensteten zusammenzuarbeiten. Dies betrifft insbesondere die Einhaltung von Sicherheitsvorgaben. Der Seelsorger steht unter dem Schutz des Seelsorgegeheimnisses und nimmt insofern eine singuläre Position innerhalb des Personalkörpers ein. Vermehrt haben die Justizministerien in den letzten Jahren muslimische Seelsorger zur Betreuung der Inhaftierten eingestellt. Sie sind ausschließlich Mitarbeiter des Landes.

Kapitel 47: Schlussgedanken

Der Strafvollzug ist trotz all seiner Schwächen eine Chance, Menschen, die Straftaten begangen haben, zu resozialisieren und wieder in die Gesellschaft zu integrieren. So wie es das rheinland-pfälzische Landesstrafvollzugsgesetz in § 2 Satz 1 formuliert: *„Der Vollzug der Freiheitsstrafe und der Jugendstrafe dient dem Ziel, die Strafgefangenen und die Jugendstrafgefangenen zu befähigen, künftig in sozialer Verantwortung ein Leben ohne Straftaten zu führen."*

Einzelnen kritischen Stimmen, die das System Strafvollzug als gescheitert betrachten und dessen Abschaffung fordern, ohne realistische Alternativen zu nennen, kann ich mich nicht anschließen. Die Kritiker sollten sich die schwierige Ausgangssituation bewusst machen, die die Mitarbeiter der Justizvollzugsanstalten vorfinden. Nur eine kleine Minderheit von etwa 4,4 % aller Verurteilten landet im Gefängnis (Quote 2021), und zwar diejenigen, bei denen die verhängte Freiheitsstrafe nicht zur Bewährung ausgesetzt wurde. 85,2 % erhalten eine Geldstrafe. Bei 10,3 % wird die Freiheitsstrafe mit dem Urteil zur Bewährung ausgesetzt.[92] [93] Der Arbeit der Gefängnisse beginnt bei den meisten Inhaftierten somit erst, wenn das Kind schon in den Brunnen gefallen ist. Überwiegend handelt es sich um Menschen, die in unserer Gesellschaft gescheitert sind, straffällig wurden und zumeist eine negative Kriminalprognose besitzen.[94] Bei 60 bis 70 % der Gefangenen sind Persönlichkeitsstörungen festzustellen.

Zu diesen 4,4 % der Verurteilten, die zur Verbüßung einer unbedingten Freiheitsstrafe ins Gefängnis müssen, gehören ausschließlich zwei Verurteiltengruppen:

Es handelt sich einmal um die Gruppe der Inhaftierten mit einer Freiheitsstrafe bis zu zwei Jahren, bei denen wegen einer negativen Kriminalprognose keine Aussetzung zur Bewährung erfolgt ist.[95] Dies betraf 22,1 %. Bei den übrigen 77,9 % mit Strafen bis zu zwei Jahren erfolgte dagegen die Aussetzung der verhängten Freiheitsstrafe wegen einer guten Kriminalprognose zur Bewährung.[96] [97]

Die zweite Gruppe der Verurteilten, die ausnahmslos den Weg in eine JVA antreten muss, sind die Inhaftierten, die zu einer Freiheitsstrafe verurteilt wurden, die höher als 2 Jahre ist. Ab dieser zeitlichen Grenze ist allein wegen der Strafhöhe eine Aussetzung zur Bewährung selbst im Falle einer positiven Kriminalprognose rechtlich nicht möglich (§ 56 Abs. 2 StGB). Auch bei den Verurteilten mit höheren Freiheitsstrafen ist die Prognose zum Zeitpunkt der Verurteilung überwiegend ungünstig.[98]

Trotz dieser schwierigen und anspruchsvollen Ausgangslage für die Justizvollzugsanstalten ist die Anzahl derjenigen überschaubar, die nach Verbüßung einer Freiheitsstrafe erneut ins Gefängnis müssen. Nach einer bundesweiten Rückfalluntersuchung mussten nur 35 % der 2004 entlassenen Strafgefangenen innerhalb des 12-jährigen Beobachtungszeitraumes von 2005 bis 2016 erneut in den Strafvollzug zurückkehren.[99] Dies ist angesichts der geschilderten Ausgangslage zweifelsohne ein gutes Ergebnis. Die pauschale Wertung, der Strafvollzug sei nicht in der Lage zu resozialisieren, sondern schade ausschließlich, ist daher nicht nachvollziehbar und Stimmungsmache.

Die Justizvollzugsanstalten sollten dessen ungeachtet bestrebt sein, sich weiterzuentwickeln und zu verbessern. Vier Punkte erscheinen mir besonders wichtig.

Es sollten in größerem Umfang effiziente Behandlungsangebote zur Verfügung stehen. Hierzu gehören einzel- und gruppentherapeutische Maßnahmen, die von Psychologen mit einer therapeutischen Zusatzqualifikation durchgeführt werden sollten. Auch Angebote wie Antiaggressivitätstraining und Soziales Training sollten ausgebaut werden.

Es gibt zu wenig Arbeits- und Ausbildungsstellen für Gefangene des geschlossenen Vollzuges. 60 % sind zu wenig. Dass 40 % der Inhaftierten weitestgehend isoliert und ohne Tagesstruktur in der Zelle herumhängen, sollte nicht als Normalität hingenommen werden.

Darüber hinaus sollten mehr Gefangene in einem deutlich größeren Umfang als bislang mithilfe von Vollzugslockerungen und vor allem auch im offenen Vollzug auf die Freiheit vorbereitet werden. Es fällt insbesondere auf, dass sich die Quote der im offenen Vollzug untergebrachten Inhaftierten von Bundesland zu Bundesland erheblich unterscheidet. Überspitzt ausgedrückt ist Strafe daher nicht gleich Strafe. Nachvollziehbare Gründe für diese Unterschiede gibt es nicht. In Deutschland reicht die Spanne bei den männlichen Gefangenen von weniger als 6 % in immerhin sechs Bundesländern bis mehr als 25 % in zwei Bundesländern.

Verzichtet man ohne Not bei vielen Inhaftierten auf eine ausreichende Vorbereitung im offenen Vollzug, behindert man letztlich die Wiedereingliederung in die Gesellschaft und damit auch den Schutz potenzieller Opfer. Das Risiko für die Gesellschaft wird so auf die Zeit nach der Entlassung verlagert. Das Scheitern in Freiheit wird zum Scheitern des Strafvollzuges.

Zudem hat eine zurückhaltende Lockerungspraxis in den meisten Fällen erhebliche Auswirkungen auf den Entlassungszeitpunkt. Den Strafvollstreckungskammern, deren Richter über einen Antrag auf bedingte Entlassung entscheiden, fehlt ein wesentliches Argument, um einen Strafgefangenen vorzeitig in die Freiheit zu entlassen. 2019 zum Beispiel verließen 77,3 % der weiblichen und männlichen Strafgefangenen erst nach Ende der Strafe das Gefängnis. Bei nur 14,1 % erfolgte eine frühere Entlassung, da bei Strafgefangenen der Strafrest zur Bewährung ausgesetzt wurde. Dieser Prozentsatz enthält auch einige wenige Fälle der Aussetzung der weiteren Vollstreckung der Sicherungsverwahrung.[100] In Rheinland-Pfalz wurden 2022 nur 9,4 % der männlichen Strafgefangenen bedingt entlassen, 80 % erst zum Strafende.[101]

Das vierte und wohl wichtigste Thema ist die zu geringe Differenzierung der Gefangenen, die im geschlossenen Vollzug untergebracht sind. Wie oben ausgeführt, ist die überwiegende Mehrheit der Strafgefangenen im geschlossenen Vollzug untergebracht. Daher hat nur die kleine Gruppe der Freigänger des offenen Vollzuges Haftbedingungen, die eine angemessene Erprobung und Vorbereitung auf die Entlassung ermöglichen. Die meisten Inhaftierten werden dagegen über einen Kamm geschoren und unterliegen im gleichen Umfang den restriktiven Bedingungen des geschlossenen Vollzuges. Ohne Unterschied sind sie dort in zumeist gleichartigen Abteilungen untergebracht, und zwar problematische wie unproblematische Gefangene, obwohl die Sicherheitsanforderungen erheblich differieren. Dieses Defizit ist in den meisten Justizvollzugsanstalten festzustellen. Hohe Mauern mit Stacheldraht, zumeist verschlossene Zellen und wenige Stunden Besuch in Räumen, die kaum menschliche Nähe zulassen, kennzeichnen die Haftbedingungen. Gefangene, für die ein enger Sicherheitsrahmen nicht notwendig ist, werden unverhältnismäßig eingeschränkt. Die oft weitgehenden Sicherheitsmaßnahmen und Beschränkungen im geschlossenen Vollzug sind nur für einen Teil der Gefangenen notwendig und bei den meisten überzogen. Für Inhaftierte, bei denen keine oder nur geringe Sicherheitsrisiken bestehen, wird die Haft hierdurch ohne Not verschärft.

Der restriktive Rahmen behindert zugleich massiv die Bemühungen, Gefangene des geschlossenen Vollzuges zu resozialisieren und in die Gesellschaft einzugliedern. Keinesfalls darf eine Justizvollzugsanstalt zu einem Gemäuer werden, in dem die Sicherheit so dominiert, dass die Gefangenen überwiegend verwahrt und nicht ausreichend auf die Freiheit vorbereitet werden. Je größer die Einschränkungen in einer Justizvollzugsanstalt zulasten der Gefangenen und je geringer deren Bewegungsfreiheit und Gestaltungsmöglichkeiten dort sind, umso schädlicher ist der Vollzug einer Freiheitsstrafe. Aus den Gesetzestexten der Bundesländer ergibt sich, dass man sich dieser Gefahr bewusst ist. Nach § 4 Absatz 1 Satz 2 des rheinland-pfälzischen Landesstrafvollzugsgesetzes (LJVollzG) ist die Selbständigkeit der Gefangenen im Vollzugsalltag so weit wie möglich zu erhalten und zu fördern. In § 7 Absatz 1 LJVollzG heißt es, dass das Leben im Vollzug den allgemeinen Lebensverhältnissen so weit wie möglich anzugleichen ist. Wohlfeile Worte, die in der Praxis der Justizvollzugsanstalten im geschlossenen Vollzug wenig Entsprechung finden. Die Vollversorgung der Strafgefangenen mit Essen, Kleidung, Unterkunft, Energie entmündigen ihn und nehmen ihm jegliche Verantwortung für ein selbständiges Leben ab. Lange Zeiten der Isolierung in einem verschlossenen Haftraum können, je länger eine Freiheitsstrafe dauert, die Persönlichkeit eines Gefangenen nachhaltig verändern. Kontakte beschränken sich überwiegend auf andere Straftäter. Inhaftierte, die aktiv an ihrer Wiedereingliederung mitarbeiten möchten, sind dem negativen Einfluss anderer Inhaftierte ausgesetzt, die sich in der Gefangenensubkultur bewegen. Bezugspersonen begegnet man dagegen nur für wenige Stunden zusammengepfercht und überwacht in großen Besuchsräumen. Die Gefangenen, die weder eine Arbeitsstelle haben noch sich in einer Ausbildungsmaßnahme befinden, dümpeln sinnlos in ihren verschlossenen Zellen vor sich hin.

Unter diesen Bedingungen ist es schwierig, den unterschiedlichen Behandlungsanforderungen Rechnung zu tragen. Viele Strafgefangene haben Persönlichkeitsstörungen und zum Teil schwere psychische Erkrankungen oder sind drogenabhängig. Dennoch sind sie überwiegend wild durcheinander im geschlossenen Vollzug der Gefängnisse untergebracht. Neben Inhaftierten, die nicht mitarbeitsbereit und Teil der Gefangenensubkultur sind, prägt insbesondere die hohe Anzahl von mehr als 60 % der Gefangenen mit einer Drogenproblematik das Sicherheitsniveau der Gefängnisse. So bestimmt das schwächste Glied der Kette, wie restriktiv die Bedingungen in einer Justizvollzugsanstalt sind. Problematische und weniger problematische Inhaftierte werden ohne Not in einen Topf geworfen. Zweifellos haben die Aufgaben der Sicherheit und Ordnung eine große Bedeutung in einer Justizvollzugsanstalt. Doch sind sie nicht das Ziel des Strafvollzuges, sondern haben nur eine dienende, wenngleich wichtige Funktion. Sie sind zwar eine wesentliche Grundlage dafür, dass eine Justizvollzugsanstalt funktioniert, und der notwendige Rahmen, innerhalb dessen die Wiedereingliederung der Inhaftierten verfolgt werden kann. Doch muss dies mit Augenmaß geschehen und einem Gespür dafür, was eine menschliche Atmosphäre hinter Gittern ausmacht.

Der Strafvollzug sollte daher deutlich mehr an den unterschiedlichen Sicherheits- und Behandlungsanforderungen der einzelnen Gefangenen ausgerichtet sein. Ein individueller Strafvollzug setzt eine Differenzierung zwischen den Gefangenengruppen voraus. Dies erfordert in baulicher Hinsicht kleinere Wohneinheiten oder noch besser kleinere spezialisierte Justizvollzugsanstalten.

Nur so sind bei unproblematischeren Gefangenen mehr Freiräume ohne überzogene Sicherheitsbeschränkungen möglich. Zugleich kann unter dieser Voraussetzung eine individuellere Behandlung und Entlassungsvorbereitung gewährleistet werden. Für geeignete und mitarbeitsbereite Gefangene sollten zum Beispiel deutlich mehr Wohngruppen zur Verfügung stehen, in denen die Hafträume überwiegend geöffnet sind. Dort sollte es Behandlungsangebote geben, die an den Persönlichkeitsdefiziten des Einzelnen orientiert sind. Die Besuchsbedingungen sollten eine größere Nähe zulassen, die tragfähige Beziehungen fördert: offene Sitzordnung statt Besuche hinter 30 oder 50 cm hohen Ordnungsscheiben zwischen dem Gefangenem und den Besuchern.

Unter Behandlungs- und Sicherheitsaspekten sollte man einige Gefangenengruppen von anderen strikt trennen, indem man sie in separaten Justizvollzugseinrichtungen unterbringt oder wenigstens innerhalb eines Gefängnisses in unterschiedlichen Gebäudetrakten. Nicht abschließend seien einige davon genannt:

Für Gefangene mit der Ersatzfreiheitsstrafe sollte es eigenständige Einrichtungen mit geringen Sicherheitsvorkehrungen geben. Es ist nicht nachvollziehbar, dass diese Inhaftierten, die jederzeit, wenn die Geldstrafe bezahlt wird, entlassen werden können, ohne Not die kostenintensiven Haftplätze der Justizvollzugsanstalten belegen. Die eingesparten finanziellen Mittel könnte man für eine sozialarbeiterische Begleitung dieser Gefangenen in der Phase der Wiedereingliederung nach der Entlassung nutzen, soweit es im Einzelfall geboten ist.

Ersttäter und auch Erstinhaftierte, die bereit sind, an ihrer Wiedereingliederung mitzuarbeiten, sollten in einer geschützten pädagogischen Atmosphäre getrennt von anderen auf die Freiheit vorbereitet werden.

Gefangene, die keine Suchtproblematik besitzen, sollten von Inhaftierten getrennt werden, die drogenabhängig oder erheblich suchtgefährdet sind. In dieser Gefangenengruppe ist darüber hinaus zwischen Personen zu differenzieren, die von ihrer Sucht loskommen möchten und therapiebereit sind. Suchtmittelabstinenzabteilungen, die in einigen Anstalten eingeführt wurden, sind eine gute Vorbereitung für eine spätere externe Suchttherapie. Die Gefangenen müssen in diesen Wohngruppen allerdings strikt von anderen Inhaftierten getrennt werden können.[102]

Zusammengefasst werden sollten auch Inhaftierte, die kriminell verfestigt und in subkulturellen Gefangenengruppierungen zu verorten sind.

Besonders schutzbedürftige Personen, wie solche, die am unteren Ende der Gefängnishierarchie wie Sexualstraftäter stehen, sowie Inhaftierte, die von Mitgefangenen unter Druck gesetzt oder bereits erpresst werden, sollten in eigenen Einrichtungen untergebracht werden.

Eine größere Differenzierung mithilfe spezialisierter Einrichtungen ist für Bundesländer, die über eine vergleichsweise geringe Anzahl von Justizeinrichtungen verfügen, nur sehr begrenzt umsetzbar. Deshalb sollten Vollzugsgemeinschaften für bestimmte Aufgabenfelder gebildet werden. Dies liegt insbesondere bei benachbarten Bundesländern nahe.[103] Dann würde im Wesentlichen immer noch eine heimatnahe Unterbringung der Gefangenen gewährleistet sein. Dort, wo dies nicht umsetzbar ist, könnten Kontakte zu Bezugspersonen mit Überstellungen – dies sind kurzzeitige Verlegungen für wenige Tage in eine in der Nähe des Wohnortes der Besucher liegende Einrichtung – ermöglicht werden. Überstellungen sehen die Strafvollzugsgesetze schon seit Inkrafttreten vor und sind seit vielen Jahrzehnten Praxis.

Abschließend plädiere ich nachdrücklich dafür, die Föderalismusreform rückgängig zu machen. Mit ihr wurde die Gesetzgebungskompetenz für den Jugend- und Erwachsenenstrafvollzug, den Untersuchungshaftvollzug und den Vollzug der Sicherungsverwahrung vom Bund in die Hände der einzelnen Länder gegeben. Angesichts der äußerst hohen Grundrechtsrelevanz dieses Rechtsgebietes ist die Stückelung der gesetzgeberischen Zuständigkeit bereits unter verfassungsrechtlichen Gesichtspunkten bedenklich. Es ist beispielsweise nicht nachvollziehbar, dass man in einigen Bundesländern auf die Arbeitspflicht für Gefangene verzichtet hat, während sie in vielen anderen gilt.

Kapitel 48: Knastsprache

Es herrscht eine ganz eigene Sprache in den Gefängnissen. Die Inhaftierten bezeichnen vieles anders als außerhalb der Mauern üblich. Einige Worte aus dem Gefängnis-Slang seien hier herausgegriffen.

Acht

Handfessel (zwei Ringe ergeben die Acht)

Angesetzter

Angesetzter ist ein mit einfachen Mitteln wie Hefe oder Brot und Fruchtsaft selbst hergestelltes Alkoholgebräu. Es riecht unangenehm und ist wenig schmackhaft. Die Bedeutung des Angesetzten hat in den letzten Jahrzehnten erheblich abgenommen, nachdem zunehmend illegale Drogen in die Anstalten eingesickert sind. Der Angesetzte ist anders als die illegalen Suchtmittel nur schwer im Haftraum zu verstecken. Bisweilen wird das Gebräu auch in Arbeitsbetrieben versteckt, da man es so weniger einem bestimmten Konsumenten zuordnen kann.

Aquarium

Zumindest im oberen Bereich verglastes Stationsbüro, von dem aus die Haftraumbereiche einsehbar sind. Die Gefangenen können die Wohnbereichsbeamten, die sich dort aufhalten, wie in einem Aquarium beobachten, wenn sie sich außerhalb der Zelle befinden. Die Beobachter werden zu den Beobachteten. Eben wie Fische im Aquarium.

Aufschluss

Zumeist abendlicher oder an Wochenenden früherer Zeitraum, in dem die Zellen während der Freizeit aufgeschlossen werden. In nach innen offenen Wohngruppen des geschlossenen Vollzuges können die Aufschlusszeiten auch ein deutlich größeres Zeitfenster umfassen.

Ausspeiser

Gefangene, die den Bediensteten beim Austeilen der Verpflegung helfen.

Bombe

Glas mit löslichem Kaffee; dient als Zahlungsmittel bei Geschäften zwischen Gefangenen.

B-Zelle

Von Gefangenen wie Bediensteten benutzte Bezeichnung für den sogenannten besonders gesicherten Haftraum, kurz BGH. Es handelt sich um eine Zelle ohne jegliche Gegenstände und Mobiliar mit Ausnahme einer Matratze, um kurzfristig und möglichst kurzzeitig Gefahren auszuschließen; z. B. bei hoher Suizidgefahr oder nach einem körperlichen Angriff auf Beamte oder andere Gefangene.

Brett

Besonders hohe Freiheitsstrafe.

Bunkern

Verstecken von illegalen Gegenständen oder Stoffen wie Drogen.

Einfahren

Gefangene meinen damit, dass sie in eine Justizvollzugsanstalt zur Verbüßung einer Freiheitsstrafe gebracht wurden.

Dachdecker

Despektierliche Bezeichnung für Psychologen.

Hausarbeiter

Hausarbeiter sind Gefangene, die für einfache Hilfstätigkeiten in den Haftbereichen eingesetzt werden. Sie kümmern sich um die Sauberkeit auf den Gefangenenstationen und helfen beim Austeilen der Wäsche.

Himmelskomiker

Die Anstaltsseelsorger der verschiedenen Konfessionen werden bisweilen flapsig so bezeichnet.

Hütte

Bezeichnung für den Haftraum.

Kassiber

Geheime schriftliche Mitteilung eines Gefangenen an einen anderen Inhaftierten oder Personen außerhalb der Justizvollzugsanstalt.

Klausur, in Klausur gehen

Ein Gefangener erhält, nachdem er zum Beispiel mit der Weitergabe oder dem Besitz illegaler Drogen aufgefallen ist, vorübergehend Einzelhaft als besondere Sicherungsmaßnahme.

Koffer

Damit sind 40-Gramm-Packungen mit losem Tabak gemeint. Tabak ist eine der wichtigsten Knastwährungen, mit denen die Gefangenen Geschäfte abwickeln.

Knast

Die Bezeichnung eines Gefängnisses als Knast, die sich im Lauf der Jahre in den Medien nahezu vor allem in der Boulevardpresse eingebürgert hat, stammt aus dem Jiddischen. „Knass" bedeutet „Gefängnis, Arrest" und leitet sich aus dem hebräischen Wort für Strafe ab.

Knochen

Großer, aus Metall bestehender Schlüssel der Mitarbeiter für Haftraum- und Zwischentüren.

LLer (phonetisch „Elleller")

Gefangene mit lebenslanger Freiheitsstrafe.

Nachschlag

Damit ist gemeint, dass gegen einen Strafgefangenen, der bereits eine Freiheitsstrafe verbüßt, eine weitere verhängt wurde.

Pendeln

Verbotene Weitergabe von Gegenständen oder Stoffen mithilfe einer Schnur. An deren Ende ist ein kleines Behältnis oder ein Päckchen mit der „Ware" befestigt. Der Gefangene lässt die Schnur durch das Fenstergitter hinab. Die „Sendung" bringt er pendelnd, indem er die Schnur hin und her schwingt, an das Fenster des Adressaten im Stockwerk unter oder neben ihm.

Ratte

Gefangener, der andere Inhaftierte verraten hat; oft auch „Zinker" genannt.

Rucksack

Strafgefangener, der zusätzlich zur Freiheitsstrafe noch die Maßregel der Sicherungsverwahrung erhalten hat.

Schließer

„Schließer" ist ein abfälliges Wort für die zumeist uniformierten Bediensteten des allgemeinen Vollzugsdienstes, die den ständigen Kontakt zu den Gefangenen besitzen.

Schloss und Schlossbesitzer

Mit der Bemerkung *„Der hat Schloss"* beschreiben Gefangene, dass ein anderer Inhaftierter eine besondere Sicherungsmaßnahme wie Einzelhaft oder einen Arrest als strengste Disziplinarmaßnahme erhalten hat. Am Türriegel wurde insbesondere an Haftraumtüren älterer Bauart ein Vorhängeschloss angebracht. Das Schloss diente in erster Linie als Hinweis für die Bediensteten.

Schub/Schubbus

Wenn ein Gefangener sagt *„Ich geh' nächste Woche auf Schub"*, meint er, dass er mit dem Gefangenentransportbus in eine andere Einrichtung gebracht wird. Oft erfolgt der Aufenthalt nur kurzzeitig, weil in der aufnehmenden Einrichtung Besuch stattfindet oder

der Gefangene einen Gerichts- oder Zeugentermin in einer anderen Stadt hat. Die Transportbusse wurden teilweise früher, als die Fahrzeuge noch nicht blau, sondern grün waren, *„Grüne Minna"* genannt. Zu Zeiten des damals auch überregional bekannten rheinland-pfälzischen Justizministers Peter Caesar hatte sich vorübergehend auch die Bezeichnung *„Caesars Reisen"* eingebürgert.

Selbststeller

Selbststeller sind Verurteilte, die sich auf freiem Fuß befinden und sich freiwillig im Gefängnis zur Verbüßung einer Freiheitsstrafe stellen.

Sittiche

Gefangene, die wegen an Kindern und Minderjährigen begangenen Straftaten in Haft sind, werden als *„Sittiche"* bezeichnet, oft auch derb als *„Kinderfigger"*.

SV

Gängige Abkürzung für Sicherungsverwahrung.

Überwurf

In den letzten etwa 10 Jahren häufiger zu beobachtende Methode, einem Gefangenen Drogen oder ein Mobiltelefon zukommen zu lassen. Eine vor der Anstalt stehende Person wirft das *„Präsent"* über die Mauer oder benutzt hierzu eine Schleuder. Auch Drohnen werden zunehmend eingesetzt.

Umschluss

Umschluss bedeutet, dass sich mehrere Gefangene des geschlossenen Vollzuges während der abendlichen Freizeit in einem Haftraum oder Freizeitraum treffen dürfen, der sodann allerdings verschlossen wird. Aus baulichen Gründen oder wegen der Sicherheitsstandards einer Anstalt bleiben die Haftraumtüren nicht wie in den Wohngruppen offen.

Verkellen

In nahezu allen Justizvollzugsanstalten wird die Verpflegung vorproportioniert mit Tabletts ausgegeben. Zuvor wurde das Essen „verkellt". Das bedeutet, dass es mit Kellen aus fahrbaren Töpfen herausgeschöpft und auf die Teller der Inhaftierten gegeben wurde.

Wohnklo

Bisweilen bezeichnen die Gefangenen ihren Haftraum als „Wohnklo", wenn die Toilette sich wie noch in den Einzelzellen vieler Einrichtungen offen in einer Ecke neben der Tür befindet.

Anmerkungen

1 vgl. Legalbewährung nach strafrechtlichen Sanktionen – Eine bundesweite Rückfalluntersuchung – 2013 bis 2016 und 2004 bis 2016, Jörg Martin Jehle u. a., Hrsg. Bundesministerium für Justiz und für Verbraucherschutz, Berlin, 2020, S. 19

2 vgl. Norbert Henke: 31 Jahre hinter Gittern – Ein ehemaliger Anstaltsleiter erzählt, OMNINO-Verlag, Berlin, 2024, S. 13–21

3 vgl. Oberlandesgericht Frankfurt, Pressemitteilung Nr. 3/2024 vom 14.03.2024

4 zu den in einer JVA vertretenen Berufsgruppen siehe Kapitel 46

5 Seit einigen Jahren werden die Angestellten ein wenig sperrig als tariflich Beschäftigte bezeichnet.

6 Näheres zum allgemeinen Vollzugsdienst siehe Kapitel 46

7 Es handelt sich um eine niedrigschwellige Methode, die auch Intervision genannt wird. Einander zumeist gleichgestellte Angehörige treffen sich zur gegenseitigen Beratung. Ein Betroffener erzählt sein Problem und bringt es in die Gruppe der kollegialen Berater ein. Die anderen versuchen Antworten und Lösungen zu finden. Anders als bei der Supervision oder dem Coaching übernimmt kein besonders ausgebildeter Berater diese Aufgabe. Ein Vorteil dieser Methode ist, dass Mitarbeiter oft eher bereit sind, die Hilfe gleichgestellter Kollegen in Anspruch zu nehmen, weil sie sich dann weniger als Klient oder „Behandelter“ fühlen.

8 Unmittelbarer Vorgesetzter eines Mitarbeiters des allgemeinen Vollzugsdienstes ist zwar der jeweilige Vollzugs- oder Verwaltungsabteilungsleiter, in dessen Verantwortungsbereich er eingesetzt ist. Der Vollzugsdienstleiter ist jedoch daneben Vorgesetzter, soweit es um abteilungsübergreifende Aufgaben geht wie die Einteilung zu Sonderdiensten (Nachtdienst, Krankenhausbewachung, Schließung von Engpässen). Er hat darüber hinaus die Aufgabe, den Anstaltsleiter in Personalgelegenheiten sowie letztlich allen die JVA betreffenden Fragen zu beraten. Dies können insbesondere Sicherheitsangelegenheiten sein, der Umgang mit einzelnen problematischen Gefangenen, organisatorische Fragen und Bauangelegenheiten. Die Rolle des Vollzugsdienstleiters wird sehr von dessen Persönlichkeit und Fähigkeiten geprägt sowie den Vorgaben des jeweiligen Anstaltsleiters. Der Vollzugsdienstleiter soll über eine fundierte berufliche Erfahrung in möglichst vielen Bereichen der Anstalt verfügen sowie eine ausgeprägte persönliche Kompetenz besitzen.

Er ist Vertrauensperson des Anstaltsleiters sowie Bindeglied zwischen dem allgemeinen Vollzugsdienst und dem Gefängnisleiter.

9 Ein Beirat ist eine institutionalisierte Form der Beteiligung der Öffentlichkeit an der Gestaltung des Vollzuges. Dem Gremium dürfen daher keine Bediensteten angehören. Im Regelfall machen Stadt- oder Kreistag Vorschläge über die Besetzung des Beirates. Das Justizministerium ernennt schließlich die Mitglieder. Der Beirat soll Ideen und Anregungen von außen in den Vollzug einbringen und die Öffentlichkeit für den Vollzug sensibilisieren. Er soll beratend tätig sein und insbesondere als Ansprechpartner des Anstaltsleiters, der Gefangenen und auch der Bediensteten fungieren. Zudem soll er vielfältige Kontakte zur Außenwelt knüpfen und den Gefangenen hierdurch auch Hilfe zur Entlassungsvorbereitung leisten (vgl. Landtag Rheinland-Pfalz, Drucksache 16/1910, Gesetzesentwurf der Landesregierung vom 18.12.2012: Landesgesetz zur Weiterentwicklung von Justizvollzug, Sicherungsverwahrung und Datenschutz; Gesetzesbegründung zu § 114, S. 154).

10 vgl. Ministerium der Finanzen Rheinland-Pfalz; https://fm.rlp.de/themen/staatsbau/kunst-am-bau

11 vgl. Beschluss vom 4. Juli 2006; 2 BvR 460/01

12 BGH, Beschluss v. 08.05.1991 – 5 AR Vollz 39/90 (OLG Koblenz)

13 „Ausspeiser" sind Gefangene, die bei der Essensausgabe helfen.

14 Bei einem Wohnungseinbruch, bei dem der Täter sowie bei dem „Unschuldigen" keine Waffe mit sich geführt hat, handelt es sich um eine der drei in § 244 Abs. 1 StGB aufgeführten Fallgruppen des sogenannten qualifizierten Diebstahls (Fallgruppe des Einbruchsdiebstahls gemäß § 244 StGB Absatz 1 Nr. 3 StGB). Die allgemeine Rückfallrate in allen Fallgruppen des qualifizierten Diebstahls gemäß § 244 StGB und des Bandendiebstahls gemäß § 244 a StGB ist mit fast 70 % auffallend hoch (Die allgemeine Rückfallquote umfasst einschlägige wie nicht einschlägige Straftaten). Quelle zur Rückfallquote: Legalbewährung nach strafrechtlichen Sanktionen, a. a. O, S. 238. Die Rückfallrate bezieht sich auf einen Beobachtungszeitraum von 12 Jahren im Zeitraum 2005 bis 2016 für Straftäter. Einbezogen wurden alle Straftäter, die im Bezugsjahr 2004 wegen qualifizierten Diebstahls gemäß § 244 StGB, zu dem auch der Wohnungsdiebstahl (§ 244 Abs. 1 Nr. 3) gehört, oder gemäß § 244 a StGB (schwerer Bandendiebstahl) entweder verurteilt oder nach Verbüßung einer unbedingten Strafe (Freiheitsstrafe oder Jugendstrafe) wegen eines solchen Deliktes entlassen wurden.

15 vgl. https://de.statista.com/statistik/daten/studie/152583/umfrage/entwicklung-der-polizeilichen aufklaerungsquoten-bei-wohnungseinbruchdiebstahl-seit-1995/

16 vgl. Legalbewährung nach strafrechtlichen Sanktionen, a. a. O., Abbildung C.1.1, S. 145

17 Bericht zur Evaluation der Behandlungsmaßnahmen im Strafvollzug und Jugendstrafvollzug Rheinland-Pfalz gemäß § 103 Landesjustizvollzugsgesetz (LJVollzG) (Stand 24.05.2023), Drucksache 18/5819 vom 30.06.2023

18 Seit dem 01.02.2024 gilt gemäß § 43 StGB ein anderer Umrechnungsmaßstab für Geldstrafen. Zwei Tagessätze entsprechen nunmehr einem Tag Ersatzfreiheitsstrafe, während zuvor mit einem Hafttag nur ein Tagessatz abgegolten werden konnte. Die Anzahl der Gefangenen mit Ersatzfreiheitsstrafe wird daher entsprechend zurückgehen.

19 vgl. zum Beispiel Landesjustizvollzugsgesetz Rheinland-Pfalz; dort § 7 Abs. 3 u. § 22 Abs. 1

20 vgl. Nr. 21.2.2 der Verwaltungsvorschrift „Arbeitsverwaltung Organisation der Bewirtschaftung der Anstalten und der Versorgung, Qualifizierung und Beschäftigung der Gefangenen“

21 siehe hierzu auch Norbert Henke, a. a. O., u. a. S. 30 und 31

22 Ludger Fittgerau: „Wir sind ja keine Raubtiere – Gefangen in Diez“, SWR 2, Sendung vom 25.08.2007

23 Felix Fechenbach: „Im Haus der Freudlosen“; J. H. W. Dietz Nachfolger, Berlin, 1925, S. 111

24 vgl. BVerG, Beschluss vom 21.07.1977 – 45/187

25 Bei der späten Entscheidung über die genaue Mindestverbüßungszeit dürfen die Richter nicht allein die im Urteil festgestellte Tatschuld zugrunde legen, sondern müssen auch die Entwicklung des Gefangenen im Strafvollzug prüfen und angemessen würdigen. Diese Bewertung wird als „vollstreckungsrechtliche Gesamtwürdigung“ bezeichnet. Auch der Gesundheitszustand kann eine Bedeutung besitzen, insbesondere, wenn die Lebenserwartung eines Gefangenen begrenzt erscheint. Der Prüfungszeitpunkt liegt so spät, weil es erst nach einer ausreichend langen Haftzeit möglich ist, angemessen zu beurteilen, ob der Gefangene eine nachhaltige positive Entwicklung genommen hat. Trotz dieser zusätzlich zu prüfenden Gesichtspunkte haben die im Urteil festgehaltenen Tatumstände, die die Feststellung einer besonderen Schuldschwere begründen, die größte Bedeutung. Eine gute Entwicklung im Strafvollzug

besitzt in der Praxis daher einen deutlich geringeren Einfluss auf den Umfang der Mindestverbüßungszeit. Theoretisch ist zwar denkbar, dass das Gericht trotz einer besonderen Schuldschwere keine 15 Jahre überschreitende Mindestverbüßungsdauer festsetzt. Dies sind jedoch absolute Ausnahmefälle, denen ich während meiner Dienstzeit nicht begegnet bin.

26 Im Beschluss des Bundesverfassungsgerichts vom 3. Juni 1992 – BVerfG BvR 1041/88, Rdn. 168–214 vertritt der Vizepräsident des Gerichts Mahrenholz eine von der mehrheitlichen Meinung des Gerichtes abweichende Auffassung, die ich teile (Rdn. 170): „Der verfassungsrechtliche Verhältnismäßigkeitsgrundsatz verpflichtet den Gesetzgeber, sich von der lebenslangen Freiheitsstrafe jedenfalls insoweit zu trennen, als sie – in den §§ 211 Abs. 1 und 220 a Abs. 1 Nr. 1 StGB – als absolute Strafe angedroht ist, d. h. als eine Strafe, die Zumessungserwägungen nach § 46 StGB ausschließt (...)." An anderer Stelle wird er noch deutlicher (Rdn. 207): „Es war nicht Aufgabe des Senats, in eine verfassungsrechtliche Überprüfung des § 211 Abs. 1 StGB einzutreten. Die Entscheidung des Senats macht aber ungewollt deutlich, dass der Gesetzgeber das Problem der lebenslangen Freiheitsstrafe in ihrem Charakter als absoluter Strafandrohung für Mord nicht länger ignorieren kann. Die vom Senat behauptete Notwendigkeit, dass das Schwurgericht Feststellungen zu einer besonderen Schuldschwere mittels der Grundsätze des § 46 StGB im Erkenntnisverfahren trifft, führt die Fadenscheinigkeit des absoluten Charakters der lebenslangen Freiheitsstrafe bei Mord deutlich vor Augen ..."

Mahrenholz führt weiter aus (Rdn. 208): „Das positive Recht klammert mit der absolut wirkenden Strafandrohung nach § 211 StGB den verfassungsrechtlichen Verhältnismäßigkeitsgrundsatz in der Anwendung auf den Einzelfall aus. Während der des Totschlags überführte Angeklagte nach § 212 Abs. 1 StGB ein Recht darauf hat, dass die Strafe nach den Strafzumessungsgrundsätzen zwischen fünf und fünfzehn Jahren festgesetzt und zuvor geprüft wird, ob ein minderschwerer Fall nach § 213 StGB vorliegt, der das Strafmaß auf die Zeitspanne zwischen sechs Monaten und fünf Jahren herabsetzt (mit den Rechtswohltaten des § 56 StGB), hält das Gesetz für den einer Mordtat Schuldigen weder die verhältnismäßige Bestimmung seiner Strafe bereit noch sieht es vor, dass es auch bei Mord den minderschweren Fall geben kann. Die Bejahung eines Mordmerkmals kann auf diese Weise im Grenzfall für den Verurteilten zum Verhängnis werden."

27 siehe § 66 a Abs. 1 Nr. 3 StGB „Vorbehalt der Sicherungsverwahrung"; gesetzt den Fall, dass zum Zeitpunkt der Verurteilung nicht mit hinreichender Sicherheit festgestellt werden kann oder es zumindest wahrscheinlich ist, dass die Voraussetzungen einer Sicherungsverwahrung – Gefährlichkeit für die Allgemeinheit – vorliegen. Eine Entscheidung über die Anordnung der Sicherungsverwahrung wird sodann gegen Ende der Strafvollstreckung getroffen.

28 vgl. Albert Dessecker und Zilan Akgül: Die Vollstreckung lebenslanger Freiheitsstrafen – Dauer und Gründe der Beendigung im Jahr 2022, BM-Online – Elektronische Schriftenreihe der KrimZ (Kriminologische Zentralstelle), Band 38, Hrsg. KrimZ, Wiesbaden, 2024, Eigenverlag, S. 24 u. 52 (Tabelle A.6)

29 vgl. Rudolf Conrads: „Marmor von der Lahn", Beitrag in Rheinische Heimatpflege, 55. Jahrgang, 1/2018, S. 36

30 vgl. Adolf Morlang: „Vom Zuchthaus des Herzogtums Nassau zum preussischen Strafvollzug", in „Strafvollzug in Diez – 100 Jahre Strafanstalt Freiendiez – Justizvollzugsanstalt Diez 1912–2012", S. 9

31 vgl. Susanne Petra Schwenzer, Helga Reucker, Thomas Kirnbauer: „Die Marmorgrenzsäulen des Herzogtums Nassau", Nassauische Annalen 113/2002, S. 345

32 vgl. Ulrich Eisenbach: „Zuchthäuser, Armenanstalten und Waisenhäuser in Nassau", Wiesbaden, 1994, S. 205

33 vgl. Schwenzer, a. a. O., S. 344

34 vgl. Schwenzer, a. a. O., S. 345

35 vgl. Ulrich Eisenbach, a. a. O., S. 268

36 vgl. Ulrich Eisenbach, a. a. O., S. 266

37 vgl. Ulrich Eisenbach, a. a. O., S. 238 und 239

38 vgl. Norbert Henke: Vorschrift zitiert in einem Beitrag in der Gefangenenzeitung der JVA Diez – Ausgabe 2/2008 – der JVA Diez, S. 23

39 vgl. Ulrich Eisenbach, a. a. O., S. 219

40 vgl. dernullfünfer – Das aktuelle Magazin des 1. FSV Mainz 05, Heft Nr. 17, Saison 09/010, S. 75

41 ebenda

42 dernullfünfer, a. a. O., S. 74 und 75

43 Landtag Rheinland-Pfalz, Drucksache 16/1910, Gesetzesbegründung zu § 37 LJVollzG, S. 131

44 z. B. § 110 Landesjustizvollzugsgesetz Rheinland-Pfalz

45 zu den Besuchsbedingungen siehe auch Norbert Henke: „31 Jahre hinter

Gittern – ein ehemaliger Anstaltsleiter erzählt", S. 168 u. 169

46 bei Entlassung 2013 und einem Beobachtungszeitraumzeitraum von 2014 bis 2016; vgl. Legalbewährung nach strafrechtlichen Sanktionen, a. a. O., S. 18

47 vgl. Robert Heck: „Diezer Chronik – oder die wichtigsten Ereignisse aus der Vergangenheit der Stadt Diez (Lahn) und ihrer Dynasten – 1606–1866", Verlag von Ph. H. Meckel, Diez, 1923 (reprint von 1988, Hrsg. Stadt Diez von 1988), S. 112

48 vgl. Ulrich Eisenbach, a. a. O., S. 242

49 vgl. Ulrich Eisenbach, a. a. O., S. 256

50 vgl. Ulrich Eisenbach, a. a. O., S. 257

51 vgl. Ulrich Eisenbach, a. a. O., S. 259

52 vgl. Rundschreiben vom 19.09.2018 (2044–5–5(96), Justizblatt 2018, S. 87

53 vgl. Gefängnisordnung für die Justizverwaltung vom 21. Dezember 1898, Hrsg. Preußisches Justizministerium, Freiendiez, Ausgabe von 1913, Druckerei des Zentralgefängnisses, S. 24–27

54 vgl. Carl Fliegenschmidt: „Der Beruf des Aufsehers in den Strafanstalten und Gefängnisses", Benno Konegen Verlag, Leipzig, 2. Auflage, Reprint von Kessinger's Legacy Reprints, S. 24–28

55 vgl. Fliegenschmidt, a. a. O., S. 26

56 vgl. Fliegenschmidt, a. a. O., S. 27

57 Friedrich Dürrenmatt: „Justiz", Diogenes Verlag, Zürich, 1985 (Taschenbuch), S. 71–73

58 Schreiben der Stadt Mainz vom 05.03.1998 an den Leiter der JVA Mainz

59 Für in der Zeichentrickfilmwelt Unkundige: Speedy Gonzales ist die Hauptfigur in einigen Kurzfilmen der Warner Bros. Die Kurzfilme liefen unter dem Titel „Die schnellste Maus von Mexiko". Die Figur zeichnet sich durch eine ungeheure Schnelligkeit aus.

60 „Rucksack" ist Gefängnisjargon. Damit ist die Sicherungsverwahrung gemeint, die im Extremfall lebenslang dauern kann.

61 vgl. Landtag Rheinland-Pfalz, Drucksache 18/5819, S. 12 (Tabelle 5): Danach befanden sich 2022 zum Beispiel in Rheinland-Pfalz nur 5,1 % der männlichen Strafgefangenen im offenen Vollzug (durchschnittliche Auslastungsquote). In Nordrhein-Westfalen beläuft sich die Quote dagegen stets über 20 %. Fällt die Erprobungsphase mit Vollzugslockerungen ins Wasser, verzögert sich regelmäßig der Entlassungszeitpunkt. So wurden in Rheinland-Pfalz 2022 nur 9,4 % der männlichen Strafgefangenen bedingt entlassen.

62 vgl. Landtag Rheinland-Pfalz, Drucksache 18/5819, S. 52 (Wert aus der Tabelle 11 errechnet): In Rheinland-Pfalz wurden 2022 nur 9,3 % der männlichen Strafgefangenen bedingt entlassen.

63 vgl. Norbert Henke: „31 Jahre hinter Gittern – ein ehemaliger Anstaltsleiter erzählt", OMNINO-Verlag, Berlin, 2023, S. 353–355

64 vgl. Adolf Morlang: „Zwischen ‚Schutzhaft' und KZ – Strafvollzug im ‚3. Reich' am Beispiel der Strafanstalt Freiendiez" (heute Justizvollzugsanstalt Diez), Hrsg. JVA Diez, Diez 2007, S. 33 (Fotografie)

65 vgl. Norbert Henke, a. a. O., S. 323

66 vgl. Adolf Morlang: „Von der Gründerzeit des ‚Centralgefängnisses Freiendiez' bis zum Ende des 2. Weltkrieges", in „Strafvollzug in Diez – 100 Jahre Strafanstalt Freiendiez – Justizvollzugsanstalt Diez 1912–2012", Hrsg. JVA Diez, 2012, S. 44

67 vgl. Adolf Morlang: „Von der Gründerzeit des ‚Centralgefängnisses Freiendiez' bis zum Ende des 2. Weltkrieges", in „Strafvollzug in Diez – 100 Jahre Strafanstalt Freiendiez – Justizvollzugsanstalt Diez 1912–2012", S. 45 u. 46

68 vgl. Adolf Morlang: „Von der Gründerzeit des ‚Centralgefängnisses Freiendiez' bis zum Ende des 2. Weltkrieges", in „Strafvollzug in Diez – 100 Jahre Strafanstalt Freiendiez – Justizvollzugsanstalt Diez 1912–2012", S. 47

69 vgl. Adolf Morlang: „Zwischen ‚Schutzhaft' und KZ – Strafvollzug im ‚3. Reich' am Beispiel der Strafanstalt Freiendiez", a. a. O., S. 30

70 Bericht zitiert in „Adolf Morlang: Zwischen ‚Schutzhaft' und KZ, Strafvollzug im ‚3. Reich' am Beispiel der Strafanstalt Freiendiez (heute Justizvollzugsanstalt Diez)", S. 31 und 32

71 Wird eine Kerze als Gebetskerze verwendet, steht sie sogar unter dem Schutz von Artikel 4 des Grundgesetzes, der die freie Religionsausübung gewährleistet. Das Oberlandesgericht Zweibrücken hat auf die Rechtsbeschwerde eines Strafgefangenen hin in einem Beschluss festgestellt, dass das Verbot von Gebetskerzen im Haftraum einen Eingriff in den Schutzbereich des Grundrechts der Religionsausübung bedeutet (OLG Zweibrücken, Beschluss vom 06.10.2020 – 1 Ws 191 + 291/19 (Vollz), Rdn. 32). Das Gericht hat u. a. ausgeführt: „Es ist in der christlichen Tradition, der sich der Antragsteller verbunden sieht, gebräuchlich, eine Kerze als Versinnbildlichung der Präsenz Jesu Christi in religiösen Zusammenhängen zu verwenden, etwa zur Fokussierung beim Gebet. Insoweit wird auf die Bibelstellen Joh.8, 12; Mt. 5, 14–16 oder Psalm 27, 1 verwiesen, in denen Gott als ‚Licht der

Welt' bezeichnet ist. Der traditionellen Kerze wird nach christlichem Verständnis in Abgrenzung zur LED-Kerze dabei eine spirituelle Bedeutung beigemessen, die über das Licht hinaus eine Selbstverzehrung und Aufopferung zum Ausdruck bringt, die an das Sichopfern Jesu Christi für die Menschen erinnert." Das Oberlandesgericht hat die Sache an die untere Instanz zur erneuten Entscheidung zurückverwiesen. Es hat die Abwägungsentscheidung der Vorinstanz moniert, die dem von der Justizvollzugsanstalt vorgetragenen Argument des Brandschutzes pauschal den Vorrang vor dem Grundrecht auf Religionsausübung gegeben hat.

72 Siehe hierzu OLG Zweibrücken, Beschluss vom 06.10.2020 – 1 Ws 191 + 291/19 (Vollz), Rdn. 35; das Gericht plädiert – allerdings ausdrücklich nur bei Gefangenen, die die Kerze als Gebetskerze nutzen wollen, was natürlich auch vorgeschoben sein kann – dafür zu prüfen, ob ausgehend von der Persönlichkeit der Gefangenen von einem verantwortungsvollen Umgang mit der Kerze ausgegangen werden kann.

73 vgl. Artikel der RZ vom 23.07.1973; Kopie in Chronik 100 Jahre Strafanstalt/JVA Diez, S. 371

74 Zentrales Ziel der Jobcenter ist, dass die Klienten eine Arbeit finden und dauerhaft finanziell unabhängig sind. Das Jobcenter ist für das Bürgergeld zuständig, das 2023 das Arbeitslosengeld II (Arbeitslosenhilfe) abgelöst hat. Ein Anspruch auf Bürgergeld setzt im Regelfall unter anderem voraus, dass der Antragsteller erwerbsfähig ist. (Ein Ausnahmefall trotz fehlender Erwerbsfähigkeit ist, dass der Klient einer „Bedarfsgemeinschaft" – insbesondere Familie – angehört und ein Mitglied als Erwerbsfähiger einen Anspruch auf Bürgergeld besitzt oder ein sonstiges Einkommen z. B. aus einem Arbeitsverhältnis besitzt.) Menschen mit Anspruch auf Bürgergeld können eine ganzheitliche Betreuung erhalten, wenn ihnen persönliche Probleme wie finanzielle, gesundheitliche oder familiäre Schwierigkeiten im Wege stehen, um zu arbeiten oder eine Ausbildung aufzunehmen. Entlassene, die nicht erwerbsfähig sind, unterfallen der Zuständigkeit der örtlich zuständigen Sozialämter.

75 siehe „Landeskonzept zum Übergangsmanagement", Vorlage 16/5044 zur Sitzung am 25.06.2015 (TOP 6), Ministerium der Justiz Rheinland-Pfalz, S. 9

76 vgl. Legalbewährung nach strafrechtlichen Sanktionen, a. a. O., S. 51 und 54: Führungsaufsicht stellt eine Maßregel der Besserung und Sicherung dar. Sie tritt insbesondere (in 38 % der Fälle 2016) nach Vollverbüßungung einer Freiheitsstrafe von mindestens 2 Jahren Dauer oder im Falle von Sexualstraftaten von mindestens einem Jahr ein. Nur

in wenigen Fällen ordnet das Gericht bei besonderen Straftaten eigens Führungsaufsicht an. Hierbei untersteht der Entlassene der Kontrolle und helfenden Betreuung der Aufsichtsstelle und des Bewährungshelfers sowie der Forensischen Ambulanz bei Sexualstraftätern. Die Führungsaufsicht ist mit Weisungen verbunden. Das Verhalten des Verurteilten und die Erfüllung etwaiger Weisungen werden von der Führungsaufsichtsstelle überwacht. Zu den Weisungen kann auch die elektronische Aufenthaltsüberwachung (elektronische Fessel) gehören.

77 vgl. Axel Dessecker, „Die Führungsaufsicht: Entwicklung, Funktionen und empirische Daten", in „40 Jahre Führungsaufsicht – Evaluation, Geschichte und Zahlen", Hrsg. DBH – Fachverband für Soziale Arbeit, Strafrecht und Kriminalpolitik e. V., Köln 2016, S. 40 bis 51: Bei der Führungsaufsicht dominiert die Kontrolle gegenüber der Betreuung, die bei der Bewährungsaufsicht mehr im Vordergrund steht. Überwiegend ist die Ausrichtung mehr an dem Zweck der Sicherung ausgerichtet, zudem in Verbindung mit polizeilichen Maßnahmen. Weniger steht daher die fürsorgliche Begleitung der Entlassenen wie bei der Bewährungsaufsicht im Vordergrund.

78 vgl. Landtag Rheinland-Pfalz, Drucksache 18/5819, S. 51 sowie S. 52 (Tabelle 11)

79 vgl. Bericht zur Evaluation, a. a. O., Daten aus Tabelle 11, S. 52: Von den 9,6 % der bedingt aus dem Strafvollzug Entlassenen verbüßten 9,4 eine Freiheitsstrafe und 0,2 % eine Jugendfreiheitsstrafe, weil sie aus besonderen Gründen (fehlende Eignung) aus dem Jugendstrafvollzug herausgenommen wurden. 3,1 % wurden auf dem Gnadenwege (zumeist Weihnachtsamnestie) vorzeitig entlassen. Bei weiteren 7,3 % wurde gemäß § 35 BtmG die weitere Vollstreckung der Freiheitsstrafe für eine externe Therapie unterbrochen.

80 vgl. Bericht zur Evaluation, a. a. O., S. 53 u. 54

81 vgl. Legalbewährung nach strafrechtlichen Sanktionen, S. 17, Tabelle „Abbildung 3" (der Prozentsatz wurde auf der Basis der Zahlen in der Tabelle errechnet)

82 Die „allgemeine" Rückfallrate bezieht sich auf Delikte jedweder Art im Unterschied zum einschlägigen Rückfall.

83 vgl. Legalbewährung nach strafrechtlichen Sanktionen, a. a. O., S. 19

84 vgl. Landtag Rheinland-Pfalz, Drucksache 16/1910, Gesetzesbegründung zu § 49, S. 135

85 vgl. Landtag Rheinland-Pfalz, Drucksache 18/5819 vom 30.06.2023, Bericht zur Evaluation der Behandlungsmaßnahmen im

Strafvollzug und Jugendstrafvollzug in Rheinland-Pfalz gemäß § 103 Landesjustizvollzugsgesetz (LJVollzG) (Stand: 24.05.2023), S. 75: Die Daten beziehen sich auf das schwerste Delikt, das am genannten Stichtag der Freiheitsstrafe zugrunde liegt. Nicht berücksichtigt wurden daher weitere, von der Verurteilung zu einer Freiheitsstrafe erfasste Straftaten.

86 Dies ergibt sich unter anderem aus der Strafverfolgungsstatistik. So erfolgten 2021 allein 23,8 % der Verurteilungen zu Freiheitsstrafen – ohne und mit Bewährung – wegen Straßenverkehrsdelikten, 13,3 % wegen Diebstahls oder Unterschlagung, während lediglich 0,9 % wegen Raubes oder Erpressung verurteilt wurden; vgl. Strafrechtspflege in Deutschland – Fakten und Zahlen, Jörg-Martin Jehle, Hrsg. Bundesministerium der Justiz, Berlin, 8. Aufl. 2023, S. 36, Schaubild 17

87 vgl. Landtag Rheinland-Pfalz, Drucksache 18/5819, S. 80 (Tabelle 24), S. 83 (Tabelle 26), S. 84 (Tabelle 28), S. 86 (Tabelle 30)

88 vgl. Landtag Rheinland-Pfalz, Drucksache 18/5819, S. 81 (Tabelle 25), S. 83 und 84 (Tabelle 27), S. 85 (Tabelle 29), S. 86 (Tabelle 30)

89 vgl. https://jm.rlp.de/ministerium/karriere, 04.05.2024; dem „Karriereportal" des Justizministeriums Rheinland-Pfalz entnommen; soweit zitiert, in Anführungszeichen

90 In der Praxis zwar zumeist Juristen. Nach § 106 Abs. 2 des rheinland-pfälzischen LJVollzG und auch der anderen Landesgesetze können auch Kräfte aus anderen Berufsgruppen aus dem vierten und im Einzelfall bei besonderer Eignung auch dem dritten Einstiegsamt zum Leiter einer Anstalt bestellt werden (z. B. Psychologen).

91 Die Befähigung zum Richteramt wird mit dem 2. juristischen Staatsexamen erworben.

92 Quelle: Statistisches Bundesamt, Rechtspflege – Strafverfolgung, 2021, Fachserie 10 Reihe 3, erschienen 29.11.2022, S. 168 u. 169 (Tabelle 3.1) und 208 (Tabelle 3.3)

93 vgl. Strafrechtspflege in Deutschland – Fakten und Zahlen, a. a. O., S. 38

94 Diese Bewertung gilt nicht für Gefangene mit einer sogenannten „sonstigen Freiheitsentziehung", zu denen überwiegend Gefangene mit Ersatzfreiheitsstrafen gehören, die eine Geldstrafe nicht bezahlt haben. Insoweit kann keine pauschale Aussage zur Kriminalprognose getroffen werden. Am Stichtag 31. März 2022 handelte es sich um 3.286 Gefangene, daher im Verhältnis zu den Strafgefangenen mit 42.492 Inhaftierten um eine sehr kleine Gruppe (vgl. Deutscher Bundestag – 20. Wahlperiode, Drucksache 20/8116, 20.08.2023, S. 15; Tabelle). Allerdings bringt die Zahl der Ersatzfreiheitsstrafen zum Stichtag nicht

zum Ausdruck, dass auf das Kalenderjahr bezogen die Anzahl dieser Sanktionsart sehr hoch ist. Die Verbüßungsdauer und vor allem die tatsächliche Haftzeit sind oftmals sehr kurz, insbesondere wenn wenige Tage nach Antritt der Ersatzfreiheitsstrafe die Geldstrafe von einer Bezugsperson beglichen wird.

95 Gemäß § 56 Abs. 1 StGB setzt das Gericht bei Freiheitsstrafen bis zu einem Jahr die Vollstreckung zur Bewährung aus. Bei Freiheitsstrafen von mehr als einem bis zu maximal zwei Jahren müssen darüber hinaus besondere Umstände hinzukommen.

96 vgl. Statistisches Bundesamt, Rechtspflege – Strafverfolgung, 2021, Fachserie 10 Reihe 3, erschienen 29.11.2022, S. 168 u. 169 (Tabelle 3.1)

97 vgl. Strafrechtspflege in Deutschland – Fakten und Zahlen, a. a. O., S. 39 und 40 (Schaubild 20)

98 Die Gruppe der Strafgefangenen, die zu Freiheitsstrafen bis 2 Jahren verurteilt wurde und eine negative Kriminalprognose besitzt, ist mit 89,8 % deutlich größer als die nur 11,2 % umfassende Gruppe der zu einer höheren Freiheitsstrafe Verurteilten (siehe Quelle: Statistisches Bundesamt, Rechtspflege – Strafverfolgung, 2021, Fachserie 10 Reihe 3, erschienen 29.11.2022, S. 168 u. 169; Tabelle 3.1). Von der Zahl der Verurteilten ist die Zahl der in den Justizvollzugsanstalten einsitzenden Strafgefangenen zu unterscheiden. Die Strafvollzugsstatistik misst diese jeweils an dem Stichtag 31. März. Betrachtet man nämlich die Gefangenen, die im Verlauf eines Jahres ihre Strafe antreten, sind die kurzzeitig Inhaftierten wesentlich stärker vertreten als die zu dem Stichtag gemessenen. Dies gilt insbesondere für die Strafgefangenen, die eine Strafe von maximal bis ein Jahr zu verbüßen haben (vgl. Strafrechtspflege in Deutschland – Fakten und Zahlen, a. a. O., S. 60).

99 vgl. Legalbewährung nach strafrechtlichen Sanktionen, a. a. O., S. 19

100 vgl. Dritter Periodischer Sicherheitsbericht, Hg. BMJ und BMI, Version 1.1, März 2023, S. 45; von den Aussetzungsfällen erfolgten 65,2 % gem. § 57 Abs. 1 StGB (Entlassung auf Bewährung nach zwei Dritteln der Freiheitsstrafe), 7,9 % nach § 57 Abs. 2 (Halbstrafe) und 0,8 % gem. § 57 a StGB (lebenslange Freiheitsstrafe). Hinzu kommen Aussetzungen im Gnadenweg mit 13,2 %, von Jugendstrafen mit 12,2 % sowie der Sicherungsverwahrung mit 0,6 %.

101 vgl. Bericht zur Evaluation von Behandlungsmaßnahmen im Strafvollzug und Jugendstrafvollzug in Rheinland-Pfalz, (Stand: 24.04.2023), S. 51 sowie S. 52 Tabelle 11; neben den 9,4 % gem. §§ 57 Abs. 1 und 2 sowie 57 a StGB bedingt entlassenen Strafgefangenen wurden 3,1 % im

Gnadenwege (insbesondere Weihnachtsamnestie) entlassen, 0,2 % nach dem Jugendgerichtsgesetz und 7,3 % nach § 35 Betäubungsmittelgesetz (Zurückstellung der weiteren Strafvollstreckung zur Behandlung der Sucht in einer externen Therapieeinrichtung).

102 In der Praxis gestaltet sich die Trennung innerhalb einer Anstalt als äußerst schwierig. So baten Gefangene eine Suchtmittelabstinenzabteilung in einer rheinland-pfälzischen Anstalt darum, ihnen künftig nur noch die Kopien zugesandter Briefe auszuhändigen. Hintergrund hierfür ist, dass in den letzten Jahren vermehrt Briefe in den Gefängnissen angekommen sind, bei denen das Papier mit NPS (neue psychoaktive Substanzen) beschichtet war. Die zwischenzeitlich in den Justizvollzugsanstalten eingesetzten Drogenscanner sind zwar eine Hilfe bei der Suche nach diesen sehr gefährlichen Suchtmitteln. Dennoch schlüpft vieles durch die Maschen der Sicherheitskontrollen. Offenbar haben drogenabhängige Gefangene aus subkulturellen Gruppierungen oder Dealer versucht, Inhaftierte der Suchtmittelabstinenzabteilung zu veranlassen, NPS für sie auf dem Postweg zu beschaffen. Die bedrängten Inhaftierten, die in dieser Sonderabteilung erste Schritte machen, um von ihrer Sucht loszukommen, besitzen aufgrund der Aushändigung der Briefkopien statt der Originale ein Argument gegenüber den sie Bedrängenden, um sich der Beteiligung an der Beschaffung von Drogen entziehen zu können. Dies zeigt, dass die aus Sicherheits- und Behandlungsgründen notwendige Trennung zwischen einzelnen Gefangenengruppen in der Praxis schwer umsetzbar ist. Deutlich effizienter wäre eine Verteilung auf verschiedene Justizvollzugsanstalten.

103 Solche Vollzugsgemeinschaften gibt es zum Beispiel bereits in kleinem Umfang zwischen Rheinland-Pfalz und dem Saarland. Die weiblichen Gefangenen sowie die Sicherungsverwahrten aus dem kleinen Bundesland Saarland werden in rheinland-pfälzischen Einrichtungen untergebracht.